U0811933

编委会名单

主　　　编：胡一粱

编　委　会：姚　争（浙江传媒学院）

张文东（东北师范大学传媒科学学院）

高贵武（中国人民大学新闻学院）

马池珠（山东师范大学发展规划与学科建设处）

杨萌芽（河南大学文学院）

许加彪（陕西师范大学新闻与传播学院）

张学波（华南师范大学教育信息技术学院）

陈　宇（云南大学新闻学院）

传媒集刊 2023

中国传媒实践教学研究

| 第三辑 |

Research on Media Practical Teaching in China

胡一粱　主编

CUCP 中国传媒大学出版社
· 北京 ·

前　言

当今世界正面临百年未有之大变局，从2020年岁首到2022年岁末，整整三年，我们很多人虽然不曾谋面，但是我们彼此守护、一起经历、共同努力、携手向前。如今，棉签不再反复滚喉，水马不再遮挡楼栋，街巷不再落寞冷清，课堂不再遥不可及。在此之前，多少人勇敢逆行，多少家闻令即止，多少事咫尺天涯，多少情去留无意。无数个平凡的你我、无数个温柔的家庭、无数个定格的瞬间、无数个淡然的日子，组成了这个流变的时代。天与地，国与家，你与我，在这三年，悲欢同心，休戚与共。

与此同时，新一轮科技革命、产业变革深入发展，数字技术越发成为驱动人类社会思维方式、组织架构和运作模式进行根本性变革与全方位重塑的引领力量，为传媒教育创新路径、重塑形态、推动发展提供了新的重大机遇，也带来了新的挑战，更为传媒高等教育赋能社会方方面面的发展注入巨大活力。

人类社会进入21世纪以来，传媒内容生产模式历经从专业生成内容(PGC)，到用户生成内容(UGC)，再到利用人工智能技术自动生成内容(AIGC)的变革。以ChatGPT为代表的AIGC再一次打开了人们对人工智能内容创作的想象空间，大大突破了AIGC在自然语言领域的创作能力上限，搜索引擎、内容创作、艺术设计、法律咨询、自动驾驶、教育培训等行业将越来越人工智能化。各种新的技术正在不断成为传播工具和内容，以传统媒体始料未及的方式与速度占领传播领域，人类进入了媒介深度赋能万物的社会，传媒高等教育面临着不确定性。

目前，通往元宇宙的未来之门正在徐徐打开，海量信息的全面连接、多维感官的真实呈现、人机操作的自由交互、虚拟现实的有机融合……这是融合数字与实体、跨越时间和空间的全新连接方式，它重构了知识创造、传播、复用的新体系，推进了知识分工的形成和发展，带来了新的应用场景，塑造了新的生活方式，孕育了新的产业生态，为用户、产业、社会和传媒高等教育创造了新的价值。

2022年，面对传媒高等教育不确定性的挑战与机遇，中国高校影视学会实验教学专业委员会主动展开传媒新文科建设、实践教学创新活动。一是联合国内传媒院系举办了“影视传媒系列公开课暨慕课西行活动”，开展了线上线下、多点多地互动教学的系列公开课。二是举办了主题为“实践有境，云智无边”的传媒实践教学新场景构建研讨会，从传媒实践教学的进展进行了研讨。三是积极为各地高校传媒学科专业间的交叉融合与创新建设提供服务。一年来，全国各地400余所高校影视传媒相关专业的10万多名师生参加了实验教学专业委员会组织的各项活动，有力促进了优质影视传媒教学资源的共享、实践教学创新和东西部高校影视传媒类专业的均衡发展。

在技术融合、媒介融合、文化融合、学科融合日益深入的今天，无论是综合性院校、专业类院校，还是职业类院校，传媒人才培养必须着眼于价值引领、跨界融合、实践创新和面向未来，这需要从课程、专业、实践等方面构建传媒人才培养的基座。

第一，构建“科技＋创新＋文化”通识课程基座，致力于培养当代社会传媒人才所需的数据思维、智能思维、创新思维、辨析思维等基本思维能力，提升学生以数据素养、算法素养和人机伦理等为核心要素的新技术素养水平。

第二，构建交叉融合学科专业基座，做好文科、工科、理科等学科与传媒学科之间的深入交叉融合，提升学生对未来生产关系尤其是人类与符号和工具之间关系的把握和思考能力，创新传媒多元化人才培养模式。

第三，构建多场景融合传媒实践育人基座，打通学科专业之间、高校之间、高校与产业之间的时空壁垒，实现多教学场景融合以及实践教学生态与传媒业界同步甚至引领，提升学生面向未来传媒赋能社会各领域的创新创业能力。

一沙一天地，极微即无穷。今后，实验教学专业委员会将一如既往进行实践教学生态共建共享，一是以共享和技术赋能为关键，探索多场景融合多专业共享实验系统建设路径；二是以实践教学创新为突破口，协同推进专业课程建设与实践教学创新；三是创新基层教学组织形态及运行机制，打造实践教学教师共同体。

2023年岁首，《中国传媒实践教学研究》（第三辑）编辑完成，这本集刊凝聚了国内从事传媒实践教学各界专家学者的聪明才智，在传媒发展、实践教学体系、实践课程改革、实践教学生态建设等方面展开了全方位、多角度、深层次的研究、探讨，期待能够对我国传媒实践教学创新起到积极的推动作用。

《中国传媒实践教学研究》（第三辑）集刊征集过程中得到了中国高校影视学会实验教学专业委员会、浙江传媒学院电视编辑与导播国家级实验教学示范中心、相关高校传媒院系和中国传媒大学出版社的大力支持，王轶群、马文策、鹿凤、王诗雨、游舒宁等同志参加了本集刊的编辑工作。对上述单位和付出辛勤劳动的编辑人员，谨致以衷心的感谢。本期集刊难免存在疏漏，恳请专家、同行批评指正。

胡一梁

2023年1月18日

目　录 >>>>CONTENTS

传媒教学前沿研究

影视传媒类专业多场景融合教学体系构建与创新

◎姚 争 胡一梁

摘要:每一次技术革命都会带来不可逆转的传媒革命,面对媒体融合纵深发展,如何构建与传媒发展相适应的影视传媒类专业高等教育教学体系?浙江传媒学院从2013年以来,以融媒体实践教学云建设为核心,建设了影视传媒类专业共享教学平台、课程矩阵、媒体化教学模式和智慧管理系统,初步形成了与影视传媒行业发展同频共振的影视传媒类专业多场景融合教学体系,探索了影视传媒类专业教学资源共享平台建设的新路径。

关键词:影视传媒类专业;多场景融合;教学体系;媒体化教学模式

1.引言

新时代以来,习近平总书记就加快推动媒体融合发展发表系列重要讲话,教育部大力推广智能化、平台化、泛在化教学新模式,为影视传媒类专业教学建设指明了方向、提供了基本遵循。当前,媒体融合朝向纵深发展,带来舆论生态、媒体格局、传播方式、传媒教育的深刻变化。随着传媒不断赋能社会各领域,传媒业务广泛应用于各行各业,传媒人才培养面临着内涵和外延不断扩大的巨大机遇与挑战。

与此同时,面对传媒技术飞速发展、媒体融合不断深入、媒介社会持续发展等诸多挑战,传统影视传媒人才培养越来越无法适应社会需要。经过系统研究,传统影视传媒人才培养主要存在四个方面问题:一是影视传媒类专业教学资源分散且更新成本高、教学过程无法与资源环境建构良性互动关系,导致专业教学环境不匹配媒体深度融合对人才培养的新需求;二是影视传媒类专业课程形态简单、课程内容迭代慢、实践方面综合创新能力不足,导致专业教学特别是实践教学水平滞后于影视传媒行业的新发展；三是影视传媒类专业教学方法传统、教学场景单一、考核手段重结果，导致传统教学模式不适应网生代大学生泛在化学习的新特点；四是教学业务管理、实验室综合管理、实验设备管理、日常办公管理等教学管理业务中存在环节复杂、堵点多等问题，导致传统教学运行机制不满足数字化环境共享合作的新要求。

追根溯源，这四个影视传媒人才培养的主要问题，其实反映了影视传媒教学体系在新的媒体环境和社会媒介化变革中亟须升级换代。运用数字化、智能化、媒体化手段构建与影视传媒同频共振的教学体系是影视传媒人才培养亟须解决的核心课题。为此，2013 年以来，浙江传媒学院以融媒体业务不断赋能社会各领域为机遇，以实践教学改革为重点，以数字化影视传媒教学体系重构为目标，经过 9 年持续建设，在国内率先构建了影视传媒类专业多场景融合教学体系。

2.多场景融合教学体系构建

从 2013 年起，浙江传媒学院在实践教学中持续探索媒体融合与影视传媒教学数字化的深刻关系，紧紧抓住融媒体业务不断赋能社会各领域的机遇，践行浙江数字化改革理念，推动当代媒体信息技术与影视传媒类专业共享教学平台建设的深度融合，加快“线下”实体教学系统、教学空间的整合和“线上”虚拟教学系统建设，以国家级实验教学示范中心、校外实践教育基地和省级虚拟仿真实验教学中心 3 个平台为支撑，以 9 个省级教学改革课题和课堂改革项目为依托，系统进行影视传媒类专业数字化教学体系探索，构建了我国首个融媒体实践教学云平台——浙传云，形成了影视传媒类专业共享教学平台、课程矩阵、媒体化教学模式和智慧管理系统等成果，从而构建了云端一体、多场景融合的影视传媒类专业教学体系，如图 1 所示。

2.1　云端一体影视传媒教学系统构建

针对影视传媒类专业教学资源分散且更新成本高、教学过程无法与资源环境建构良性互动关系的问题，浙江传媒学院通过媒体云自主技术开发和产学研用各界共建，进行校企资源整合共享和实践教学业务流程定义、优化，首次架构了具有自主知识产权的融媒体实践教学云平台浙传云，其整体技术架构示意图如图 2 所示。

浙传云是典型的媒体混合云技术架构，自下而上由基础资源层(IaaS)、教学服务层(PaaS)、业务应用层(SaaS)3 个媒体云基础架构组成。

2.1.1　基础资源层

基础资源层由浙江传媒学院杭州下沙校区、桐乡乌镇校区的私有云资源池和阿里

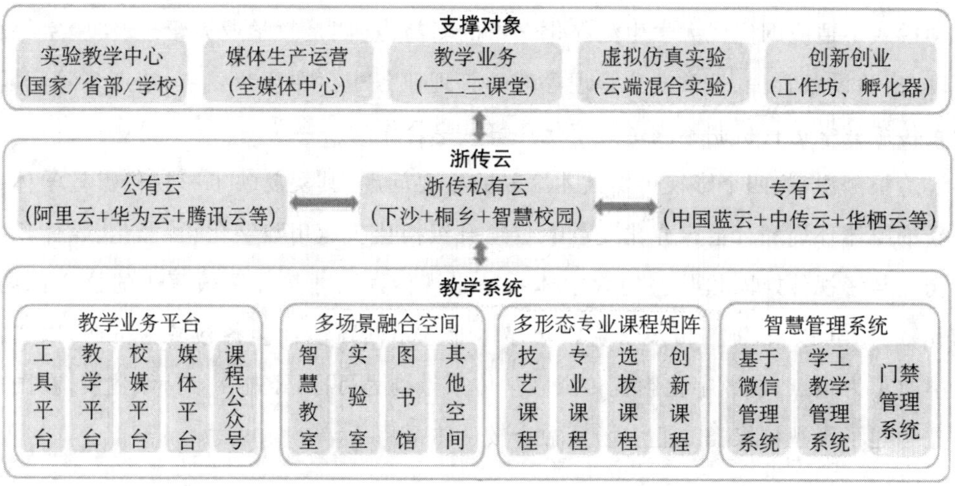

图 1　云端一体、多场景融合的影视传媒类专业教学体系示意图

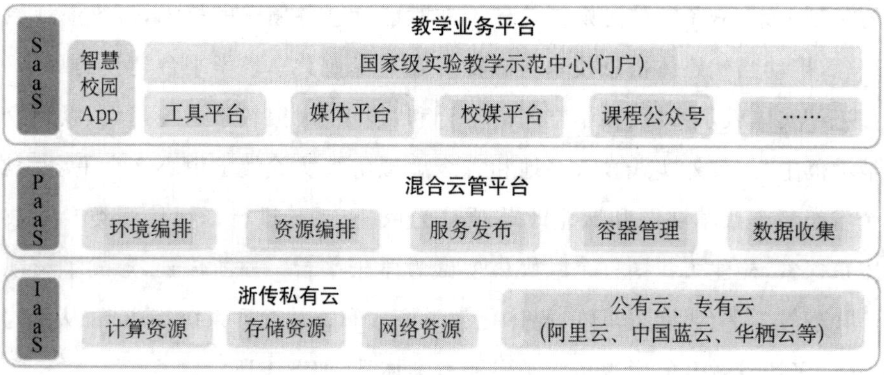

图 2　浙传云整体技术架构示意图

云、中国蓝云、华栖云等公有云与专有云资源池组成。学校通过计算资源池、存储资源池、网络资源池以及基础资源层云管理系统构建出安全、可靠、弹性的企业级私有云基础资源层,实现对私有云基础资源的统一管理,以标准服务的方式对外提供基础资源。这些基础资源包括融合媒体业务教学、生产、科研、创新活动所需的“通用＋媒体”资源,学校为此建立了统一管理、按需动态分配的服务平台。

2.1.2　教学服务层

教学服务层主要由环境编排、资源编排、服务发布、容器管理、数据收集等系统组成,起到向下对接资源、向上对接工具的承上启下重要作用。教学服务层包含媒体及教学服务引擎、各类业务支持组件,面向浙传云校内用户以及校外用户进行统一管理,媒体及教学内容库能够提供教学、媒体公共处理以及智能处理的各类服务。教学服务层还提供媒体信息的采集、编辑、转码、点播、渲染、发布、交互等常用视音频处理功能。

2.1.3 业务应用层

业务应用层提供满足影视传媒类专业产学研创业务需求的教学、媒体生产类工具与平台,汇聚发布类工具以及其他需要应用的工具与平台,主要包括工具平台、全媒体内容库、私有云直播、舆情分析平台、校媒平台、课程公众号、课程平台等。业务应用层满足传媒实践教学运行以及媒体内容策划、生产、播出、发布的业务需求,形成云端共享生态。

在浙传云建设过程中,我们将原有物理空间改造为多业务、多专业、多场景分时共享智慧空间,师生通过各种终端与浙传云互联互通,在影视传媒教学中实现了多资源、多业务、多平台、多终端、多场景、多专业等方面云端融合与共享和随时随地随端沉浸式学习,缓解了影视传媒教学的物理空间紧缺状况,解决了影视传媒各专业软硬件资源此前不能共享和使用率不高的问题,从而为影视传媒类专业内涵和外延的建设奠定了基础。

2.2 多形态全业务融媒体课程矩阵建设

针对影视传媒类专业课程形态简单、课程内容迭代慢、实践方面综合创新能力不够的问题,浙江传媒学院采用“技艺＋专业＋选拔＋创新”分类型课程建设路径和课程矩阵建设方法,按照媒体融合实际业务分层次建设 300 余门多形态全业务融媒体课程,同时依托浙传云开发虚拟仿真教学项目,形成了融媒体业务课程矩阵,满足影视传媒类相关专业教学的共性和个性需求,融媒体课程矩阵示意图如图 3 所示。

2.2.1 技艺性课程

技艺性课程是面向全校传媒类专业的公选课。学生通过自有终端、统一账号登录浙传云课程互动学习平台,选择相应的选修课程,系统自动匹配该课程实践所需工具、资源、实验项目。技艺性课程以业务实践为主要教学形式。

2.2.2 专业性课程

专业性课程是各个二级学院面向各个专业的传媒实践课程,采用线上线下结合的教学方式完成课程教学。线上部分由学生利用课余时间在浙传云课程互动学习平台

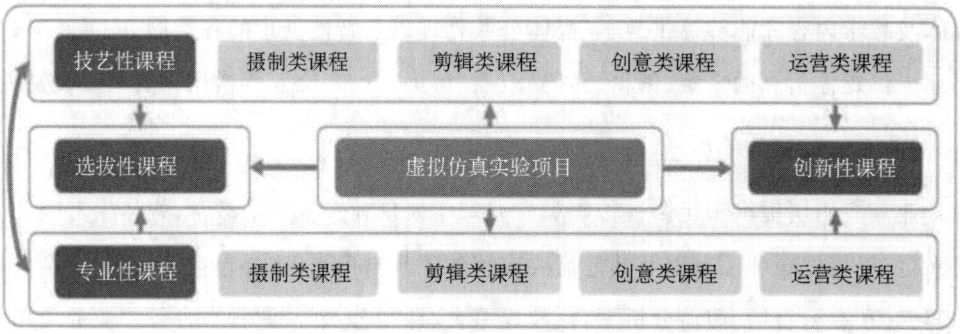

图 3 融媒体课程矩阵示意图

上完成;线下部分由学生在教师指导下完成实践教学,以作品创作为主要教学形式。

2.2.3 选拔性课程

选拔性课程主要是在大型生产系统和融合媒体云平台上共同开设的综合性、系统性专业实践课程,通过全校各专业公开选拔学生组成教学班级,按照专题节目创作形式进行教学。线上教学部分主要由学生利用课余时间在浙传云自主完成;线下部分由学生在教师组织下完成实践教学,形成作品并通过校园媒体播出。

多形态全业务融媒体课程建设至关重要,能够实现单一媒体业务与媒体融合业务、实践业务与生产业务的融合,这也是当前影视传媒类专业教学内容迭代的难点。300 余门多形态全业务融媒体课程基本满足了影视传媒类专业教学的需求,目前课程建设还在不断进行之中。

2.3 构建媒体化实践教学模式

针对影视传媒类专业实践教学方法传统、教学场景单一、考核手段重结果的问题,我们积极加强与高校、媒体、企业、政府等开展合作,不断丰富浙传云生态,构建产教融合实践教学环境、社区化创新创业平台、媒体化实践教学模式。

2.3.1 构建产教融合实践教学环境

一是将大学生创新中心、全媒体中心、国家级实验教学示范中心重组,成立全媒体实验创新中心,出台相关实践教学管理文件,施行师资双向、多向培养等举措,形成与媒体融合实践教学相适应的组织架构和机制。二是在浙传云迭代基础上,学校教学平台与腾讯、网易、今日头条、浙江广电等媒体业务平台互通,进行产教协同,构建 300 余个校内外各类媒体、课程公众号组成的媒体矩阵，形成了线上线下虚实融合的媒体化实践教学环境。三是学校通过浙传云将教室、实验室、图书馆等物理空间改造为互联网化智慧教学空间，以云空间建设突破阻碍学习的物理障碍，呈现包括浙传云、多场景物理空间、各种终端等在内的云端融合学习场景，极大释放学校物理空间的潜力，构建产教融合实践教学环境。

2.3.2 构建社区化创新创业平台

浙江传媒学院历来重视创新创业教育，打造贯穿课堂教学、实践实训、创业孵化等培养环节的课程教学链、组织支撑链、全员融创链、实践平台链。目前传媒文化创意产业园累计孵化出 300 余家优质文创及影视企业，产值累计 50 亿元，培育大学生创业企业 150 多家。浙江传媒学院以浙江文化创意产业联盟为依托，以文创孵化园为平台，以教学平台、工程中心为依托，通过学科竞赛、毕业联合创作等载体，培育了 30 余个创新创业社区，奠定了创新创业课程的实战化基础。

2.3.3 构建媒体化实践教学模式

在多形态全业务融媒体课程、产教融合实践教学环境、社区化创新创业平台建设基础上，我们进行媒体化实践教学形态构建：一是在浙传云、媒体矩阵、教学平台上进行教学改革，理论性、技艺性、专业性课程在浙传云上完成教学，学生在课内外完成作品创作，形成以作品创作为主的云端化实践教学形态；二是在保障全媒体实验创新中心相关媒体日常生产运营的同时，完成选拔性课程实践教学，形成栏目化实践教学形式；三是创新性课程以创新项目、创作竞赛和毕业联合创作项目为依托，各专业学生联合创作，实现项目化实践教学形态。这三种教学形态既注重结果考核又注重过程考核，实现实践、实战、创作、创新的融合，从而形成媒体化实践教学模式，如图 4 所示。

2.4 智能教学管理业务系统开发

针对教学业务管理、实验室综合管理、实验设备管理、日常办公管理等教学管理业务中存在环节复杂、堵点多、信息不透明等问题，学校采取了一系列解决措施。一是在浙江传媒学院微信企业号平台上开发了云端一体智慧实验教学管理系统，将所有实验教学相关的实验室、设备、器材等纳入系统，不同学院可各自定义实验教学业务管理流程，该系统全面对师生开放；二是该系统无缝对接学校资产管理、学工、教学、校园卡、门禁等系统，推进教学数据价值化；三是开发设备自提柜作为 24 小时开放器材室，满足学生 24 小时线上预约与自主提取常用器材需求。师生通过浙江传媒学院微信企业

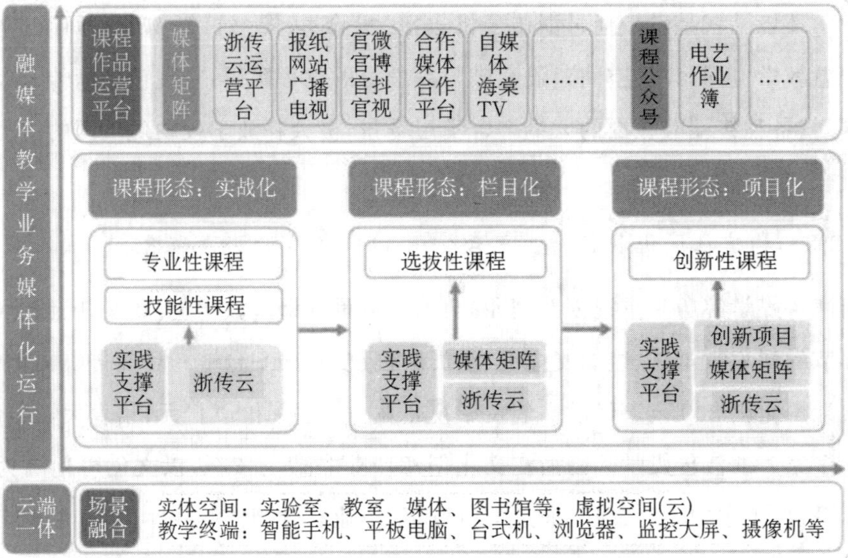

图 4　媒体化实践教学模式示意图

号就能随时随地完成各项实验教学管理业务，实验教学资源的使用率得以极大提高，设备采购的数据支撑得以有效提供，实现了实验系统教学办理的“最多跑一次”。

2.4.1　设备借用

我们根据学生、教师、管理员等多种权限进行层层划分，还原实验教学环境中的各个角色分配，申请、审核线上进行，使用流程更加便利，多层级审核与查询一步到位。师生借用设备找不到借用人、审核人的情况一去不复返，大家对借用步骤与详情一目了然，减少很多费时的环节。对于正在维修或者损坏的设备，设备管理员可以直接编辑其检修状态。

2.4.2　实验室预约

我们根据学生、老师、管理员等多种权限进行层层划分，还原实际环境中的角色分配，申请、审核随时随地都能进行。系统的层级审批自动发送给对应的审核人，审核结果可实时查看。申请人也能够及时地查询到实验室需借用时段是否闲置，不用查询审核老师的办公位置，也无须辗转多个层级等待审核。对于正在维修的实验室，实验室管理员或系统管理员可以直接编辑其状态，调整预约信息。

2.4.3　自提柜提取

为了实现实验室综合管理、实验教学管理、实验设备管理和日常办公管理等实验教学业务的网络化、智能化、协同化，解决非教师上班时间摄像机、照相机及其附件等设备的借用问题，我们在浙江传媒学院微信企业号的实验室管理系统中引入设备自提柜功能，将部分常用设备放置自提柜，师生随时都可线上预约并提取，全面实现实验教学业务的“最多跑一次”，有效提升浙江传媒学院实验教学业务管理的水平。

3.影视传媒类专业多场景融合教学体系特色

“影视传媒类专业多场景融合教学体系的构建与创新”获得了2021年浙江省高等教育教学成果一等奖，在教学资源共享平台建设新路径、“以学生为中心”教学新模式、个性化智能服务新形态等方面特色鲜明。

3.1 探索影视传媒类专业教学资源共享平台建设新路径

我们创建了云端一体、多场景融合、创新性强的融媒体平台浙传云，在浙传云上开发了摄制、剪辑、创意、运营等融媒体业务课程矩阵，实现了物理空间与云空间、专业教学与媒体生产、业务创新与创意创业等教学场景的云端融合，并且实现了教学内容与影视传媒业务同步。我们建设了影视传媒类专业教学的数字基础设施——教学资源共享平台，从而打破了影视传媒类各专业教学平台、专业之间的壁垒，顺应了影视传媒类专业新文科建设和社会各行业对复合型、创新型影视传媒人才培养的需要，推动了我国影视传媒类专业教学平台数字化转型和资源共享，探索了影视传媒类专业教学资源共享平台建设新路径，为其他学科的新文科建设提供了有益借鉴。

3.2 构建影视传媒类专业“以学生为中心”教学新模式

我们以浙传云为基础构建了四个课堂、课内课外、校内校外、云上云下等多场景融合教学形式，呈现随时随地随端学习场景。通过各种终端(包括物理空间)与浙传云无缝融合，相关专业形成实践教学与生产运营一体化，实现了产教融合与协同，推动了影视传媒类专业教学方式向“以学生为中心”转型。不仅提高了教学效率、人才培养质量，而且适应了影视传媒各专业实践教学产教融合的需求，构建了影视传媒类专业“以学生为中心”的媒体化教学模式，满足了新冠疫情期间的校内外教学需要，为我国影视传媒各专业及文科其他专业的教学模式适应当代教育技术提供了参考样本。

3.3 创建影视传媒教学管理业务个性化智能服务新形态

浙江传媒学院深入践行浙江省数字化改革理念，以实践教学管理业务的数字化改革推动教学管理和运行机制变革,重塑教学平台、院系部门、管理系统和师生关系,构建与融媒体业务运行相适应的教学管理机制与管理平台,满足教学管理业务个性化智能服务需求,实现了教学管理业务的“最多跑一次”,为我国高校提供了教学管理业务流程再造和个性化智能服务新形态。

4.多场景融合教学体系应用

影视传媒类专业多场景融合教学体系经过 4 年的实践,在教学成效、理论建设、推广应用、社会反响等方面取得了丰硕成果。

4.1 实践教学成效显著

一是人才培育质量更好。影视传媒类专业多场景融合教学体系惠及全校 32 个影视传媒类相关专业的 1 万余名学生,学生就业去向日渐多元,主流媒体、互联网和泛媒体就业占到 70%以上。根据浙江省教育评估院调查数据,近些年,浙江传媒学院影视传媒类专业毕业生就业率稳定在 95%以上,薪酬水平连续 3 年排名居全省本科高校第 4 位。二是项目培育成果更丰硕。浙江传媒学院每年创制作品 1 万余部、时长 4,000 余小时;重点培育毕业联合创作“浙传艺稻”(国家注册商标)云尚展、国际动漫节“声优大赛”、“星舟奖”、“浙江省大学生摄影竞赛”等项目。学校与浙江省委组织部联合摄制的党员教育电视教材《不忘初心学党章》和系列纪录片《难忘初心》,被中组部确定为全党“不忘初心、牢记使命”主题教育通用电视教材。三是品牌培育成效更凸显,打造了央视·浙传融媒体中心、“未来之星”广播电台、《浙传资讯》、钱塘官方抖音、“电艺作业簿”公众号等平台,师生创新创业能力大幅提升,获国家级创新创业项目 50 多项、获得国家级和省部级奖项 200 余项,涌现出一大批名教师、名学生和一系列名作品,形成了品牌效应。

4.2 理论建设成果丰富

围绕媒体融合环境下影视传媒方面创新能力培养的机制、平台、课程、实践模式等理论问题,学校获得 9 项省级教学改革项目、30 余项相关教学改革课题,取得专利 3 项、软件著作权 12 项,获得浙江省文创产业孵化器荣誉,获批浙江省影视媒体技术研究重点实验室;学校教师在《中国高等教育》《现代传播》等学术刊物发表教学相关论文 30 余篇(含核心期刊 10 余篇),形成了融媒体教学理论体系;学校建设了 300 余门影视传媒专业课程，形成了专业课程矩阵，其中“多讯道导播虚拟仿真实验”“电影摄影照明设计虚拟仿真实验”等5门课程获国家一流课程、“影视剪辑”等50门课程获省一流课程；影视摄影与制作专业、广播电视编导专业等13个专业入选国家级一流本科专业建设点，录音艺术等7个专业入选省级一流本科专业建设点。

4.3 推广应用成果广泛

2016年项目组在传媒实践教学创新国际研讨会推广浙传云等相关应用成果。该研讨会的首届会议有70余家高校、160余名教师参加。传媒实践教学创新国际研讨会成为我国影视传媒教学领域颇具影响力的会议，2020年的第五届会议有150余家高校、400多名教师参加。浙传云相关系统从2017年起至今连续在北京国际广播电视设备展览会和中国国际广播电视信息网络展览会展出，引起影视传媒产学研创各界广泛关注和认同。浙传云相关成果在北京大学、中国传媒大学、浙江大学、四川传媒学院等110余所高校落地应用，全面推动了我国影视传媒教学体系的数字化转型升级，契合了影视传媒类专业新文科建设的发展趋势。

4.4 社会反响日益强烈

中国高校影视学会将实验教学专业委员会主任单位设在本项目单位，实验教学专业委员会已经成为我国影视传媒实践教学领域颇具影响力的群众性公益学会，有500多所高校参与，推动了我国实践教学资源和课程共建共享进程。3个相关案例入选浙江省“三全育人”优秀案例，并在教育部高等学校教学指导委员会、教育融媒体建设推进会等会议被作为典型案例介绍。教育部、国家广电总局、浙江省等20余位省部级领导莅临浙江传媒学院指导工作，浙江传媒学院还接待了密苏里大学、复旦大学、中国人民大学、中国传媒大学、新疆艺术学院等国内外200余所院校的来访，新华社、《人民日报》、《经济日报》等媒体予以报道，项目日益得到影视传媒领域产学研创各界认同。

5.结语

浙江传媒学院围绕卓越影视传媒人才培养的价值诉求、现实挑战、内涵层次、体系建设、培养路径等方面进行了持之以恒的探索，在教学环境、教学内容、时空融合、产教合作育人等方面进行了数字化转型实践，在影视传媒人才培养的理念层面、内容层面、制度层面、价值层面进行了与影视传媒行业同向同行的转变，在国内率先构建了影视传媒类专业多场景融合教学体系,走出了媒体融合背景下影视传媒类专业新文科建设之路。

〔姚争,教授,浙江传媒学院副校长,浙江传媒学院电视编辑与导播国家级实验教学示范中心主任;胡一梁,教授级高级工程师,浙江传媒学院电视编辑与导播国家级实验教学示范中心副主任〕

应用型本科高校校企合作行业学院建设与实践

◎ 秦方奇

摘要：针对应用型本科高校校企合作行业学院建设中存在的问题，平顶山学院建设的大河传媒学院通过改革实践，探索出校企联动、开放融合的管理模式，依托“政产学研用”协同平台，以特色工作室为载体打造“教学做创转”一体化学习空间，不断完善“多元混编、双岗历练、同等考核”的师资培养模式，构建交叉融合的创新实践课程体系和研教结合的成果转化机制，取得了显著的成效。大河传媒学院逐步形成管理机制创新、合作模式创新、人才培养方式创新、技术应用与研发创新的协同育人模式，达到“政产学研用协同、教学做创转融通”，为国内传媒类行业学院建设提供了借鉴和参考。

关键词：校企合作；行业学院；大河传媒学院；建设与实践

随着我国高等教育改革不断深化，应用型本科高校如何适应地方经济与社会发展需求成为改革的重要关注点。《国家中长期教育改革和发展规划纲要（2010—2020年）》明确了应用型人才培养的目标，并指出“创立高校与科研院所、行业、企业联合培养人才的新机制”①。2020年7月，教育部、工信部印发了《现代产业学院建设指南（试行）》，明确了现代产业学院建设的指导思想、建设目标和建设原则，为现代产业学院的落地指明了路径。

为了适应新时代地方本科高校应用型人才的培养需求，平顶山学院自2015年建设了河南省高校第一个传媒类行业学院——大河传媒学院，深入推进产教融合、校企

① 国家中长期教育改革和发展规划纲要工作小组办公室.国家中长期教育改革和发展规划纲要（2010—2020年）[EB/OL].（2010-07-29）[2022-09-14].http://www.moe.gov.cn/srcsite/A01/s7048/201007/t20100729_171904.html.

合作协同育人模式,对教育部正在推进的《现代产业学院建设指南(试行)》中强调的育人方式、办学模式、管理体制、保障机制改革具有重要借鉴意义。大河传媒学院取得一系列标志性成果:获批4项国家级、16项省级本科教学工程项目;应用型人才培养质量稳步提高,学生先后荣获中国"互联网+"大学生创新创业大赛国家级铜奖、中国新闻奖二等奖等奖项;毕业生专业水平获得社会高度认可,以入选中宣部"好记者讲好故事"活动的潘聪、王少钏为代表的一批毕业生在地方主流媒体崭露头角。

7年多来,大河传媒学院培养了一大批德才兼备、服务地方的优秀新闻传播人才,取得了一批高质量本科教学工程项目,形成了一批教学改革典型案例,实现了人才培养质量和服务地方能力双提升。

1.大河传媒学院的改革目的

为适应传媒行业格局的变革,发挥新技术对传媒教育的赋能作用,实现人才培养模式的革故鼎新,大河传媒学院的建立主要解决以下教学问题。

1.1 如何形成基于互惠共赢理念的行业学院"利益共同体"

推进产教融合,必须提升企业参与办学的动力和企业在人才培养中的主体作用。在前期的校企合作中,企业在高等教育办学中的话语权不多,在人才培养过程中扮演着"配合"的角色。企业在校企合作过程中获得文化价值与经济利益不高,因此动力不足。校企双方要想建立长久稳固的合作关系,就必须充分发挥各利益相关者的作用,确立互利共赢、资源共享的建设理念,形成基于互惠共赢理念之上、服务双方的"利益共同体",才能实现行业学院的有效运行。

1.2 如何构建基于校企"利益共同体"理念下的长效运行机制

如何构建科学合理的协同平台长效运行机制,使校企合作达到组织化、制度化的状态,并持久深入推进校企合作,是改革中的首要问题。必须改变原来校企合作主要通过科研项目、教学、实习等形式,推动高校为应用型人才培养提供必要的组织和制度支撑。目前高校的人才培养模式很难契合行业和产业需求,很难实现专业链、人才链和创新链、产业链的对接。

1.3 如何有效提升人才培养质量

由于管理体制、政策法规、产教融合途径等多方面的原因,人才培养供给侧和产业需求侧在结构、质量、水平上还不能完全适应,“两张皮”问题仍然存在。因此,必须根据传媒行业的发展趋势和需求,对高校传媒类专业人才培养方案进行深入、协同、成体系的改革,将专业性、职业性、应用性特征深度融入人才培养过程,有效提升校企协同育人功效。

2.大河传媒学院的建设思路

针对以上问题,大河传媒学院采取了以下解决方法。

2.1　创建校企联动、开放融合的管理模式

新文科建设“强调人文社会学科对现代技术的应用与创新、理论与实践的结合、学科融合与交叉”①。这种跨学科的交叉和深度融合需要打破传统的课程设置方式、人才培养模式和团队构建体系。大河传媒学院通过校企共建方式,建立校企联合的互动机制,实施开放融合的自主管理模式,解决了传媒人才培养和产业需求“两张皮”的问题,改变了校企合作中“学校热、企业冷”的现象。大河传媒学院通过责任共担、权利共用、利益共享的机制,使企业与高校成为紧密的利益共同体,满足双方各自的利益诉求,为校企合作提供源源不竭的动力保障。大河传媒学院除了与大河网络传媒集团合作外,还与央视频、优酷、河南电视台、平顶山电视台、平顶山日报社、平顶山市天基文化传播有限公司等合作,通过高校与新闻单位的“双千计划”实行人员互聘、互相兼职,并共建传媒大讲堂、影视实训中心等校内外实践实训基地。开放融合的管理模式使得校企合作类型更多、渠道更宽,也推动了新文科建设中的开放式办学,提升了校企合作的深度和广度,构建了产教融合、校企合作的多元合作协同育人机制。

2.2　依托“政产学研用”协同平台,实现“六对接”

大河传媒学院充分整合政产学研各方资源优势,根据媒介产品生产、服务的真实技术和流程,构建传播知识教育体系、传媒技术技能训练体系和新媒体实训实习环境,搭建协同育人平台。大河传媒学院持续与合作单位对接以下6个方面:人才培养方案修订、课程教学团队建设、课程建设、实践教学平台建设、教学过程、教学质量评价,全方位“引企入教”,形成了大河传媒学院人才培养运行机制,如图1所示。

大河传媒学院不仅与多个传媒机构合作,也与平顶山市政府、市委宣传部、河南省

---

① 强月新,孔钰钦.新文科视野下的新闻传播人才培养[J].中国编辑,2020(10):58-64.

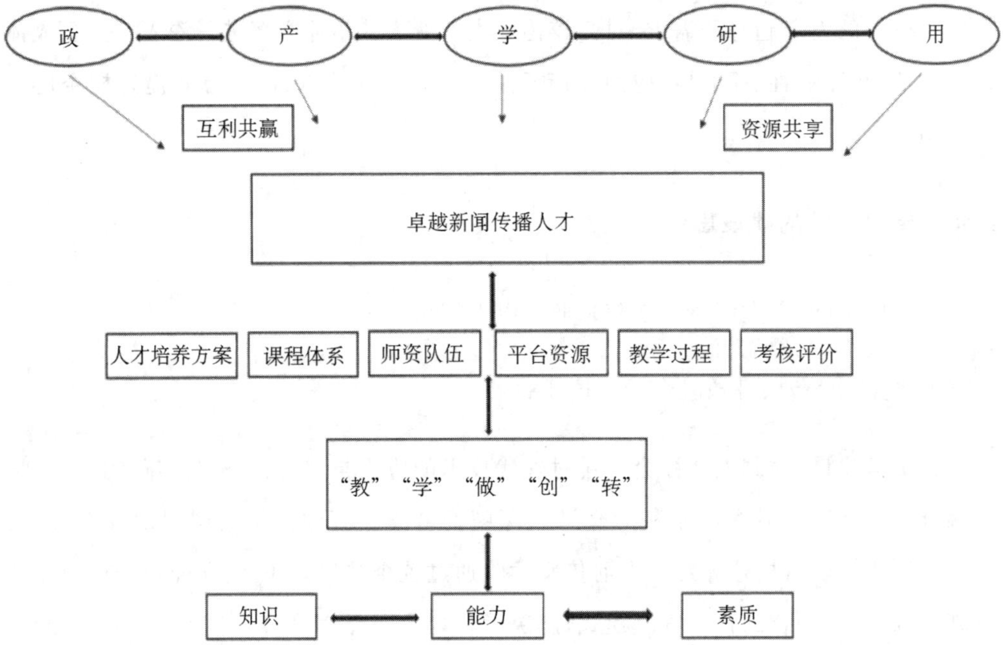

图 1 大河传媒学院人才培养运行机制示意图

科学技术协会等建立了密切联系。大河传媒学院从政策导向、政产学研对接、建立协调机制等方面借力政府对企事业单位的影响,与市委宣传部共建新闻与传播学院。此外,大河传媒学院联合行业单位,共建实践教育平台:与平顶山市广播电视台共建“国家级大学生校外实践教育基地”;平顶山学院—大河网大学生全媒体实践教育基地被列入“河南省第一批新文科实践教育基地”;与河南省科学技术协会共建河南省全媒体科普传播中心。

2.3 以特色工作室为载体打造“教学做创转”一体化学习空间

“对各转型高校而言,深化产教融合,在服务地方中培育办学特色,走差异化竞争之路,打造特色化应用型人才培养模式是学校转型发展顶层设计的重要内容,也是转型发展实践探索的重点工作。”①大河传媒学院先后共建了新媒体工作室、融媒体工作室、无人机飞行实训室等 10 余个特色工作室,以工作室为载体推进新文科创新型应用人才模式改革。每个工作室都组建了行业导师和专业教师双指导的教学团队,导师带领学生团队在媒介产品生产的“真实环境”中,以“真实项目”为抓手,开展媒介生产“真

① 王文鹏.深化产教融合 创新应用型人才培养模式[N].河南日报,2019-07-02(3).

实流程”的全程实战，实现教学过程对接生产过程，在实践中检验学生的专业能力。学生实践成果的评价对接行业标准和社会标准，学校服务社会的能力逐步提高，形成了“四创三转三实”实践教学模式，如图 2 所示。

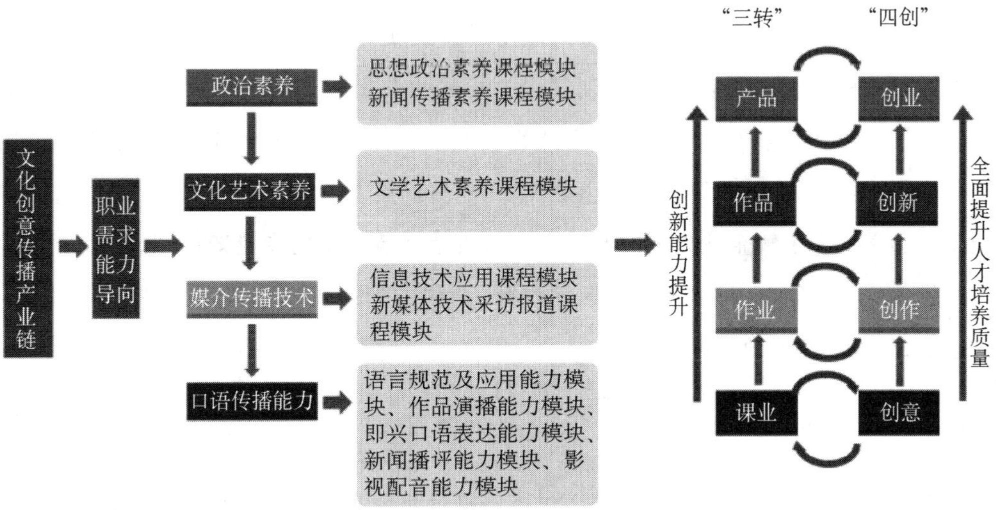

图 2 “四创三转三实”实践教学模式

2.4 “多元混编、双岗历练、同等考核”的师资培养模式

师资培养注重加强专业与行业对接、教学内容与职业标准对接、教学过程与生产过程对接，大河传媒学院支持学校教师和企业技术专家双向流动、两栖发展。大河传媒学院组织专职教师深入传媒行业企业一线岗位顶岗挂职锻炼，将企业实践经历纳入职称评定和绩效考核。大河传媒学院通过多种方式从合作企业选聘高水平技术专家担任兼职教师，让专家参与实践课程体系建构、课程推广、科学研究等，“手把手”传授实践经验，切实提高师生专业实践能力。近年来，大河传媒学院教师的教学水平稳步提升。娄艳阁和赵轩分别于 2019 年、2020 年参加河南省本科高校青年教师课堂教学创新大赛，均获特等奖；陈敏和娄艳阁分别于 2018 年、2019 年参与教育部主办的应用型课程建设说课竞赛，均获三等奖；李子瑾在 2017 年河南省教育系统教学技能大赛中获得一等奖；娄艳阁在 2018 年、2019 年河南省教育系统教学技能大赛中连续两年获得三等奖。

2.5 交叉融合的创新实践课程体系

大河传媒学院根据传媒行业对人才的系统需求,按照职业岗位的能力要求设计具体的工作任务,推动教师结合课程内容,进行具体的实践教学活动。学院构建"课程实训、综合性实践、项目实战"三个层次的能力递进式实习实训教学体系,通过实践教育基地开展阶梯性实训活动,将在实训过程中发现的学生缺失的知识能力结构,及时地整合到校内实践教学内容中。在整个课程实践教学体系中,学生与企业紧密连接,以企业工作流程、工作技术要求为教学载体,完成传媒类专业的基础学习、专业学习和职能学习。学生在了解企业生产的基础上学习每个环节用到的专业知识,既熟悉了完整的产品化流程,形象立体地把握了课程内容,又在实践的观摩和体验过程中掌握学习的主动权,人才培养效果明显。①

2.6 研教结合的成果转化机制

教师在科研项目实施过程中密切对接传媒行业企业,把握行业新动态、新趋势,统筹协调教学与科研;结合自身在实践应用领域的研究优势,逐步形成研究特色。大河传媒学院通过共享教学资源库、开发工学融合型教学项目和校本教材、充实暑期小学期实践内容、开展"双创"指导等方式,实现研教结合,提高人才培养质量。

在研教结合的成果转化机制下,学生的创新创业能力迅速提升。如 2016 届马腾飞、刘佳兮同学,在校期间成立无人机航拍团队,并根据社会需求组织团队研发出专门代替人工喷药的无人植保机,并创办了佳飞无人植保机有限公司。2017 届播音专业学生郭泽翰带领同学共同参与"如风影视快剪技术"项目,该项目荣获 2018 年中国"互联网+"大学生创新创业大赛创意组铜奖、省赛一等奖。在 2019 年中国"互联网+"大学生创新创业大赛中,广播电视编导专业学生关鹏翔等同学组建的团队又一次取得省赛一等奖的好成绩。截至 2022 年,大河传媒学院已累计获得中国"互联网+"大学生创新创业大赛省级以上奖项十余项。

3.大河传媒学院的建设成效

大河传媒学院确立了"政产学研用协同,教学做创转融通"的行业学院运行机制,解决了传媒人才培养和产业需求"两张皮"的问题,改变了校企合作中"学校热、企业

---

① 李红杰.高校教师工作室是产教融合剂,是学生创业的摇篮[J].现代职业教育,2020(41):208-209.

冷”的现象，发展经验得到广泛认可。大河传媒学院完善了新文科背景下产教融合应用型传媒人才培养模式，以特色工作室为载体，打造“多元混编、双岗历练、同等考核”的师资队伍建设机制，形成交叉融合的创新实践课程体系，推动研教结合的成果转化机制，提高人才培养质量。大河传媒学院构建了“四创三转三实”的传媒类新文科专业实践教学体系，以“创意—创作—创新—创业”为主线，带领学生在“真实环境”中以“真实项目”开展“真实流程”的全程实战，教学过程对接生产过程，引导学生实现“课业—作业—作品—产品”三次质的转化和飞跃。

3.1 教学改革效果显著

大河传媒学院建成一批国家级、省级本科教学质量工程项目（国家级一流本科专业 1 个，省级一流本科专业 1 个，国家级课程 2 门，省级课程 10 门，省级优秀基层教学组织 2 个，省级虚拟教研室 1 个，国家级校外实践教育基地 1 个，省级新文科实践基地 1 个，省级教学名师 1 个）；获得一批国家级、省级教科研奖励（中国高等教育学会实践育人优秀案例 1 次，省级教学优秀成果奖 1 次，省级高校实践育人工作优秀案例一等奖 1 次，省级青年教师课堂教学创新大赛特等奖 2 次，省级优秀社科成果奖 2 次）；获得一批教科研项目和教研成果（省级以上教科研项目 20 项，教研论文 10 篇，教材 3 部）。

3.2 人才培养成效明显

平顶山学院传媒类专业的知名度和美誉度得到了较快的提升。学生先后荣获中国“互联网＋”大学生创新创业大赛国家级铜奖等省级以上奖励 26 项。广播电视编导专业学生实习期间参与制作的《重温经典　致敬新时代：倒霉大叔谈幸福生活》作品获第 29 届中国新闻奖网络访谈作品二等奖。广告学专业毕业生宋献辉获“2020—2021 大学生就业创业年度新闻人物”称号。

3.3 获得教育专家和领导充分肯定

大河传媒学院的健康与持续运营吸引了教育部、河南省教育厅、省内外兄弟高校等各级领导的高度关注。教育部高校戏剧与影视类专业教学指导委员会主任委员、北京师范大学博士生导师周星表示，大河传媒学院的“校企合作人才培养模式、教育教学理念正是对新文科的实践，应该作为试点大力推广”。河南省教育厅原厅长郑邦山、时任平顶山市市长张雷明等在 2019 年河南省应用技术类型本科院校建设工作现场推进会上高度肯定了大河传媒学院的人才培养模式。

3.4 改革成果示范作用显著

大河传媒学院的改革成果被媒体报道20余次;河南省新闻传播学类专业教学指导委员会主任委员张举玺教授、大河网采访部总监郭俊华、河南省戏剧影视学类专业教学指导委员会主任委员李伟昉、河南广告传媒业商会高校专家委员会主任委员尚恒志等省内20多位专家学者代表对大河传媒学院的人才培养模式给予充分肯定,大河传媒学院的人才培养模式荣获2020年中国高等教育学会实践育人优秀案例。

4.大河传媒学院的建设特色与创新之处

“打造中国经济的升级版,建设教育强国,对高等教育改革发展提出了新的要求,推进地方本科高校转型发展是高等教育分类发展、特色发展的重要战略部署,产教融合是地方本科高校转型发展的主要路径。”[①]大河传媒学院既承担着平顶山学院向应用型高校转变的使命,又承担着探索河南传媒类专业教学改革的重任,逐步形成管理机制创新、合作模式创新、人才培养方式创新、技术应用与研发创新的协同育人模式,达到“政产学研用协同、教学做创转融通”,为国内传媒类行业学院建设提供了借鉴和参考。

4.1 建设特色

4.1.1 创新打造“政产学研用协同,教学做创转融通”的育人模式

大河传媒学院进一步明晰新文科背景下协同育人机制的内涵要素、功能特征、实践模式,以特色工作室为载体,将创新创业教育融入人才培养全过程。大河传媒学院与媒体共建面向职业环境的校内实践创新平台,以专业工作室模式打造“教学做创转”一体化学习空间,为面向卓越新闻传播人才的政产学研用协同育人机制提供理论支撑和典型案例。

4.1.2 交叉融通,构建“四创三转三实”的传媒类新文科专业实践教学体系

大河传媒学院面向文化传媒创意全产业链,打破学科专业界限,建设一批创新实践类行业课程,构建以能力产出为导向的“课程实训—综合性实践—校企合作项目实

① 苏晓红.“政产学研协同 教学做创融通”一体化推动双提升[N].河南日报,2019-07-03(10).

战”能力递进式新文科实践教学体系。大河传媒学院与大河网等传媒龙头企业共建新文科校外实践教育基地，组建了校企双导师团队，实现了教学过程对接生产过程，提高了服务社会能力。

4.1.3 研教结合，服务地方区域文化传播新生态

大河传媒学院深入挖掘地方红色文化、传统文化资源，贯通内容生产传播价值链，促进文化与科技融合传播，打造地方文化传播品牌，提升文化软实力，服务地方文化产业发展和乡村振兴。

4.2 创新之处

4.2.1 创新管理机制，优化组织结构

大河传媒学院创新发展了行业学院理事会制度，构建了决策科学、运行机制高效的内部管理体制，在日常管理上建立了责任共担体系、权利共用机制、利益共享机制、日常协作机制。开放融合的管理模式使得大河传媒学院的管理更加科学、特色更加明显。

4.2.2 创新合作模式，实现互利共赢、资源共享

在合作机制创新上，学校不以单一地索取对方的平台、技术为目的，企业不以获得学校资金为目的，集聚政府、产业、企业、高校多方资源，打造校地、校企应用人才培养创新实践平台，校企合作层次更高。在合作方式上，大河传媒学院以校企共建专业核心课程为基础，以引进行业合作课程建设为重点，进而带动传媒类各专业实践教学、第二课堂、集中实践教学环节以及学生创新创业平台的运行，提高全院整体教学水平和人才培养质量，为媒体融合时代传媒行业发展和创新创业提供支撑，为高校的教育教学改革提供探索经验，为当地经济社会转型发展提供动力，校企合作成果更丰硕。

4.2.3 创新人才培养方式，构建新型育人模式

大河传媒学院借助平台，提升师生专业素养。学院围绕“专业入行、能力提升、双创深化”，贯彻成果导向教育（OBE）理念，做到与合作单位进行人才培养方案修订、课程教学团队建设、课程建设、实践教学平台建设、教学过程、教学质量评价 6 个方面的对接，通过行业学院培养学生在真实场景真学、真做、真创，面向地方主流媒体，培养适应传媒行业需求的播音员、主持人、记者，实现人才培养质量和社会服务能力“双提升”。

5.结语

在互利共赢、资源共享的建设理念下,大河传媒学院通过校企联动、开放融合的管理模式,真正建成了校企共建、共管、共享的利益共同体;通过政产学研用协同推进的运行机制,真正提高了全媒化复合型新闻传播人才的培养质量。大河传媒学院的建设理念在兄弟院校以及传媒企业中得到了广泛推广,在省内乃至全国都获得了较高的知名度和美誉度。大河传媒学院的教学改革理念成熟,具有较高的应用价值。其中,开放融合的管理模式,"政产学研用协同、教学做创转融通"的运行机制,特色工作室平台建设以及"六对接"原则,实践操作性强,相关理念在省内外多所兄弟院校得到推广应用后,师生专业素养提升明显,人才培养效果突出。

〔秦方奇,教授,平顶山学院新闻与传播学院院长、河南省普通本科高校专业管理服务中心主任〕

新闻传播类国家虚拟仿真实验教学项目建设现状及思考*

◎ 刘晓丽　阳雨欣　张燕

摘要：新技术改变了传统新闻生产的实践形式和传播形式，在传播技术的迅速变革中，倚重理论的新闻传播人才培养方式日显乏力。建立技术型、实践型、复合型人才培养模式，成为新闻传播教育亟须解决的问题。技术型、实践型人才培养主要倚重实践教学，虚拟仿真实验教学项目是实践教学手段之一。本文基于国家实验空间共享平台新闻传播类国家虚拟仿真实验教学项目建设使用情况，从虚拟仿真项目的类型、实用性和可持续性三方面分析目前新闻传播类国家虚拟仿真实验教学项目建设存在的不足与发展困境，并分析出“加强宣传、找准特色、增强体验感”的破局之策。

关键词：虚拟仿真；新闻传播；实验教学

1.新闻传播类虚拟仿真实验教学项目建设的必要性

虚拟仿真技术是指在多媒体、虚拟现实、人机交互、网络、通信等技术不断发展的基础上，将虚拟现实技术与仿真技术结合形成的更高层次的仿真技术，具有沉浸性、交互性等特征。实践教学是新闻传播学科教育的内容之一，在全媒体时代下，新一轮科技革命带来了新的传播格局，媒介融合对新闻传播人才的实践能力培养提出了更高要求。习近平总书记强调宣传思想战线要“不断增强脚力、眼力、脑力、笔力”，新闻舆论工作者要“努力成为全媒型、专家型人才”。然而，高校实际能提供的实践能力教学培

---

* 本文系湖南省学位与研究生教育改革研究重点项目“‘新闻与传播’专业学位研究生实践创新能力培养的实践与探索(2019JGZD032)”，湘潭大学研究生学位与研究生教育教学改革研究项目“新闻与传播专业学位研究生教育改革与探索(YJG2018005)”的阶段性成果。

养条件与社会对新闻传播人才实践能力培养的要求之间还存在着资金、场地和设备不足等鸿沟,如何在当前条件下改善对新闻传播学子实践能力的培养,是许多高校亟须解决的问题。新闻传播类国家虚拟仿真实验教学项目应运而生。2017 年起,国家开始推动虚拟仿真实验教学项目建设,以此延伸实验教学的时间和空间、拓展实验教学内容的广度和深度、提升实验教学的质量和水平,将现代信息技术融入实验教学项目,以弥补当前新闻传播实践教学的不足。

从当前已有的新闻传播类国家虚拟仿真实验教学项目来看,这些项目在多个方面切实改善了新闻传播实践教学状况。首先,新闻传播类国家虚拟仿真实验教学项目弥补了因实验场地、设备不足造成的教学不便。当前,我国不同高校的新闻传播院系之间在实验场地、设备、资金等方面存在较大差距,每一位学生能够接受的实践教学质量也存在较大差距。新闻传播类国家虚拟仿真实验教学项目在一定程度上缩小了这一差距,学生只需要通过一台符合配置要求的电脑就能进入平台体验相同的虚拟实践。其次,新闻传播类国家虚拟仿真实验教学项目延伸了学生实践体验的空间。一些重大事件、突发事件的采写实践存在身份、时间、地域上的限制,学生无法随时随地随意进行具体实践。诸如“国际突发事件采访报道虚拟仿真实验”“公共卫生危机事件新闻采访虚拟仿真教学”等项目,对重大、突发事件现场的新闻制作和报道流程进行了尽可能的模拟还原,为学生采写实践提供了可能。再次,新闻传播类国家虚拟仿真实验教学项目还在一定程度上弥合了传统实践教学中的逻辑断裂。传统的实践教学往往以老师的讲授为主,学生处在被动的聆听状态,这与实践教学的目标是相背离的。虚拟仿真实验教学项目能够用更为直观的方式让学生感受实践内容,与新闻传播实践教学的内在逻辑更为契合。

2.实验空间共享平台新闻传播类国家虚拟仿真实验教学项目建设现状

2.1 项目类型

根据实验空间—国家虚拟仿真实验教学课程共享平台数据,截至 2022 年 11 月 24 日,和新闻传播学专业相关的项目共有 48 个,涵盖新闻学、广播电视学、广告学、传播学、编辑出版学和网络与新媒体等 6 个类别。其中,有 3 个与新闻传播学关联较弱的项目,分别是“儿童科普知识虚拟仿真展览馆”(课程内容为儿童科普教育)、“中国优秀文化 VR 定格动画影像创作实践”(课程内容为动画设计)和“企业形象广告空间体验与传播策划 VR 实验"(课程内容为室内设计)。

从内容对虚拟仿真实验教学课程进行分类,有学者提出流程虚拟、设备虚拟和场景虚拟的概念。[①] 以此为标准分析 48 个项目,属于流程虚拟的项目有 16 个,占比 33%;属于设备虚拟的项目有 6 个,占比 13%;属于场景虚拟的项目有 23 个,占比 48%;另外,与新闻传播学专业关联较弱的 3 个其他课程,占比 6%。新闻传播类国家虚拟仿真实验教学项目类型占比示意图如图 1 所示。

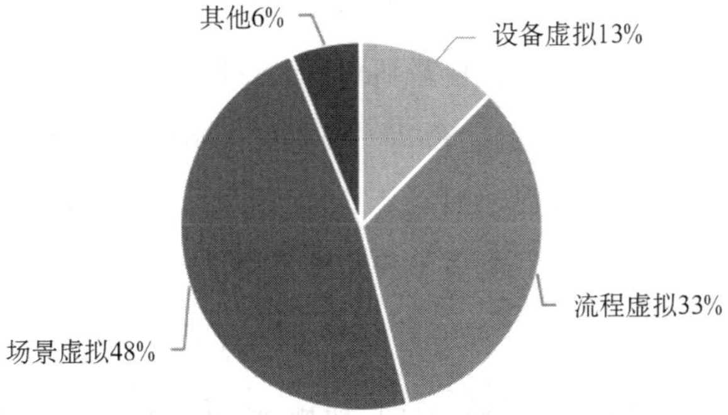

图 1 新闻传播类国家虚拟仿真实验教学项目类型占比示意图

流程虚拟类项目,包括 10 个新闻作品创作流程项目、2 个基于不同角色扮演的采访体验流程项目、1 个中国传统书籍制作流程项目、2 个 App 页面设计与运营操作流程项目、1 个研究方法实际操作体验流程项目。

设备虚拟类项目,包括 3 个无人机的使用与操作虚拟项目、2 个摄像机认识与使用的虚拟项目、1 个针对 VR 软件操作的虚拟项目。

场景虚拟类项目,包括 9 个受环境因素影响学生一般难以赶到第一现场的虚拟项目,内容涉及灾难事件、公共卫生危机事件等;10 个受身份因素影响学生不能去第一现场的主题活动场景,涵盖重大成就报道、时政新闻报道、体育赛事报道等;4 个节目和演播厅现场的虚拟项目。

总结以上项目类型可以发现,项目实验内容同质化比较严重,比如灾难事件现场报道的虚拟项目有 2 个,突发事件报道的虚拟项目有 4 个,并且突发事件、灾难事件、公共卫生危机事件三类事件本身就存在交叉情况。另外,项目实验内容比较单一,大多侧重于对传统新闻报道流程的虚拟。有些项目的创作目的虽然是进行融合报道,但

① 邢江.新闻传播类虚拟仿真实验教学课程分析与思考:基于国家虚拟仿真实验教学项目共享服务平台数据分析[J].湖北师范大学学报(自然科学版),2022,42(3):87-94.

是作品形式依旧是传统媒体形式,没有真正实现新技术的运用,显然也无法满足新闻传播实践人才培养的现实需求。新媒体时代新闻的传播形态已然发生变更,内容的呈现形式逐渐多样化。传统的文字报道和图文报道不再占据报道的主流,H5、条漫、动画等表现方式和可缩放矢量图形(SVG)等新技术的运用高频出现在媒体报道中,新闻传播实践教学理应培养学生的融媒实践技能。

2.2 项目实用性

去除与新闻传播学关联较弱的 3 个课程,下文选用 45 个教学项目进行分析。实验空间—国家虚拟仿真实验教学课程共享平台的数据显示,新闻传播类国家虚拟仿真实验教学项目中,双一流高校申报的有 26 个,非双一流高校申报的项目有 19 个,双一流高校和非双一流高校申报项目比接近 7∶5。其中,双一流高校申报的项目中获评国家一流课程的有 14 个,非双一流高校获评国家一流课程有 7 个。

在 45 个项目中,可以明显看到浏览量和实际实验人数存在较大的差距(本文选取实验人数而非实验人次作为有效数据,避免人为刻意刷数据的行为)。实验人数在 0—200 区间的项目有 26 个;实验人数在 201—1,000 区间的项目有 13 个;实验人数超过 1,000 人的项目有 6 个。其中,有 15 个项目的实验人数在 1 人以下,占比 33%。

上述数据表明,新闻传播类国家虚拟仿真实验教学项目的实用性暂时没有达到理想目标。一方面,高校立项差异大,结合 2018—2021 年立项的总量来说,非双一流高校申报和获得国家一流课程的项目都远远少于双一流高校。另一方面,项目在各大高校之间并没有全面开放,普及率低,共享率低。45 个项目中,近 58%的项目的实验人数都没有超过 200 人。实验人数在 200 以下的项目基本属于校内推行,没有推广到校外。高校之间没有实现资源共享,高校内部使用率不高,导致实际进行实验的人数远远落后于浏览量。

2.3 项目持续性

笔者对实验空间—国家虚拟仿真实验教学课程共享平台上新闻传播类国家虚拟仿真实验教学项目进行实验发现,截至 2022 年 11 月 24 日,只有 26 个项目能够“继续实验”,19 个项目因为各种原因已经无法再打开“我要实验”。

统计数据表明,共享平台上新闻传播类国家虚拟仿真实验教学项目存在项目建设和使用可持续性较差的困境。导致项目困境的因素包括:第一,共享平台对受众设备要求高，项目使用流程复杂，比如要求使用火狐等特定浏览器才能打开网页进行实验、登录过身份账号以后还需要在二级页面再次登录新账号。第二，由于项目建设周期和经费问题，共享平台上的新闻传播类国家虚拟仿真实验教学项目对新设备、新技术的使用相对滞后。项目大多使用鼠标、键盘等传统交互设备，没有把受众的双手从机器中解放出来。第三，部分项目互动程度低，有些课程的实验内容在线下教学就可以进行，比如“数字广告伦理与法规虚拟仿真实验”在课堂中就能完成知识点的梳理和答题，“在线视频制作与发布虚拟仿真专业实验教学”也能在手机端的剪辑 App 和短视频 App 里完成。在虚拟仿真课堂中，学生只能按照预设好的模式一步一步点击鼠标完成整个实验，并没有达到真正实践的效果，甚至降低了实践操作的要求。第四，项目持续建设和使用需要的投入大，而项目经费有限。虚拟项目建设的拨款只有初期建设 1 次，后期维护多需要按年持续付费且金额不少，不少项目的拨款在项目初期建设时就已经使用完毕，教师个人无法承担后期费用导致项目无法继续实验。

3.新闻传播类国家虚拟仿真实验教学项目建设的破局之策

为了让虚拟仿真实验教学项目更好地服务于相关专业学生与老师，我们需要理清教学思路、认清现实困境、积极寻求新的发展方向。

3.1 加强宣传，扩大平台知名度，提高使用率

教育部于 2013 年发布《关于开展国家级虚拟仿真实验教学中心建设工作的通知》，提出要建设国家级虚拟仿真实验教学中心。《教育部关于开展国家虚拟仿真实验教学项目建设工作的通知》2018 年发布，该通知指出：国家虚拟仿真实验教学项目是推进现代信息技术融入实验教学项目、拓展实验教学内容广度和深度、延伸实验教学时间和空间、提升实验教学质量和水平的重要举措。[①] 国家希望通过虚拟仿真实验教学项目来提升学生的实践能力与水平，并为此打造了实验空间共享平台，但遗憾的是，该平台在新闻传播类专业的知名度和共享度有限。截至 2022 年 11 月，共享平台中新闻传播类项目涉及浙江大学等 40 多所院校，但目前我国设置相关专业的院校超 200 所，参与此平台建设的院校尚不足四分之一。因此，加强对

① 教育部关于开展国家虚拟仿真实验教学项目建设工作的通知[EB/OL].(2018-06-07)[2023-03-22]. http://www.moe.gov.cn/srcsite/A08/s7945/s7946/201806/t20180607_338713.html.

该平台和相关项目的宣传力度,让其得到更多相关院校的重视与参与,是让项目能够得到更好更快发展的前提。一方面,教育部应加强对新闻传播类国家虚拟仿真实验教学项目数量上的规划,通过下达硬性指标督促各高校重视和参与建设虚拟项目;另一方面,各高校除了要动员教学人员参与项目建设外,还要动员教师充分利用项目资源开展实践教学,鼓励广大学子积极参与项目实验。只有让相关专业师生了解平台和项目的作用,切实参与到平台项目的实验中去,才能实现提升相关专业实践人才培养效果的目的。

3.2 找准特色,避免同质化内容占用资源

在当前新闻传播类国家虚拟仿真实验教学项目的建设过程中,多数项目都将目光聚焦在新闻采写制作的流程、融媒体报道、设备使用等内容上,导致项目内容同质化。以共享平台中新闻学 10 个国家级一流课程项目为例,其中对新闻采写制作与报道进行虚拟仿真实验教学的项目有 7 个,超过半数的项目内容属于同质化内容。

值得注意的是,当前国家级虚拟仿真实验教学项目的评选标准是统一的,并且标准主要由理工科相关专家负责制定,但新闻传播学专业属于文学类学科,理工科思维与文科思维之间存在一定差异,因此,由理工科思维评选出的新闻传播学项目不一定就是对新闻传播学实践能力提高最有帮助的,不一定就是最符合新闻传播学实践发展规律的。因此,要避免项目同质化问题,应该从顶层设计方面入手,需要制定具有针对性的评选标准、分学科选择长期从事新闻传播实践的业界专家参与项目评选,这样才能从大方向上保障新闻传播类国家虚拟仿真实验教学项目的多元发展和落地服务。

此外,项目制作团队不能只着眼于哪些项目的制作流程更为简单,哪些项目更符合国家级或省级一流项目的评选标准,哪些项目需花费的时间和资金更少等内容,而应该更多地考虑哪些项目能更好地帮助学生提高实践能力与理解新闻传播专业知识、更好地让项目得到可持续发展。高校要以教学需求、学生实践需求和业界人才需求为出发点,结合自身办学特色、发展历史、地方特色等方面来思考如何建设虚拟仿真实验教学项目。可以通过校际合作与传播,让更多学生体验不同高校独具特色的实践内容,感受平时接触不到的实践体验。例如,湘潭大学地处毛泽东同志故乡,可以结合地域特色,将红色基因与新闻传播结合起来,建设独具红色文化传播特点的虚拟仿真实验教学项目。

3.3 增强体验感,利用新技术跳出思维禁锢

从现有新闻传播类国家虚拟仿真实验教学项目的实验效果来看,项目基本都提前为参与实验的学生预设好操作步骤和内容,学生只需点击鼠标便可轻松完成在现实生活中相对复杂的操作。项目实验流程的设置其实更多的是对制作方的要求,学生端的操作是非常简单、略显枯燥的,对学生实践能力的提升是否有具体帮助是存疑的。要想提高项目对学生实践能力提高的真实效力还需着眼于新技术的融入。

元宇宙是近年的热门词之一。在新闻传播业中,无论是信息的采集还是新闻的发布都将受到元宇宙的影响。若想制作出能够带给学生真正实践体验感的新闻传播类虚拟仿真实验教学项目,不妨考虑乘着元宇宙发展的东风,将虚拟与现实更好地融合起来,让项目突破点击鼠标即可完成操作的禁锢,使学生获得更好的实践体验。

清华大学新闻学院元宇宙文化实验室主任沈阳认为,要想体验更为逼真的元宇宙应用,需要现有的计算机算力提升 1,000 倍,这至少需要 10 年。① 元宇宙的发展与应用尚且还需要一段时间,而现阶段新闻传播类国家虚拟仿真实验教学项目能从哪些方面去提升体验呢?首先,线上线下相结合,以高校现有的设备和场地能够负担起一部分线下实践,这一部分内容就可以在线上的虚拟仿真实验教学项目中省略,既提高了实践体验感又节约了资金等资源。其次,充分利用现有的 VR、AR 等技术,将实验的学生从电脑前解放出来,不仅仅用眼睛,更要调动全身来参与实践。

4.结语

随着技术的发展,在国家相关政策的支持下,虚拟仿真实验教学项目在新闻传播领域将得到更大的发展,VR、AR、MR 和 XR 等技术都将纳入能够促进该项目发展的技术范畴,技术的突破将给新闻传播学的实验教学带来新的机遇。要想使实验空间—国家虚拟仿真实验教学项目共享平台的发展更贴合国家建设此平台的初衷,需要政府相关部门、高校、学生等主体在宣传、特色、体验感等方面加大力度。相信在多方努力下,新闻传播类虚拟仿真实验教学项目将为新闻传播学的教学内容、教学方法、教学理念和教学效果等方面带来更多积极影响,为新闻传播学培养理论与实践能力兼备的、

① 王维.元宇宙对新闻业的解构与重塑[J].视听,2022(10):22-25.

适应融媒体时代发展的全能型新闻人才贡献力量。

〔刘晓丽,副教授,湘潭大学文学与新闻学院硕士生导师;阳雨欣,湘潭大学文学与新闻学院新闻与传播专业硕士研究生;张燕,湘潭大学文学与新闻学院新闻与传播专业硕士研究生〕

新文科背景下的清华大学新闻传播实验室建设

◎ 王庆柱

摘要：伴随技术的发展，人类社会进入传播时代。数据作为生产要素，成为融媒体的核心要素。围绕数据的加工生产开展实验室建设是当前新闻传播实验室建设的重点。本文分融媒体实践平台、财经数据平台、认知传播实验平台、舆情数据及国家治理案例库建设平台四个部分简要介绍了实验室建设的内容及目的。实验室建设要为学科发展服务，满足实践教学需要，服务国家发展战略。

关键词：实验室建设；融合媒体；认知传播；舆情案例

1.建设背景

当下的社会正在由信息时代向传播时代过渡，多元的信息和知识建构的不同，带来了人们对信息的解读和处理方式的变化。与此相对应，舆论生态和传播方式也产生了新的变化，受众对社会的认知和了解来自接收信息的差异，而这未必就是真实世界的样子。信息时代人们追求的是信息的单向传播——通过电子邮件、论坛、博客等技术手段将信息以数字化方式传播出去。进入传播时代，人们追求的是沟通和交流，这是舆论场的变化。信息和媒介交织在一起，人们通过技术融合的平台进行信息交流、沟通，最终形成个人对世界的认知。

技术的进步推动了传播模式的改变。融合后的媒体拥有一个全媒体传播体系，该体系包含具有广泛接入性的数字基础设施、创新的内容生产与智能分发平台、丰富的公共数据和强大的算法技术，以及及时有效的个性化智能传播手段。我们如今接触的媒体不仅带来信息时代的单纯信息，还带来信息背后的技术赋能。

新闻传播学科作为实践性很强的社会科学，要培养学生适应社会环境，在面临社会复杂问题时果断、正确地做出决定,学会借助各种技术手段对信息进行处理。在当前的智能传播时代,传播者要能够通过生理、心理的测量手段,掌握信息对个人的情绪和心理变化的影响。2020年5月,时任清华大学校长邱勇在清华大学新闻学院调研时指出:"面对前所未有的机遇与挑战,新闻学院要改革奋进,重新定位,发挥示范带头作用,引领学科发展,努力服务国家发展战略。"针对未来发展,邱勇提出:第一,学科的发展定位要形成共识。新闻传播学科要进一步加强理论基础和人文基础,要充分认识到国际话语权问题的核心是理论体系。第二,人才培养要着眼国家需求,着眼高端新闻传播人才培养。新闻学院要坚持以终为始的理念,根据人才的去向和人才发挥的作用来思考培养什么人、为谁培养人、怎么培养人的问题。

面对国家的战略发展需要、时代特色和技术的推动,清华大学新闻与传播学院2020年在原有的规模和基础上调整了发展方向,确立重点建设的5个学科方向:中国特色新闻学、智能传播与科技应用、国际传播与全球治理、经济传播与经营管理、视听传播与创意媒体。同时,将本科教学扩展到全校任选课,一方面满足了其他院系同学对新闻学科学习的愿望,另一方面也是在新文科背景下,为学科交叉、融合提供了便利条件。

清华大学新闻与传播学院新闻传播学实验教学中心作为学科发展和实践教学的基础平台,多年来坚持"快一步"的建设思路,积极努力进取,发展方向与学院的学科发展和人才培养目标保持一致,为科研和教学创造条件,保持学科发展的引领和示范作用。当前实验教学中心已经建设完成了融媒体实践平台、财经数据平台、认知传播实验平台。当前正在建设的项目有扩展现实(XR)演播室和舆情数据分析平台,预计在2023年建设完成。这些平台的建设为创建"清华学派"的新闻传播理论体系提供了基础条件,对实验、实践教学起到了支撑和保障作用。

2.实验教学资源体系的组成与功能

新闻传播学是一门应用性很强的学科。学生们必须掌握采访、写作、编辑、评论、播音、摄影、摄像以及数据处理等专业技能才能适应专业岗位。随着媒体技术日新月异地发展,媒体操作环节越来越数字化、智能化,传统专业技能面临着挑战,学校需要利用数字化、智能化的媒体设备、实验环境、数据平台,才能完成对学生专业技能的培养,因此,传媒实验室的建设需要与时俱进,与技术、业务的发展保持同步。

清华大学新闻传播学实验教学中心的发展理念是提供现代化传媒技术环境,培养全媒体新闻传播人才，通过实践教学，增强学生当代传媒的采、写、编、评、播、摄、数据处理等专业能力，为其实习和走上工作岗位后尽快独立展开工作提供必要的实践训练和专业环境。

我们在实验教学资源建设上一直坚持依托清华大学多学科交叉优势和在计算机科技方面的领先技术，在深入理解信息网络时代新闻传播业的发展趋势和特点的基础上，前瞻性地设计和建设有关实验教学的具体内容，把最先进的应用场景引入到实验教学中来，让学生在日常学习中接触到业界的领先技术，为就业和创业做好准备，将实践能力无缝对接到工作环境中。

目前，新闻传播学实验教学中心的实验教学资源主要由融媒体实践教学平台、财经数据平台、认知传播实验平台、舆情数据及国家治理案例库建设平台四个部分组成，形成了开放式、多层次、融合型实验教学体系。

2.1 融媒体实践教学平台

融媒体实践教学平台由硬件服务平台、内容展示平台和内容运营管理平台三部分组成，破除了传统媒体彼此孤立、重复建设的弊端，支持影视、摄影、新闻写作、报刊编辑等方面的课程实践教学与创新。通过网络互联，平台实现了计算能力和数字资源的共享，也带来了实验室管理的便利和维护成本的降低，原来需要多人管理的实验室，现在一位工作人员就能轻松完成管理工作。

2.1.1 硬件服务平台

融媒体实践教学平台配备了4K标准的前期拍摄设备、后期编辑系统、超融合服务器、XR演播室以及相关信息安全管理系统，拍摄及编辑设备的配备满足了学生今后相当长一段时间的作品创作需求。与之配套的超融合服务器集计算、网络、存储和服务器虚拟化等资源和技术于一体，既提高了管理效率又满足了虚拟化桌面的需求，解决了实验室空间和时间的开放难题。融媒体实践教学平台拓扑图如图1所示。

私有云非编系统服务器架设在学院自己的机房内，维护方便，可以根据学生需求的性能高低，随意调整每个节点客户端的数量，满足学生对带宽和算力的不同需求。私有云非编拓扑图如图2所示。

云非编系统的建设解决了疫情期间的学生地域限制问题，学生通过互联网或者校园网都可以连接系统，调用服务器的运算资源。2020年开始，受疫情的影响，实验室时常处于关闭状态，为满足学生的数据处理和编辑需要，新闻传播学实验教学中心先

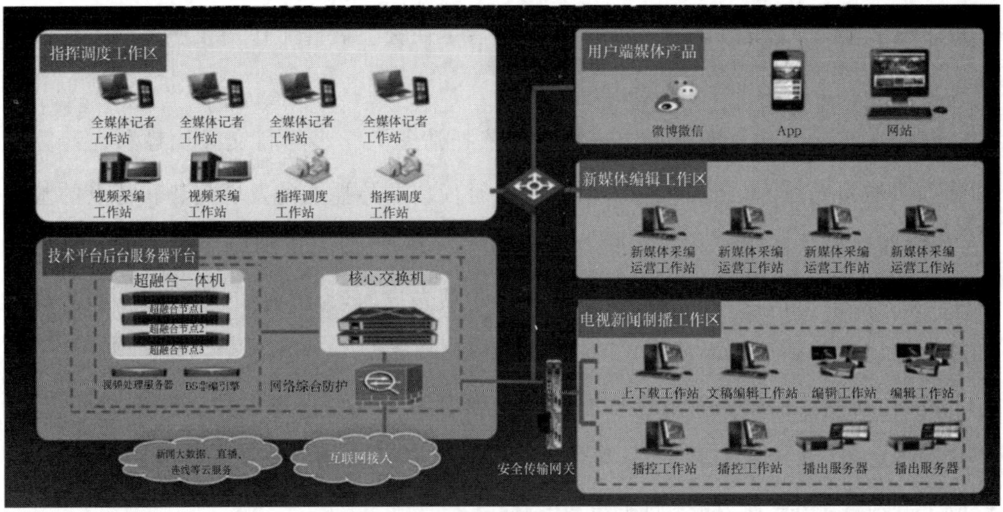

图 1　融媒体实践教学平台拓扑图

图 2　私有云非编拓扑图

后在 2021 年和 2022 年建设、扩容了私有云平台的算力和容量,基本满足了日常的课程需要。

2021 年元宇宙概念兴起,虚拟现实技术再次成为人们讨论的热点。由于技术的进步和硬件计算性能的提高,基于虚拟现实扩展的 XR 技术被应用到演播室建设中,所见即所得的虚拟场景和现实场景有机融合在一起,为影视创作和认知场景的搭建创造了便利条件。借助于学院院馆加固契机,结合学院未来发展方向,2022 年秋季学期,XR 演播室建设工作提上了日程,2022 年年底完成了建设合同的签署工作。根据合同约定,100 平方米 XR 演播室的建设工作将于 2023 年完成,并投入使用。XR 演播室系统结构图如图 3 所示。

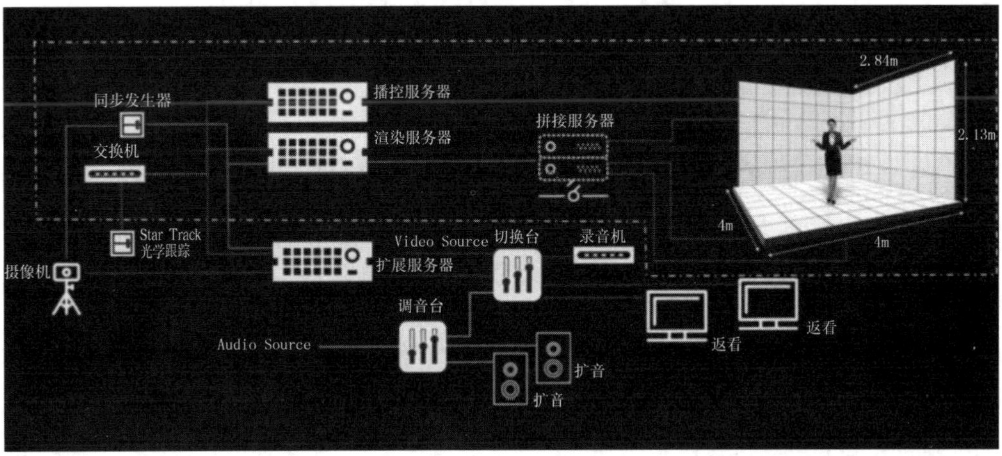

图 3　XR 演播室系统结构图

该演播室技术系统主要包括 XR 超高清(4K)渲染引擎系统软件及相关服务器、XR 沉浸式智能演播室系统播控软件及相关工作站、XR 沉浸式智能演播室系统扩展软件及相关工作站。视频系统以超高清内核为基础,兼容高标清节目制作,能够安全可靠地通过扩展现实拍摄方式实现节目的录制要求。其中 XR 沉浸式智能演播室系统以实时渲染引擎 Unreal 引擎为核心,以 L 型结构的 LED 大屏为呈现方式,结合混合现实、增强现实等多种相关技术实现虚实结合的场景再现。沉浸式混合现实智能演播室系统及固定机位机械跟踪系统可以实现宏大场景呈现和场景无限扩展。

2.1.2　内容展示平台

内容展示平台由 PC 端清新传媒网站(qxcm.tsjc.tsinghua.edu.cn)、移动端清新传媒 App 及实验室大屏展示端三部分组成。清新传媒网站、移动端清新传媒 App,展示了清华学子在实践教学中的优秀作品,呈现了清华学子眼中的世界。大屏展示端则显示了当前实验室研究项目及跟踪数据的图形化展示效果,形成了大数据的可视化处理功能。大屏展示端创造了一种“浸入”效果,让冰冷的数字有了温度。

2.1.3　内容运营管理平台

内容运营管理平台采集了学院多个实践教学项目的音频、视频、图片素材与作品,对这些数字资源进行了整理、发布,实现了“一次采集、多元生成、多渠道传播”的工作路径。内容运营管理平台功能模块如图 4 所示。

图 4 内容运营管理平台功能模块

该平台完全再现了当前媒体运营的真实环境,让学生真刀真枪地在实践中学习媒体运营的管理经验。该平台将学院的媒体实践项目整合到统一的平台进行管理、运营、展示。信息发布平台功能模块如图 5 所示。

2.2 财经数据平台

2007 年,清华大学新闻与传播学院、美国国际记者中心合作成立了全球财经新闻项目,面向国际学生招收硕士研究生。项目为学生提供财经新闻采写、经济金融分析、传播公关沟通等方面全方位的教育资源与丰富的业界资源。为满足教学对财经数据的需要,经美国国际记者中心介绍,学院与美国彭博新闻社建立了合作关系,在彭博社的支持下,建设了彭博数据终端实验室,通过彭博数据终端实验室搭建财经数据平台。该数据平台通过多种语言实时提供全球金融数据、股票信息、商品信息等。在提供实时数据的同时,该平台还提供了历年数据,方便用户对数据进行分析。在提供数据和分析工具的同时,平台还通过广播、电视、报纸、杂志、网站、App、微信、微博等多种渠

图 5 信息发布平台功能模块

道将信息传递给客户。

在该平台中,信息具备了再开发性、时效性和累积性。通过该平台,学生不但可以快速查询到相关数据,也可以向彭博社的记者、编辑学习新闻报道的经验。清华大学全球财经新闻项目是面向全球招生的全日制两年硕士研究生项目。该项目旨在培养既能理解中国经济发展的快速性与复杂性,又能将中国经济发展报道给全球公众与国际社会的优秀"知华派"国际传播人才。

2.3 认知传播实验平台

认知科学、神经科学、人工智能等交叉领域的迅速发展,为新闻传播学带来了全新的研究课题、研究路径和理论思考手段,推动新闻传播学科向前发展。清华大学新闻与传播学院于 2018 年确立了智能媒体、数据传播等研究方向,在未来媒体实验室着手认知传播实验平台的筹建工作。通过近几年的建设,截至 2022 年年底,平台拥有脑电仪、眼动仪、VR 开发系统、面部表情分析系统、多模态数据分析软件等一系列认知传播方向教学研究所需的软硬件。

硬件部分主要包括 EGI GES400 脑电仪、Eyelink 1000Plus 桌面式眼动仪、Tobii Pro Glasses3 移动式眼动仪、Biopac MP160 生理多导仪、VIVE Pro EYE VR 头显。硬件部分还包括 Empatica 公司的 E4 腕表,该设备可对心率、皮电、身体运动及活动情况进行测量,同时可将标志性事件和生理特征信号相关联,测量与交感神经系统相关的压力、兴奋等情绪特征。

软件产品主要包括 iMotions、WorldViz(Vizard7)、表情识别与分析系统(FaceReader)、动物运动轨迹追踪系统(EthoVisionXT)等。

iMotions 是一个综合分析平台,是一种多模态整合分析系统,能够同时获得高时间分辨率和高空间分辨率信息,用于执行具有高有效性的人类行为研究,动态地观察脑的信息加工过程。iMotions 同步支持多种生物识别传感器,从多角度理解人类行为,包括眼动追踪、皮肤电信号 EDA/GSR、脑电信号 EEG、心电信号 ECG 和面部表情分析。iMotions 利用具有高时间分辨率的电生理记录技术,形成多模态信息,将所有基本硬件技术及其各自的数据汇集到一条一致的路径中,以便它们同步工作。①

WorldViz 是美国一家专业的 VR 引擎开发公司,Vizard 是其旗下的核心产品,可用于虚拟现实技术的开发,提供虚拟现实系统方案和内容方案,能够支持虚拟现实头盔 VIVE Pro EYE 的程序开发,Vizard 允许交互式快速搭建虚拟现实场景和交互功能,提供大量的设计方案。Vizard 内置的集成开发环境结合 Python 程序语言以及 Vizard 丰富的虚拟现实功能模块和方法,极大地简化了交互式虚拟现实应用的开发和维护。Vizard 64 位版本支持使用中央处理器(CPU)和图形处理器(GPU)的计算和渲染性能。通过使用 World Viz 公司开发的程序,可以为测试对象提供虚拟测试环境,同时与认知传播测量工具相结合,实现对人体生理信号的有效测量。②

FaceReader 和 EthoVisionXT 是荷兰诺达思信息技术公司的产品。FaceReader 是用于自动分析面部表情的专业软件,可分析高兴、悲伤、愤怒、惊讶、害怕、厌恶和中性这 7 种基本情绪,能够相对客观地对情绪进行分析与评价。这些数据可以与眼动、生理等数据进行整合,从多维度呈现用户对媒介信息的反应,并进行更深入的心理测

① iMotions 研究软件[EB/OL].(2022-03-25)[2022-06-20].https://imotions.com/zh/homepage-中文-中国/.

② World Viz 网站[EB/OL].(2022-01-20)[2022-06-20].https://www.worldviz.com/vizard-virtual-reality-software.

量分析。EthoVisionXT是自动追踪和分析目标运动轨迹的专业软件,该软件的工作原理是通过对各类运动目标的识别,捕获并记录运动目标的运动轨迹,并据此对相关指标进行分析。[①]

软件平台还提供了认知传播研究的周边配套设备、文本分析工具、多种学习文献,供师生使用学习,帮助同学们拓展学术视野,提高跨学科技术手段使用能力,进一步助力师生在新兴领域中的钻研与实践。

认知传播学作为应用心理学、行为科学、神经科学的交叉学科,改变了传播学领域的传统经验范畴,开发利用人脑资源和心理资源,探究人的心智在信息生产、媒介传播、互动交往中的认知加工作用。在新闻传播学科的创新驱动下,新技术的加入可以使跨学科的新闻传播开拓出新的研究范式,培养文科学生的跨领域知识融通能力和实践能力,引领带动专业建设整体水平提升。

2.4 舆情数据及国家治理案例库建设平台

进入21世纪以来,国内外舆论环境复杂,信息多元、数量巨大。学生在校期间,很难通过短短几年的时间亲身经历各种复杂事件。受社会治理环境的限制和社会伦理规范的约束,学生在开展研究的过程中也不能人为设置各种事件。在这样的现实情况下,教师要培养合格的毕业生,就要运用案例教学,抽取历史发展长河中的经典片段,让学生分析、判断,训练学生的批判思维和技能,帮助学生掌握解决各种社会复杂问题的方法和技能。教师通过案例教学,加强对于学生的分析能力、决策能力和领导才能的训练,学生有机会检验自己在采编、伦理、传媒经营管理方面知识的深度与广度。

舆情数据及国家治理案例库建设平台正是从案例库开发及建设的角度出发,依托媒体融合的大数据进行资料的收集和整理,建设“媒介与国家治理教学研究案例数据库”。该数据库包含若干子库,涵盖学院全部课程中与国家治理相关内容的案例,调动全院师生积极主动参与其中,与学科发展和人才培养紧密结合,将案例成果实时应用到课堂中,通过课堂反馈,修正、补充案例库的建设内容。该平台的建设平台提供技术能力、通用软件、基础能力、网络资源的支撑。舆情平台总体业务框架设计图如图6所示。

该平台以先进技术为支撑,以内容建设为根本,将师生共同带入案例环境。平台

① 诺达思中文网站[EB/OL].(2022-04-14)[2022-06-20].https://www.noldus.com.cn.

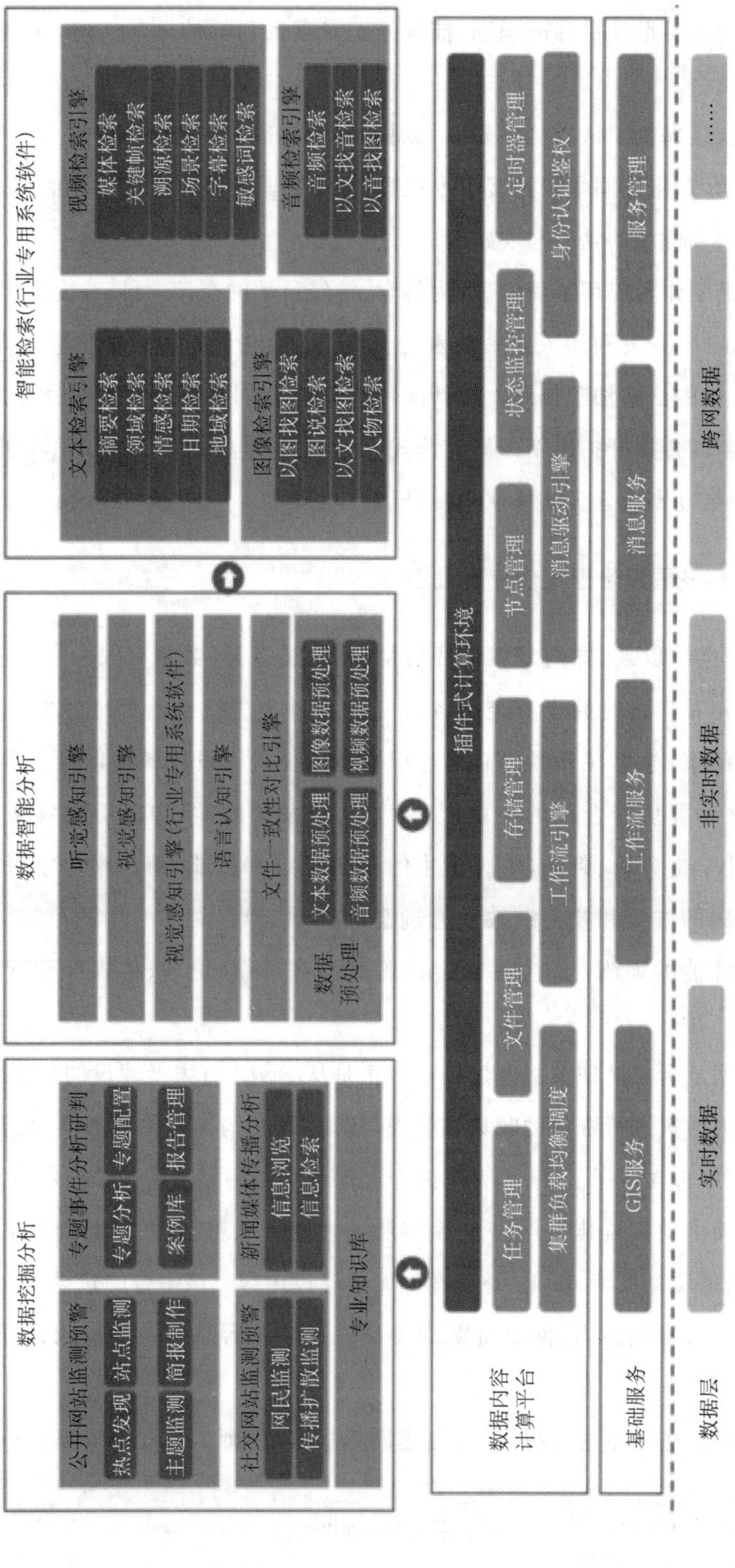

图6 舆情平台总体业务框架设计图

使用信息融合技术、大数据案例搜集、人工智能筛选、知识管理、认知神经反馈测试等前沿技术。通过以上技术的应用，使案例库的建设和应用进入一个全新的技术层面，增强用户体验感。该平台主要的功能如下：

第一，提供数据智能分析能力。平台可对采集的数据进行听觉、视觉、语言、文件一致性等方面处理，为数据的分析、检索、后续加工利用提供技术支撑。

第二，基于内容提供共性处理机制，包括插件化数字媒体内容的分析计算能力、任务数据的管理能力、文件管理能力、消息服务能力、工作流引擎、定时器管理、身份认证鉴权等基础应用能力。数据内容计算平台对不同业务系统所需要的存储管理、计算节点管理、集群负载均衡调度等基础资源能力提供支撑。平台将各种异构系统和共性资源按照插件支撑的方式进行松耦合结合，可使整体工程项目实现集约化建设。

第三，对于发布的内容提供基于大数据抓取能力下的数据挖掘分析，并建设业务知识库，为后续的媒体及单个事件的传播影响力、用户画像提供数据基础。

第四，提供多模态内容检索能力，使数据在积累到一定程度后能快速检索、定位。

第五，数据库采取浏览器/服务器(B/S)模式，通过私有云的方式建设存储及访问机制。内容管理系统将网站分为前台页面与后台管理系统，实现内容资源的有效管理。同时，内容管理系统与原有媒资平台、融媒体平台和认知传播实验平台实现内容互通、共享，充分利用融媒体的技术优势，加强系统的稳定性和网络及数据安全。

3.小结

清华大学新闻传播学实验教学中心坚持“国际化、开放式、多层次、融合型”的实验教学特色。“国际化”即着眼全球，以国际视野来建设实验室；“开放式”即以开放的心态，积极与业界合作引入最新的技术，同时以开放的空间和时间满足学生的需求，鼓励更多的同学走进实验室，探索未知的世界；“多层次”即开展分层教学，根据学生不同年级来进行不同深度的理论和实践教学，针对不同学生的个性化需求，提供实验条件，满足学生的求知欲望；“融合型”即以当前媒介发展的融合趋势为方向，实现技术的无缝链接，培养全媒体的新闻人才。以教书育人、管理育人为出发点，充分利用现有资源，充分发挥学生的主动性和创造性，践行以学生为主体、教师为主导的新型实验和实践教学方式，给学生营造学习、研究所需的自由开放的空间环境和技术平台。

目前,学院的实验教学资源由实验教学中心统一管理,实现全学院范围内资源共享,并辐射学校相关院系及职能部门,面向所有选课学生实行教学资源的开放共享。

〔王庆柱,高级工程师,清华大学新闻与传播学院新闻传播学实验教学中心执行主任〕

实践教学综合改革

新文科背景下民族地区新闻学一流专业建设探索与实践

——以南宁师范大学新闻学专业为例

◎ 徐　健　郭亚杉

摘要:随着传媒技术飞速发展,民族地区高校的新闻学专业建设面临新媒介和新技术带来的冲击与挑战。在新文科建设背景下,如何走出一条适应民族地区新闻学与数字媒体融合发展的实践路径成为值得探讨的研究课题。本文以南宁师范大学新闻学一流专业建设实践为例,针对民族地区新闻学一流专业建设中的现实困境,探究新闻学专业教学体系和人才培养模式的实践路径,形成以思政育人、学科交叉、教学保障为一体的专业建设格局,为民族地区新闻学一流专业建设提供新思路。

关键词:新闻学一流专业;新文科;民族地区;学科交叉

1.引言

随着传媒技术不断发展,新媒介和新技术的广泛应用对传统文科教育产生全面冲击。文科的主要任务是对人类的生产模式、生活方式和价值理念的研究,只有积极地去"应变""求变",才能实现文科教育深刻而全方位的变革。① 2020 年,教育部新文科建设工作组在山东大学(威海校区)召开会议,并发布《新文科建设宣言》,对新文科建设做出全面部署。新闻传播学作为新文科建设中的先行学科,具有较强的应用性,同时担负着新时代新闻舆论人才的培育任务,是构建中国特色哲学社会科学创新体系的重要组成部分。

南宁师范大学的新闻学教育自 1982 年汉语言文学专业为广西培养新闻采编人才

① 吴岩.加强新文科建设 培养新时代新闻传播人才[J].中国编辑,2019(2):4-8.

始;2005年新闻学专业开始本科招生;2006年南宁师范大学获新闻学硕士学位授权点;2016年起南宁师范大学和广西壮族自治区党委宣传部共建新闻传播学院,突破传统的育人机制和办学模式,新闻学进入快速发展阶段;2018年南宁师范大学获批新闻传播学一级学科硕士授权点和新闻传播专业硕士授权点;2020年新闻学专业获自治区级一流专业;2021年新闻学专业入选国家级一流本科专业建设点。南宁师范大学的新闻学专业始终坚持马克思主义新闻观教育,立足广西,对接东盟,以新文科建设思维构建面向东盟、服务地方的应用型通专融合数字媒体人才培养新体系。经过多年研究和实践,南宁师范大学新闻与传播学院逐步探索出一条具有民族特征、适应智媒趋势、具备国际化视野的新闻学一流专业发展道路。

2.民族地区高校新闻学一流专业发展的现实困境

2.1 课程思政融入民族地区新闻学一流专业建设的程度不足

民族地区生态与人文环境复杂多样,新闻人才培养对民族地区的发展、民族文化的传承与传播以及铸牢中华民族共同体意识等方面具有强大的助推作用,这就要求高校培养的新闻人才必须具备政治坚定、思想端正、实事求是的品格。习近平总书记强调,要坚持党的领导,坚持马克思主义指导地位,坚持为党和人民事业服务,落实立德树人根本任务,传承红色基因,扎根中国大地办大学,走出一条建设中国特色、世界一流大学的新路。① 然而,当前民族地区部分高校忽视马克思主义新闻观在新闻学学科建设中的引领作用,对马克思主义新闻学在中国特色新闻学研究的基础、核心和应然政治身份的地位不够明确。② 在新闻学一流专业建设实践中,部分高校不注重将本土特色融入新闻学课程思政之中,照本宣科,不能充分地发挥民族地区独有的红色文化资源优势,导致新闻学一流专业建设在落实立德树人根本任务、传承红色基因方面出现滞后现象。

2.2 民族地区新闻学一流专业建设难以紧跟智媒时代数智技术发展

随着互联网技术不断演进,人工智能技术和大数据挖掘技术已逐步运用于新闻传

---

① 新华社.习近平在中国人民大学考察时强调 坚持党的领导传承红色基因扎根中国大地 走出一条建设中国特色世界一流大学新路[N].人民日报,2022-04-26(1).

② 胡正荣,叶俊.中国特色新闻学“三大体系”创新路径与自主知识体系建构[J].中国出版,2022(20):3-10.

播实践之中,依托智媒时代数智技术发展的舆情分析、数据新闻、大数据挖掘、新闻可视化等新兴领域成为新闻学一流专业建设中的重点和难点。然而,在部分民族地区高校的新闻学一流专业建设中,相关学院仍依托传统媒体的新闻实践设置教学任务和课程体系,难以满足新技术条件下新闻传播人才的培养需求,课程内容更迭速度慢,还未打破原有的封闭式教育,无法凸显智媒时代大数据对信息传播的显著作用,学生利用大数据挖掘、人工智能等计算社会科学手段的能力不足,尚未建立以学生为中心、面向实践的新闻学一流专业协同培养体系。

2.3 既有人才培养模式难以适应区域需求

广西高校新闻传播教育起步相对较晚,受社会经济飞速发展以及高等教育规模化影响,自治区内新闻学科发展迅猛,但在新闻学一流专业建设过程中,部分高校不注重教学体系特色化发展,对于所在民族地区的区位优势视而不见,不能依据民族地区的新闻信息传播特点开展办学,反而生搬硬套其他院校的办学经验。这致使传统新闻人才培养模式难以适应新时代民族地区传媒市场的多样化需求,民族地区新闻人才存在较大缺口。民族地区高校具有周边传播的地理优势,在“一带一路”背景下,社会发展对新闻人才凝聚民族力量、对外传播中国声音提出更高的要求。然而,当前民族地区高校新闻学一流专业建设中,课程内容更迭速度慢,缺乏创新精神,与地区的现状适配度不高。

3.民族地区高校新闻学一流专业建设实践探索

3.1 强化思政育人,将课程思政融入新闻学一流专业建设全过程

新闻学一流专业建设要坚持以马克思主义新闻观为根本遵循。坚持用马克思主义的立场、观点和方法,分析研究和解读阐释中国新闻传播事业及其现象、状况和趋势以及运作特征,使我们的理性认识与新闻传播的客观实践,达到同频共振的理想效果。① 学院以“立德树人”为本,以马克思主义新闻观为魂,将红色基因融入整个教学体系;以国家级金课为引领,紧跟新文科建设与发展需求,提升课程体系质量。学院立足构建“全媒体知识与大数据技术应用融通、专业教育与创新创业教育融合”的新闻学专业特色化人才培养模式,确定了“政治坚定为前提、人文素养为驱动、创新意识为引

---

① 方提,尹韵公.建构中国特色新闻传播学自主知识体系[N].中国社会科学报,2022-06-23(3).

领、专业能力为基础、全媒多元为特色”的人才目标，从人才培养模式、实践教学、课程体系、实践平台等多方面进行教学改革与创新，落实在本专业建设实践中主要有以下几点。

3.1.1 以马克思主义新闻观研学助推人才培养

新闻学专业将马克思主义新闻观教育贯彻到育人的全环节，树立学生正确的新闻价值观、伦理观。学院以习近平总书记有关宣传思想工作重要论述为指导，依托“部校共建”平台，创建“马克思主义新闻观及原著选读”教学团队，与广西广播电视台等共建单位创新学习形式，利用重大典型报道、寻访红色文化等方式，增进学生对马克思主义新闻观在实践层面的认识和理解，培育学生对践行“四力”的认知水平。在课程建设方面，学院以“新闻传播史专题研究”等核心理论课程为抓手，教师系统讲授马克思主义新闻观的历史渊源、知识体系等理论内容，同时将马克思主义新闻观的理论和方法融入其他相关课程的教学过程中。

3.1.2 以“四史”教育带动扎根本土的新闻实践教学

新闻学专业教学建设理应坚持走中国道路，从中国实际出发，立足中国大地，植根五千年源远流长的文明史与两个百年波澜壮阔的现代史，特别是共产党领导人民开辟的中国道路及其新闻实践。[①] 将新文科建设与“四史”教育融会贯通，加快“四史”教育融入民族地区高校新闻传播课程体系建设，具有深刻的政治内涵，符合时代要求。制定扎根民族地区，讲好民族故事、中国故事，服务地区人才的培养方向和课程建设目标。在课程建设方面，开设理论与实践相结合的相关专业课程如中外新闻史、民族与传播研究等。在教学中结合“四史”教育内容，立足民族地区实际情况，培育学生对内满足民族地区需求、对外讲好中国故事的能力。

3.1.3 以传播红色文化培育红色传媒人才

红色文化是中国共产党领导中国各族人民在革命斗争和建设实践中所形成的伟大革命精神及其载体。将红色文化融入新闻传播学课程思政实践之中是培育“传承红色基因”新闻传播人才的关键所在。广西红色文化汇聚了广西光荣革命历史与民族文化之精髓。一方面，本院新闻学专业在课程设计中融入具有区域特色的红色文化，将红色故事、红色精神贯穿教学设计始终。另一方面，学院组织学生亲临红色文化发源地，前往百色、桂林、北海等革命根据地开展调研活动，使学生经过切身体验，将书本上

---

① 李彬.学四史.谈新闻[J].青年记者,2021(13):78-79.

的知识与文化凝聚成红色力量,为学生成为讲好红色故事的优秀传媒人奠定坚实基础。

3.2 推进学科交叉,构筑“计算+新闻”一体化教学实践新模式

随着数智技术飞速发展,新技术的应用催生新闻信息的多样态传播,不断冲击传统纸媒、电视媒体的程式化发展道路。民族地区的新闻学教育起步相对较晚,惯于结合传统媒体开展专业教育,因此,在快速发展的智媒时代,将数字技术、计算社会科学融入新闻学专业教学体系是紧跟时代步伐,解决民族地区新闻学人才培养模式与数智技术发展不平衡、不匹配问题的关键所在。新闻学专业在新文科建设背景下,加快数智技术与传统新闻教学的融合发展,积极推进智媒时代计算社会科学与新闻学交叉融合,构建了思想政治教育、职业道德教育、专业知识教育“三位一体”新闻学专业人才培养模式。以渐进式课程设置方式,增加“传播文本挖掘”“数据分析”“数据新闻学”等理工科知识,培养学生大数据思维,促进跨学科交叉融合。以“计算+新闻”、人工智能技术为引领,提升主干课程的高阶性、创新性和挑战度,以培养全媒体人才、“一专多能”复合型人才为双核心,形成面向民族地区、面向东盟的多元化新文科人才培养新模式。

3.2.1 建设“计算+新闻”课程体系

制定由知识储备技能、研究方法技能、编程技能、运营能力构成的通专融合人才培养方向与课程建设目标。建立体现进阶性、通专融合、理论实践相结合的三大课程群。基础型课程涵盖通识性基础课与技能性基础课。通识性基础课主要包括:大数据通识导论课、新闻传播基础知识课程、数据素养和伦理课程等。技能性基础课主要包括:大数据技术原理与应用、数据采集与预处理、Python 程序设计等入门课程,Spark 编辑基础、Flink 编程基础等进阶性课程,数据化挖掘、数据可视化等方法论实训课程。目的是培养学生的责任担当和人文情怀,提升学生技术适应、技术赋能的能力,应对人工智能革命与互联网技术叠加后传统新闻传播业态的变革。拓展型课程包括通识性拓展课与技能性拓展课。通识性拓展课主要开设:人文类拓展课、地方性或区域性知识的拓展课。技能性拓展课主要开设:竞赛类拓展课、学科类拓展课和职业体验类拓展课。学院引导学生扎根中国大地,了解壮乡,运用专业知识与技能服务民族地区发展需求,促进民族地区新闻信息智能化传播,实现理论知识的落地。探究型课程主要包括双创活动与综合类实践课。如为提升学生理解

智媒时代新闻工作的实务能力课程，面向民族地区乡村振兴的实际问题，以提高学生应对现实问题的能力和创新能力。

3.2.2 建设课程教学案例库

建设课程教学案例库，内容包括大数据精准抓取民族新闻事件与民族文化信息传播教学案例、基于大数据分析的民族地区新闻短视频创作教学案例、解决县级融媒体中心人才缺失的数据新闻作品创作教学案例、新媒体服务民族与乡村数字化平台搭建教学案例等。

3.2.3 建设“计算＋新闻”实践应用平台

一方面，学院建立融媒体、人工智能和大数据研究实验室，进行新闻实践教学，扩展与业界的合作教学和培养，逐步提升学生的实践能力；整合业界庞大的数据资源，建立可供教学和科研的数据库，为学生提供数据挖掘、数据分析的资源；与业界进一步共建现代化教学实验中心。另一方面，学院依托产学研共建大数据平台，搭建创新创业实践平台。学院搭建起“边境党旗红”“农鲜口袋”“乡土与非遗”创新创业实践平台，锻炼学生创新创业能力和实践能力，提升综合素质，使实践教学从“依附课程”转变为“综合集成”。

3.2.4 建设服务民族地区需求的“计算＋新闻”教学体系

学院以“计算＋新闻”教学模块打造前沿引领与技术思维培养模式，以服务民族地区为基础，建设起一个较为完善的学科交叉创新型教学体系坐标。服务民族地区的“计算＋新闻”融合式教学实践示意图如图 1 所示。

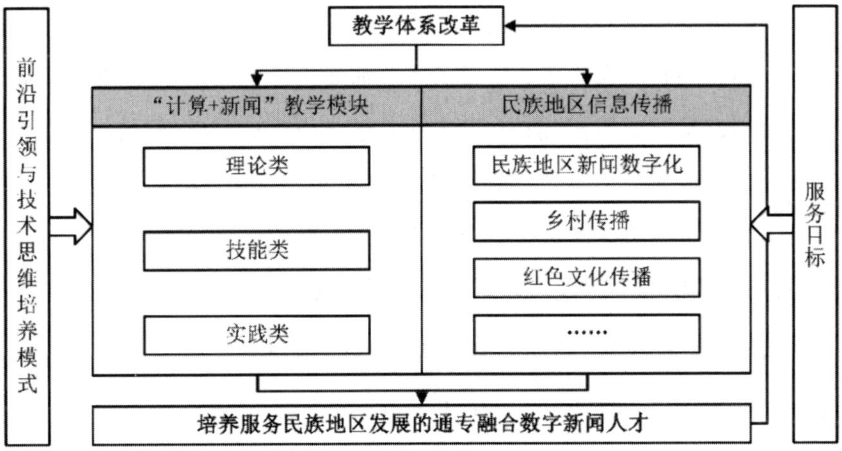

图 1　服务民族地区的“计算＋新闻”融合式教学实践示意图

在此坐标中,纵坐标是理论类、技能类、实践类等教学模块,其指向是“计算＋新闻”教学模块;横坐标是“民族地区新闻数字化”“乡村传播”“红色文化传播”等课程主题,其指向是“民族地区”。

3.3 确保教学质量,建立完善的教学保障和教学评估体系

3.3.1 建设一流师资团队,加强基层教学组织构建

“引、聘、培、联”多举措并举,打造一流师资团队。首先,引进高水平学术领军人才,改善师资队伍结构,以领军人才带动教师的科研能力和积极性,不断开发新研究领域,聚焦痛点问题。其次,聘用媒体一线的新闻人担任专业课教师、实践教学指导教师,加强新闻学专业学界、业界沟通互联,从实践出发带动科研创新性和前瞻性。再次,选送中青年教师到国内外著名高校或研究机构进行学历提升,开拓国际视野,汇聚多方学术观点。

围绕“钻、评、赛”提高教师的教学与科研水平。一是每月最少邀请媒体外聘导师参加一次教研活动,就人才培养、课程设置、教学研究等进行钻研和探讨。二是实行院内教师相互听课制度,安排高职称教师随机进入年轻教师的课堂开展听课、评课。三是鼓励青年教师参与专业相关教学比赛,旨在以赛促教,以教促学。

3.3.2 加强专业教学质量保障体系建设

一是实施“多层次”听课制度。近三年,学院领导和系主任听课次数达 217 次。听课侧重于新教师、开新课的教师、被反映有问题的教师等。二是坚持“一主线、三段式”教学检查。“一主线”是对本科教学进行全程质量监控,树立“质量形成于教学全过程”的观念,强化过程控制,从人才培养质量的实际需要出发,抓住主要环节并设置质量监控要素。“三段式”是开展期初、期中、期末的教学集中检查,对教师的教学工作全程开展教学检查。三是构建“三平台”,进行教学信息采集与反馈,即建立学生信息源平台、学生座谈会平台和教学质量评价平台。每年学生提交的信息在 600 条以上,通过这些平台,学生可以对教学和学习及时发表意见和进行评价。

3.3.3 实施“三位一体”的同行评价与反馈机制

通过教学观摩、同行听课和探讨交流,形成同行评价与反馈机制,倡导自我反思、同伴交流、专业引领的发展途径。建立健全学生评教、教学督导和同行听课评议制度,形成教师与教师、教师与学生之间相互交流、学习、提高的教学氛围,促进教学相长。

课堂教学质量评估等专项评估手段，优化了教学管理，覆盖了涉及教学工作的各主要环节，克服了单方面评价的局限性。教师教学水平迅速提升，青年教师多次获得学校教学竞赛一等奖、二等奖。学生对专业满意度高，专业在自治区内社会影响力显著提升。

4.民族地区高校新闻学一流专业建设成效

4.1 形成立足民族地区，面向东盟的“计算＋新闻”教学体系，引领民族地区高校的新文科教学新风向

经过数年实践探索，南宁师范大学新闻与传播学院逐步解决民族地区新闻学一流专业建设中人才培养模式与数智技术发展不平衡、不匹配问题，积极推进智媒时代计算社会科学与新闻学交叉融合，加快数智技术与传统新闻教学的融合发展，在“立足民族地区，面向东盟”课程上形成了金课群全面建设格局。学院在“计算＋新闻”教材与实训平台上建成互融互渗体系，出版《计算传播学与网络爬虫》等教材，将数据挖掘、大数据分析等技能应用于创新创业项目与实训项目。学院与多学科合作共建专业，建设了目前广西唯一的计算传播创新实验室，与自治区信息中心合作共建广西大数据与区域发展研究中心。目前学院共获教育部产学合作协同育人项目 14 项，获批立项数位居全国高校前列；获批自治区级教改课题 8 项，发表学术论文 60 余篇，其中在核心期刊发表论文 20 余篇。课程、教材、平台和理论全方位齐发力齐收获的“计算＋新闻”教学体系由此形成，引领了我国民族地区高校新闻新文科跨学科教学新风向。

4.2 以实验实训基地、创新创业平台为节点，推动新闻学一流专业建设，实现多维协同育人

学院在新闻学一流专业建设实践探索中架构跨学科的知识体系，科学培养学生的多样性技能，建设一批校内实训基地，包括全媒体实训中心、新媒体文创中心、网络电视台等。学院与广西日报传媒集团、广西广播电视台、广西广播电视信息网络股份有限公司等自治区内新闻媒体和广告公司建立了 30 多个产学研基地。依托院士工作站（计算传播学数学建模）、广西大数据与区域发展研究中心和数据科学广西高校重点实验室，学院与北京中科致远科技有限责任公司、广州泰迪智能科技有限公司等 8 家业内知名企业合作，促进教育链、人才链与产业链、创新链有机衔接，实施教师线上线下

多元互动的教学新模式。通过对接中国—东盟网络视听产业基地平台,学院搭建服务民族地区和面向东盟的大学生创新创业平台。学生参加学科竞赛成果显著,各专业竞赛获得国家级奖项30余项,国家级、自治区级大学生创新创业项目20余项。参加中国"互联网+"大学生创新创业大赛的项目有600余项,获得自治区级奖项18项。

4.3 持续为民族地区输送高质量新闻人才,获得社会广泛认可

在不断强化课程思政融入新闻学一流专业建设的实践中,学院培养出一批具有政治意识、家国情怀的新闻人才。毕业生立足广西本土实践,以马克思主义新闻观为引领,不断提升专业技能素质。毕业生就业去向更加多元,就业单位有腾讯网、新浪网、字节跳动、广西日报社、广西广播电视台、南宁日报社、南宁电视台等。毕业生质量高,发展后劲足,往往能够成为行业里的骨干力量。广西日报社、广西广播电视台、南宁日报社、南宁电视台等用人单位对学院本科毕业生综合素质满意度高,面向学院招聘频次高、招聘量大,并对学院毕业生到其融媒体、重大题材报道等部门就业表示期待。

近年来,云南大学、云南师范大学、西北民族大学、广西民族大学、广西财经学院、玉林师范学院等10余所国内外兄弟院系到学院学习和交流。新闻学一流专业建设成果得到国内国际相关院系的充分认可和高度评价。成果立足西南、辐射全国,为我国新闻传播学教学提供了有益的范本。成果获得学习强国、人民网、新华网、中国教育网等新闻媒体的广泛报道,受到多方赞誉。

5.结语

南宁师范大学新闻与传播学院在新闻学一流专业建设实践中迈出了探索性步伐,但仍有值得反思之处。首先,在课程思政融入新闻专业教学中需要不断贴近实际、对接社会,引导学生以马克思主义新闻观思考社会问题;其次,在学科交叉融合实践中,需要进一步加大对专业人才引进力度,提升学科融合发展的源动力;最后,要持续优化学科教育资源配置,对教学保障体系、教学质量评估等环节进行监督,确保一流专业建设可持续发展。新时代要求文科教育必须加快创新发展,重视实践的新闻教育应立足国情,探索新闻传播学科的可持续发展路径。[①] 在新文科建设背景下,新闻学一流专业建设一方面要依托课程思政,坚持马克思主义新闻观教育导向,将"四史"教育、红色

① 王润泽,徐诚.守正创新:新文科建设背景下的新闻教育变革方向[J].出版广角,2021(7):9-12.

文化融入新闻学教育全过程，另一方面要在巩固新闻传播学科体系、牢固根基的基础上，增强学科交叉性，抓住数字时代计算社会科学与新闻学的融合发展机遇，实现跨领域发展，在教学体系、人才培养、教学保障各方面实现有效创新。

〔徐健，教授，南宁师范大学新闻与传播学院院长；郭亚杉，南宁师范大学新闻与传播学院硕士研究生〕

媒体融合背景下全媒型传媒人才培养的改革与实践
——以郑州师范学院传播学院为例

◎ 谢振华　范红娟

摘要:媒体融合发展战略对传媒人才的综合素质提出了新的要求,高校新闻院系要给予及时而正确的回应。郑州师范学院传播学院在构建以传媒人才需求为目标的全媒型人才培养模式、推进新时代传媒人才培养教育等教学改革与实践方面做了一些探索:通过"新时代争做合格传媒人"的马克思主义新闻观教育活动狠抓学生政治素质,筑牢学生的意识形态之堤;依托"核心+互补"式人才培养方案,建设一核多向式全媒课程体系;搭建一体三自式实践教学平台,将全程实践的人才培养理念贯穿始终。

关键词:媒体融合;全媒型;传媒人才

1.引言

党的二十大报告指出,要加强全媒体传播体系建设,塑造主流舆论新格局;健全网络综合治理体系,推动形成良好网络生态。这是党中央对我国新时代传媒事业提出的新要求,为今后一段时期我国传媒事业的发展指明了新方向。事实上,党的十八大以来,习近平总书记一直非常重视我国传媒事业的发展,并就传媒事业的新变化提出了一系列重要论断。2014 年 8 月,中央全面深化改革领导小组第四次会议审议通过了《关于推动传统媒体和新兴媒体融合发展的指导意见》。习近平总书记发表重要讲话,明确提出以"先进技术为支撑、内容建设为根本",推动传统媒体和新兴媒体深度融合的发展思路。2019 年 1 月 25 日,习近平总书记在主持中共中央政治局第十二次集体学习时强调,全媒体不断发展,出现了全程媒体、全息媒体、全员媒体、全效媒体,信息无处不在、无所不及、无人不用,导致舆论生态、媒体格局、传播方式发生深刻变化,新闻舆论工作面临新的挑战。2019 年 3 月,《求是》杂志发表了习近平总书记的重要文章《加快推动媒体融合发展 构建全媒体传播格局》,习近平总书记在文中明确提出“建设全媒体”“推动媒体融合向纵深发展”的重要论断。

媒体融合对新时代传媒人才的培养提出了新的挑战和要求,全媒型人才的培养目标呼之欲出。为响应习近平总书记“加快推进传统媒体与新兴媒体融合发展”的号召,落实教育部新文科建设工作会议精神,郑州师范学院传播学院在构建以传媒人才需求为目标的全媒型人才培养模式、推进新时代传媒人才培养教育等教学改革与实践方面持续进行探索。

2.筑牢意识形态之堤,培养新时代合格传媒人

做好新闻宣传工作,首要的就是要坚持正确的政治方向。为了培养新时代的合格传媒人,传播学院紧密结合党和国家对传媒人才政治素质的严格要求,开展了以新闻行业“三项教育”(中国特色社会主义理论体系、马克思主义新闻观、职业精神职业道德)为基本内容的新闻课程思政教育。具体来说,始于 2019 年的“新时代争做合格传媒人”活动,坚持每学期一个主题,截至 2022 年已经开展 6 期,如:“研读新闻经典,坚守党性原则——学习研讨《之江新语》” “研读典型人物报道,增强‘四力’教育实践——习近平同志点赞的典型人物新闻报道集中学习”“牢记 48 字职责使命,做新时代新闻舆论工作的接班人——好记者讲好故事进校园”“深入学习《论党的宣传思想工作》”“中国共产党人精神谱系”等,紧密把握时代脉搏,结合学科优势和专业特色,开展丰富多彩的学习活动。3 年以来,传播学院进行集中学习 50 余次,邀请马克思主义理论研究专家和一线新闻工作者开展讲座 10 余次,开展场馆教育和实地考察 6 次,开展心得交流和成果汇报 5 次。师生提交 100 余篇优秀学习笔记,发表相关理论文章 5 篇。活动加深了师生对马克思主义新闻观的理解和认识,提高了新闻业务能力。

为了及时展示课程思政和马克思主义新闻观教育成果,并为下一阶段的教育活动提供借鉴,传播学院搭建了“两赛两演一汇编”的成果检验与展示体系。传播学院通过每年春季的“青葵杯”实践技能大赛、每年秋季的“醉美金秋”摄影大赛、每年毕业季的播音与主持专业毕业会演和优秀毕业作品展演,及时展示课程思政和马克思主义新闻观教育成果。每次比赛和展演均紧密围绕中央讲话精神或重大活动展开,如围绕乡村振兴的“学院村的能人”摄影展、“郑州红色文脉”摄影展、以习近平新时代中国特色社会主义思想的生动阐释与广泛传播为主题的“平语近人”实践技能大赛、“不忘初心、牢

记使命”毕业会演等，不仅展示了新时代传媒人的党性原则和新闻素养，传播了热血爱国、砥砺前行的青春正能量，也为下一阶段的马克思主义新闻观教育提供了借鉴。目前，传播学院毕业会演已成为郑州市优秀校园文化品牌。

此外，传播学院及时总结了课程思政和马克思主义新闻观教育成果，建设和充实思政课程资源库。一是依托省市级教学平台和科研平台开展课程思政的教学实践、教学研究和科学研究活动。依托省市级教学建设项目和科研平台(1 个省级社科研究基地——“马克思主义新闻观传播研究中心”；2 个郑州市社科研究基地——民意与舆情调查研究中心、当代全媒体传播研究中心)，将课程思政融入课程建设、教研活动、课外实践中，作为专业建设、课程建设和学科建设的有力支撑。二是总结成果，为课程思政工作提供理论支撑。三是建立课程思政成果资料库。目前传播学院有课程资源库(主要是课程教学成果)、科研资源库(主要是上述科研成果)和作品资源库(主要是课外实践教学成果)。

3.确定全媒型人才培养目标，完善成果导向型人才培养体系

新时代传媒人才的培养应以市场需求为导向，培养特色鲜明的全媒型人才。传播学院将“具备复合型知识结构和跨媒体专业技能，学有所长的全媒型人才”作为人才培养的总目标，并根据市场变化提炼需要培养的专业能力。在人才培养模式上，本科生采取“2＋1＋1”的培养模式，实现人才培养与行业需求的同频共振：让学生通过两年的专业学习不仅完成学业，也能了解行业(学业—行业)；通过一年的校企共同培养将所学专业技能顺利转化成职业能力(专业—职业)；再通过一年的实习积累工作经验，以“有工作经验的毕业生”的身份为新闻事业和传媒产业发展提供人才支撑(事业—产业)。

3.1　确定全媒型人才培养目标和全程实践的人才培养理念

人才培养目标的设定既要考虑前瞻性，也要考虑现实性。前瞻性是指该专业需要培养引领未来的创新型人才；现实性是指该专业需要培养能满足市场需求的应用型人才。

首先，通过行业、学界、业界的三方调研，确定并坚持了“宽基础、突特色、重应用、强能力”的专业建设指导思想。

其次，传播学院把人才培养目标定位为培养“具备复合型知识结构和跨媒体专业

技能,学有所长的全媒型传媒人才”,据此制定了“核心+互补”式专业人才培养方案。一方面,将本专业能力作为人才培养的“核心”,如广播电视学专业以视频拍摄和后期制作能力作为核心能力,网络与新媒体专业以新媒体内容生产和运营营销能力作为核心能力,播音与主持艺术专业以口语传播和全媒体节目主持能力作为核心能力,以支撑人才培养目标中的“学有所长”。另一方面,将采、写、编、评、照、导、策、播等全媒体技能作为人才必备技能,以支撑人才培养目标中的“全媒型”。

第三,转变观念,将全程实践理念贯穿始终。积极转变人才培养观念,改“先知后行”为“先行后知”,即将技能类课程提前、理论类课程延后,学生从大学入校先学动手,积累足够感性认识后,再倒逼理论课程的学习,实现技能与素质的双赢目标。

为此,传播学院调整了课程设置顺序。第一学年除了专业基础课之外,增加了全媒体采访与写作、摄影、数字图像处理、网络新闻编辑等实践技能类课程;第二学年学生进一步学习专业核心技能,传播学院设置了视听节目制作、非线性编辑、短视频创作、视频节目包装、舆情分析、媒体融合传播实务等课程。传播学概论、中外新闻传播史、新媒体概论等理论课程则放在第三、第四学年进行,先实践后理论,以理论推动实践。

此外,为了确保人才培养目标落到实处,传播学院健全了教学质量监控体系。传播学院以常规教学档案管理为抓手,经广泛调研和深入论证,出台了《传播学院常规教学档案管理办法》,构建了学院、系两级管理模式,将教学档案分为日常教学、课程资源、交流学习、课程考核 4 类 21 种,统一制定了模板,规定了整理要求、提交时间与归档流程。针对常规教学档案管理中的常见问题,根据学校有关规定,传播学院制定了过失处理方式。

3.2 依托“核心+互补”人才培养方案,建设一核多向式全媒课程体系

根据“核心+互补”人才培养方案,传播学院建设了一核多向式全媒课程体系。“一核”指的是体现各专业特色的核心课程,“多向”指的是各类媒体融合技能。在这一思路指导下,传播学院将各专业课程整合为两个类型、八大模块。在五个技能类模块基础上,每一专业根据自身特点选择一个技能模块作为核心课程,并适当融入其他技能模块课程,在有所侧重的基础上实现传媒生产链条技能全覆盖;在三个素质类模块基础上,每一专业根据自身特点选择若干课程形成自己的素质课程模块,实现理论和素养的全覆盖。全媒型传媒人才素质技能课程体系一览表如表 1 所示。

表 1　全媒型传媒人才素质技能课程体系一览表

类别	课程模块	课程名称
技能类	新闻技能	基础采访与写作、高级采访与写作、全媒体采访与写作、电视新闻实务、电视节目编辑、电视节目包装、电视节目策划、广播电视编导、电视专题与专栏
	影像制作技能	基础摄影、新闻摄影、电视摄像、视听语言、视听节目制作
	创作技能	基础写作、叙事写作、剧本创作、微电影创作、专题片制作、评论写作
	播音主持技能	播音发声学、口语艺术训练、形体训练、社会节目主持
	新媒体技能	网络新闻编辑、数字图像处理、网页设计与制作、新媒体传播、新媒体实务、网络传播管理
素质类	传媒理论	新闻学概论、传播学概论、新媒体概论、广播电视学概论、广播电视史、中外新闻史、新闻伦理与法规、新闻心理学
	媒介素养	新闻传播经典原著导读、媒介管理与营销、体育新闻学、媒介文化与媒介批评、广播电视优秀作品赏析、纪录片文本分析
	素质拓展	影视音乐赏析、中国古代文化常识、中外文学作品选读、戏剧文化批评、影视美学、影视艺术概论、大众文化通论、媒介文化与媒介批评、社会学、公共关系学

例如,网络与新媒体专业根据专业需求设置 5 个选修模块共 20 多个课程包,把大数据、云计算、区块链、人工智能等融入课程体系建设,开设了跨文化传播、数据新闻等多门跨信息学、传播学、人工智能的融合课程,如表 2 所示。学生可结合自己的兴趣选择相应课程,在有所侧重的基础上实现传媒生产链条所需各技能的全覆盖,实现理论和素养的全覆盖。

表 2　网络与新媒体专业“一核多向”课程体系一览表

类别	课程模块	课程名称
一核	新媒体技能	新媒体概论、新媒体实务、新媒体技术与运用、网络舆情监测与分析、数据新闻、新媒体创意与策划
多向	影像制作技能	摄影、数字图像处理、视听节目制作、非线性编辑、视听节目包装、短视频创作
	创作技能	全媒体采访与写作、营销策划与文案写作、剧本创作
	传播理论	新闻学概论、传播学概论、新媒体概论、中外新闻史
	媒介素养	马克思主义新闻论著选读、传播符号学、用户分析、跨文化传播
	素质拓展	中国古代文化常识、中外文学作品选读、大众文化研究、媒介社会学

在课程体系设计上，传播学院淡化专业界限，尽力实现跨学科、跨专业的合作培养。除了传统的新闻传播类专业课程外，还多渠道开发网络直播、新媒体运营、数据新闻、演播室现场、用户分析等跨学科跨专业的实践性课程。伴随着新媒体技术的发展，培养计划也随时微调，紧追业界前沿，增加一些与媒体融合相关的选修课，如虚拟仿真类课程等。

一核多向式全媒课程体系做到了两个兼顾：一是兼顾专业技能和整体素质的培养，防止顾此失彼；二是兼顾专业特点和技能融合，培养学有所长的全媒型人才。如广播电视学专业学生在熟练掌握影视节目拍摄和后期制作技能的同时，也需具备新媒体设计与运营技能，以及出镜记者必需的口语表达技能；网络与新媒体专业学生在掌握新媒体运营与营销技能的基础上，也必须熟谙新媒体内容生产的各项技能，如文字创作与编辑、音视频产品制作等技能；播音与主持艺术专业学生也要在掌握镜头前各类口语传播技能的同时，熟练掌握镜头后的各类内容制作技能和简单的新媒体运营技能。

3.3 突出应用型人才培养，搭建一体三自式实践教学平台

为了突出应用型人才培养，传播学院成立了专门机构“实践教学指导委员会”，推行一体三自式实践教学模式：训练学生掌握“采、写、编、摄、照、导、策、播及网络新媒体技术”的一体化实践技能，培养学生“自己策划、自己采写、自己编制”的创新实践能力。传播学院实践教学指导委员会组织架构如图1所示。

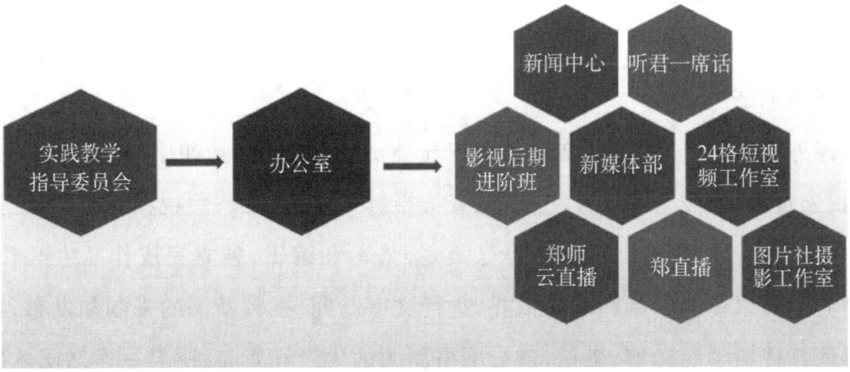

图1　传播学院实践教学指导委员会组织架构

全媒型传媒人才实践教学体系包括3个维度，如图2所示。第一个维度是课内实

践,通过单项技能、综合技能、创新技能三步走的方式,递进式培养学生一体化技能;第二个维度是课外实践,依托实践教学指导委员会各工作组,由专业教师指导学生进行大量的实践训练,补充课内实践时间的不足;第三个维度是项目实践,依托实习实训基地,与成熟的工作组进行对接,以项目合作方式进行实操训练。

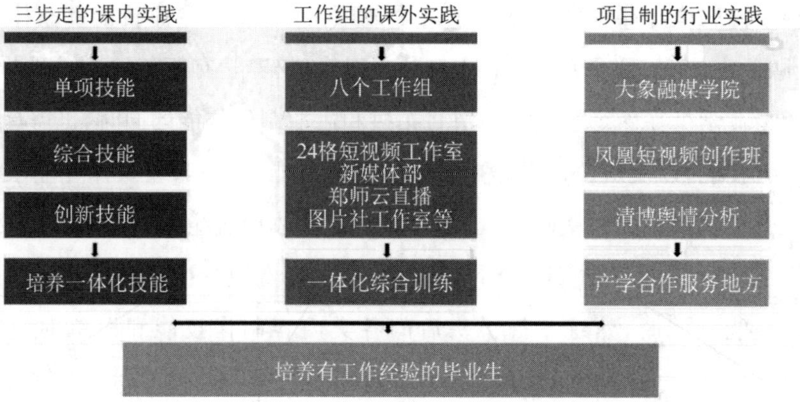

图 2 全媒型传媒人才实践教学体系

在课内实践维度,传播学院实行三步走的实践课程体系。第一步是专业课程基础性训练,训练学生单项技能。如全媒体采访与写作、剧本创作、摄影、数字图像处理、视听节目制作、网络新闻编辑等课程,保证所涉基本技能的专业化训练。第二步是整合性训练,在单项技能熟练的基础上,指导学生自行设计主题和内容,进行综合能力训练的复杂实训,如视听节目后期、短视频创作等。第三步是创新性训练,由学生在社会实践、毕业实习或者专业竞赛中,自由策划选题、自行设计方案并在教师的指导下完成创作。三步走训练使学生逐步具备"采、写、编、摄、照、导、策、播及网络新媒体技术"的一体化技能和创新思维。

在课外实践的维度,依托实践教学指导委员会各部门(新闻中心、新媒体部、听君一席话、云直播、家乡秀纪录片工作室、壹柒摄影工作室、九顾短视频工作室、王强专题片工作室),由专业教师指导,学生自己策划、采写和编辑,独立完成作品生产和发布。新闻中心主要以传播学院网站为依托,进行文字新闻、视频新闻的采制和发布;新媒体部主要依托传播学院微博、微信,进行网络新闻的生产和发布;听君一席话团队以传播学院自办的栏目为依托,由学生完成栏目的策划与创作;几个视频类项目聘请业界人士带队,带领学生拍摄各类影视作品。这些平台的搭建,既服务了课堂教学,又进一步强化学生实践技能的"一体化"综合训练,为学生实践能力的培养提供了有效的训练途径。随着行业发展,组成部门也进行动态调整,一些部门取消,又陆续增加了郑师云直播、郑直播、影视后期进阶班、图片社摄影工作室、24 格短视频工作室等新的部门。

在项目实践的维度,依托大象融媒产业学院、凤凰数媒融媒人才培养基地、鹰展传媒、喜马拉雅等传媒公司为代表的实习实践基地,为学生搭建不同媒体类型的校外实践平台(实践基地),以项目合作的方式让学生进行多样的专业实践,开展丰富多样的项目合作。如与大象融媒业务所辖的全省 104 家县级融媒体中心开展的"中原红色圣地"拍摄项目、与河南日报报业集团合作的"河南手机报"项目、与河南省科学技术协会合作的"河南省全媒体科普传播中心创作基地"项目、与郑州电视台合作开展的"听见中国"视频制作项目、与河南省社会科学界联合会合作的"社科在线"新媒体运营项目、与喜马拉雅开展的河南专题频道项目等。在项目制中,引入行业专家与实际工作项目,促进学生职业技能的养成。行业专家和传播学院专业教师共同组成专业实践活动指导团队,指导学生在校内与校外开展专业实践活动:校内,行业团队与传播学院教师共同指导学生完成广播电视项目策划与文案制作、微电影故事架构、商业广告创意、摄影摄像、节目主持等实操项目;校外,实训教师带领学生实际介入项目实施,学生承担任务、完成实际工作。

在项目制运行的基础上,传播学院又组建了 3 个重点工作室。学生可以根据兴趣、特长和职业发展定位选择加入不同的工作室,如短视频制作、手机摄影、新媒体技术、自媒体运营等。工作室以真实项目为依托,进行一定的市场化运作。其中,"听君一席话"项目是郑州人民广播电台参与的"听见中国"项目的内容提供方。工作室制度对培养学生的实践创新能力至关重要,学生不但要掌握教学中传授的知识,还要理论联系实际,完成实践操作,并且成果交由市场来检验。

3.4 保证专业技能行业适应性,推行学校和行业共同评价考核的新型考核方式

为了保证学生专业技能的行业适应性,传播学院淡化一次性考核和单一考试方法,探索多元灵活的教学评价方法来考核学生的专业素养、文化素质、心理素质:变期末考核为过程考核,变封闭考核为开放考核,变校内考核为校企共同考核。传播学院邀请行业专家和专业教师共同制定考核方案,共同进行考核评价。除了结果测评外,更重视过程实施,将多次考核结果作为反馈、矫正与调控教学质量的依据。

传播学院要求视听节目制作、摄影等专业实训课程,必须客观展现学生技能养成情况。1 份试卷、120 分钟的考核方式难以满足要求。传播学院制定《传播学院实践课考核实施方案》,进行了以下改革:确定全媒体采访与写作、摄影、视听节目制作、新媒

体运营等专业实践课程均须进行实践课考核改革;专业实践课程考核必须设计技能课考核内容,根据课程实际情况,采用闭卷考试加作品或面试集体评议等形式;专业实践课程考核必须制定测试题库,考前临时抽取考题;专业实践课程考核必须采取集体评议形式,评议组由校外专家(行业或外校专家)、院系专家与任课教师构成,任课教师不得独立评议;专科实践课程考核必须完善资料整理,待考核完毕形成完整考核档案,交教学办公室归档。

经过改革的实训课程考核方法实施后,如今的考核客观检验了教师的教学效果与学生的学习效果,同时加强了校企交流,对校企之间进一步合作及传播学院实践课程教学改革都有明显推动作用。

3.5 畅通高校与行业协同培养机制,搭建“政产学研用”人才培养一体化平台

为适应传媒产业发展,培养新时代新闻传播事业所需的全媒型人才,推动高校产学研结合,传播学院积极探索,从政府、业界知名企业、官方主流新兴媒体方面打造3个层次的协同育人体系。

3.5.1 政府方面

郑州师范学院通过与中共郑州市委宣传部共建传播学院,加强马克思主义新闻观教育,创新人才培养模式。2016年,中共郑州市委宣传部和郑州师范学院议定,部校共建传播学院,每年拨款100万元,通过3年共同建设,建立健全部校共建传播学院的管理体制、工作机制,推动传媒高等教育与实践的深度融合、协同发展,探索出一条培养优秀传媒人才的有效途径。此外,郑州师范学院还通过人才共享、课程共建、智库共建、培训共办的方式,与郑州市属各大媒体建立了人才培养的合作机制。

3.5.2 业界知名企业方面

传播学院通过与凤凰数媒(北京)教育科技有限公司共同建设“数字媒体产教融合创新应用示范基地”,共同打造“校企合作、师生参与、校内实施、市场应用”的产学研合作新模式,建设数字媒体生态体系,改进数字媒体专业办学模式,提升传媒人才培养质量。目前已经进行第一阶段的深度合作,凤凰短视频创作班顺利结项。传播学院通过与北京清博智能科技有限公司共建舆论大数据研究中心,依托市级社科研究基地“郑州民意与舆情调查研究中心”“全媒体传播研究中心”,在科研、学科建设及人才培养方面开展深入合作。

3.5.3 官方主流媒体方面

2021年，传播学院与河南省大象融媒体技术有限公司(《唐宫夜宴》出品方)联合组建大象融媒产业学院，校企合作进入新阶段。双方搭建全新学生实习实训平台，建设面向全省104个县级融媒体中心的毕业生推荐平台，同时共享校企资源，开展课题研究、学术交流，开展面向全社会的专业技能培训平台建设，服务河南媒体融合事业，打造多频道网络(MCN)孵化基地、建立直播培训孵化基地、承接短视频业务、承接区域内容生产任务、举办大师班讲堂、进行专项技能培训和资格认证。大象融媒体技术公司承担产业学院的部分专业技能课程和实训课程，同时承担产业学院学生的实习实训任务。目前校企双方已经研发4门特色课程：节目创新与新媒体运营、融媒体应用技术、电视编导与剧本创作、戏剧影视美术灯光。河南大象融媒体技术有限公司遴选技术部、策划部、制作部的业界专家到校授课，分别进行了媒体融合与创新原理、媒体融合创新路径、新媒体运营、影视后期技术、融媒体技术发展现状和戏剧舞台灯光等系列专题的在线授课，参加学习的同学来自传播学院3个年级，共计820人次。

3.6 加强师资队伍建设，建立“走出去，请进来”师资队伍建设模式

3.6.1 “走出去”师资队伍建设模式

“走出去”，即有计划地选派青年骨干教师到传媒一线进行轮岗、挂职、实习，在半年至一年的工作中取得丰富的实践经验，完成自我知识的重构和能力的再造，促使其成为具备融媒素质和融媒技能的“双师型”教师。

2016年12月，郑州师范学院与中共郑州市委宣传部签署了共建传播学院协议，双方商定在专业建设、人才培养、师资队伍、实践基地、教学工程、智库建设等方面展开全面合作，实施业界人才与教师双向交流挂职，让媒体骨干融入课堂，将新鲜资讯和实践经验及时带入课堂；让教师走进传媒“前线”，在实战中获得教学和科研的灵感，共同打造教学、科研和实践的“生力军”。截至目前，传播学院已选派11位教师赴新闻单位、影视传播机构等对口行业顶岗实践试点工作，先后派遣多位教师赴河南日报报业集团、郑州日报报业集团、河南人民广播电台、郑州电视台等新闻单位顶岗实践。

3.6.2 “请进来”师资队伍建设模式

“请进来”，即聘请传媒业界资深人士进入大学课堂讲学，实现师生与媒体的零距离接触，学习一线媒体人的实践经验。聘请优秀的记者、编辑、媒体制作人进入课堂任

教,为学生带去新的理念、新的知识和新的技能。同时,传播学院还邀请行业专家与学院的专业教师共同制定适合行业发展的教学方案,讨论多样化的教学方法,积极引导学生自主学习。

4.结语

为培养未来传媒人才,传播学院要时刻关注市场之变、行业之变,及时调整人才培养的目标和具体实施方案,以适应日新月异的传媒市场。就当前不断深化的媒体融合发展趋势来说,全媒型人才无疑是一种适应未来传媒市场需求的人才培养定位。我们做了一些探索,也会坚持“具备复合型知识结构和跨媒体专业技能,学有所长的全媒型传媒人才”的传媒人才培养定位,在今后的实践中不断推进全媒型人才培养。

〔谢振华,副教授,郑州师范学院传播学院教师;范红娟,教授,郑州师范学院传播学院院长〕

智慧与创意融媒体实践教学模式的探索与应用*

——以华东师范大学传播学院实验教学示范中心为例

◎ 林柔敏　徐正则

摘要：在当下信息化趋势加深、媒体深度融合、行业创新发展的大背景下，业界对高校传媒实践教学提出了新要求，传统的思维模式和教育模式亟待调整。本文以华东师范大学传播学院实验教学示范中心为例，先对帮扶的云南寻甸师生共创公益项目做了深入剖析，再从整合资源、技术赋能、教学思维、培养模式四个角度分析了传统传媒实践教学过程中出现的问题，在人才培养与融媒体平台深度结合的基础上，最终引入对智慧与创意融媒体实践教学模式探索和应用的思考，为同类院校和传媒专业实践教学模式改革提供借鉴和参考。

关键词：实践教学模式；智慧与创意融媒体；传媒人才培养

1.引言

2018年9月，《教育部 中共中央宣传部关于提高高校新闻传播人才培养能力实施卓越新闻传播人才教育培养计划2.0的意见》发布，要求新闻传播教育“全面落实立德树人根本任务，坚持马克思主义新闻观，用中国特色社会主义新闻理论教书育人，培养造就一大批具有家国情怀、国际视野的高素质全媒化复合型专家型新闻传播后备人才”①。在信息化趋势加深、媒体深度融合、行业创新发展的大背景下，为对标该意见

---

* 本文系教育部首批新文科研究与改革实践项目“新文科建设背景下的全媒体传播人才培养模式创新与实践研究”(2021100035)的阶段性研究成果；2022年度华东师范大学教学改革与研究项目“融媒体内容生产中应用人工智能的实验实践教学改革”的部分研究成果。

① 教育部 中共中央宣传部关于提高高校新闻传播人才培养能力实施卓越新闻传播人才教育培养计划2.0的意见[EB/OL](2018-10-08)[2022-12-15]. http://www.moe.gov.cn/srcsite/A08/s7056/201810/t20181017_351893.html.

中提出的卓越发展目标,充分发挥华东师范大学传播学院两个一级学科(新闻传播学、戏剧与影视学)的优势,加快培养会使善用“十八般兵器”的全媒化复合型新闻传播人才,华东师范大学智慧与创意融媒体实验教学示范中心充分利用大数据、云计算、虚拟现实、人工智能等新兴信息技术,打造融媒型、智慧型、创意型实验教学平台。

媒体融合是一场重大而深刻的变革,传媒产业和社会都对传媒人才的知识体系和能力结构提出了新要求,具备全媒体思维、媒介融合技能、新媒体素养的人才受到行业欢迎。① 在传统媒体与新媒体渐趋融合发展的现实语境下,传统传媒实践教育已经不能满足当下业界提出的新要求。作为为产业培养和输送人才的大后方,高校不能固守传统的思维模式和教育模式,应该主动适应媒体融合新趋势,依照社会要求进行调整,并利用好自身优势办特色教育。探索出一套智慧与创意融媒体实践新教育模式,是高校传媒专业发展的重要课题。

2.人才培养与融媒体平台深度融合的实践研究

为充分发挥上海市级实验教学示范中心的示范和引领作用,着重建设教学与科研功能兼备的融媒体实验室,孵化一批适应媒体行业发展要求的前瞻性实验教学项目,华东师范大学传播学院积极开展智慧与创意融媒体平台与高校传媒实践教育相融合的研究及实践探索。

依托学校、学科与专业优势,传播学院与中共云南寻甸回族彝族自治县委员会宣传部签署战略合作协议、共建课程思政实践基地,通过精准扶贫,助力当地基础教育与经济增长,服务脱贫攻坚与乡村振兴战略。在项目合作过程中,华东师范大学传播学院将平台所集成的一体化融媒体软件作业流程(策划、采集、编辑、发布、管理、评价)应用于对口帮扶云南寻甸的师生共创公益项目之中,既帮助师生适应“一次采集—多元生产—多渠道分发”全媒体生产流程,也为智慧与创意融媒体实践教育模式探索出一条可行路径。项目整合新闻传播学、戏剧与影视学两个一级学科专业力量,集聚融合传播社会服务力量,帮扶疫情期间当地经济发展,获第六届中国国际“互联网+”创新创业大赛华东师范大学校赛二等奖。

2.1 策划——系统统筹寻甸项目工作进展

在高校中,传媒策划方向的工作一般由学校、学院宣传部门根据校园重大新闻、近

① 李明海.媒体融合语境下高校传媒人才培养模式创新研究[D].重庆:西南大学,2017.

期师生关注的时事热点等线索自上而下进行开展。传统流程一般是信息采集、选题策划和组稿，随着项目不断推进，参与人员需要分工合作，根据积累素材、信息反馈、受众需求等适时调整策划方案。然而，在协同生产的过程中，多方分散的信息和个体间差异化的作业方式普遍存在，容易出现成员间沟通成本高、各部分内容标准不一、整合过程耗时长等问题。

有别于传统传媒策划方式，融媒体平台中的策划指挥系统将流程中各个模块进行联结，在线管理任务协同生产系统。通过数据共享机制，平台可以直观展现数字化可视化流程，实现云端化、流程化管理，打破信息流动壁垒，形成完整的融合生产闭环，协作效能大大提升。

在寻甸项目中，华东师范大学传播学院利用融合媒体平台的优势推进各项融媒体作品生产，助力寻甸县乡村振兴。传播学院紧紧抓住优质内容生产这一导向，组织参与项目的“寻意行”公益团队进行创作、开展媒体融合实践，其中智慧与创意融媒体平台为统一指挥中枢并随时统筹工作进展。通过奔赴寻甸前线拍摄宣传影片及进行直播带货活动，师生与负责项目营销策划、媒体资源对接及新闻宣传工作的上海团队共同策划选题、协同生产，推出了一系列新闻专题报道，以及宣传海报、短视频、直播活动等一批融媒体作品，以“文艺＋科技”助力寻甸县乡村振兴。

2.2 采集——多形态多渠道采集，汇聚寻甸项目内容

传统的新闻采编过程主要将文字、图片、视频等作为基本资料，通过记者编辑进行收集整理，以稿件、摄影作品、音视频作品的形式展现。① 职能明确、环节固定是传统媒体过去采集过程的主要特点，但随着互联网时代的发展，传统的信息采集方法日益显现出程式化严重、灵活性差、技术运用受限的劣势。

为提升传媒人才媒体运用能力，融媒体平台改变传统采集运作模式，以开放姿态帮助学生拥抱媒体融合时代浪潮。基于热点雷达系统，全网各平台搜索到的热点都可以成为信息采集来源。其中，渠道细分至央媒各网站、微信微博各平台，囊括教育、体育、科技、娱乐、财经等各领域动向，支持视频、音频、图片、文字等在内的多形态内容采集收录。随着各种媒体平台相互补充、传统媒体与新媒体联动、采集渠道与内容不断扩充，信息挖掘更加精准、有效与深入。

在寻甸项目开展伊始，华东师范大学传播学院“寻意行”公益团队利用融媒体平台

---

① 潘曙雅，张璇.智媒时代新闻采编业务的重构[J].新闻与写作，2018(1)：48-51.

上的热点雷达系统对寻甸县的相关资料及新闻线索进行统一收集和汇总,并将其存入素材信息库。依托移动采编系统,赴寻甸当地开展项目的师生还可以直接通过手机App“融媒移动助手”,将图片、视频、录音等资源回传至系统中,实现资源与web端的实时协同。多形态、多渠道的实时信息采集,配合线下成员调研获取的第一手内容资料,既帮助团队成员全面了解寻甸概况,也为项目后期稿件撰写、视频编辑与传播等方面提供更加丰富的素材。

2.3 编辑——通过云端进行寻甸项目全媒体内容生产

传统编辑主要有三大特点:一是编辑内容与资源较小,资源储存混乱;二是编辑工具与形式单一、以统一的电脑编辑系统为主;三是编辑工作进程以个人手动存储为主,较少提供内容共享。① 如传统视频的生产剪辑环节,通常需要将安全数码卡、移动硬盘、云盘中的资料下载至本地,再通过桌面端专业非线性编辑软件进行处理,无法支持多人并行创作。由此可见,传统内容的生产编辑流程限制颇多,明显存在内容制作分散化、效率低、衔接弱、记录性差的问题,不适应数字化转型的大背景。

顺应图文与视频领域消费习惯的改变,融媒体平台紧跟媒体编辑工作转型与发展,全媒体内容生产工具集中应用了服务器虚拟化技术,在此基础上实现了云端全媒体内容生产。其中,基于web的云非编系统,支持多形态媒体资源生产及加工,可以实现音视频字幕、贴纸、滤镜、转场等功能和图片调整、转换方向、缩放、加水印等效果,大幅提高编辑过程的效率和灵活性。在生产制作阶段,以往编辑需要用专业的非线性编辑软件来制作内容,现在编辑以轻量级编辑系统即可实现在线剪辑,打破传统的固定编辑设备对生产流程的限制。

在寻甸项目开展阶段,借助云端编辑工具,师生可以摆脱设备的制约,随时随地对回传至融媒体系统的素材进行编辑和创作,推出紧跟热点的内容策划。线上线下同步开展工作的模式颠覆了以往的串联式工作模式,大大缩短制作周期,有效提高更新频率。《寻味南花仙》《珍品源山中,万物菌好味》《自然馈赠,荞养生息》等寻甸农产品公益微纪录片都是以传播学院融媒体中心为枢纽完成的重要作品。

2.4 发布——多平台一键发布寻甸项目内容

“随着媒体深度融合的推进,我国主流媒体的全媒体传播体系建设取得了很大成

① 朱婕.全媒体时代“云”编辑模式研究[D].合肥:中国科学技术大学,2014.

效，形成了‘建设自有平台＋入驻第三方平台’的复合式传播渠道，矩阵传播已成为当前主流媒体的基本传播模式。”[①]高校校园新媒体平台建设也不例外。为了提升传播效果，部分高校积极利用多种媒介途径搭建矩阵，全方位拓展宣传范围。然而，目前大多高校仍局限在传统的多个平台“单打独斗式”开发运营，存在发布渠道分散、运营数据分离、后台管理混乱等弊端。因此，在推进媒体融合的过程中，如何把传统媒体和新兴媒体渠道相结合进行统一管理、审核、发布，是需要解决的重要问题。基于此，融媒体平台推出自己的解决方案。在发布之前，融媒体平台打破传统人工校对方式，创建了配套的内容审核模块，该模块具备模拟预览、人工智能审片等功能。同时，平台融入一键发布平台这一兼容电脑端和移动端的子系统，集成学院官网、学院微信公众号和学生作品展示平台，聚合网站、微信、微博、短视频等不同信息发布平台，支持通过一键发布的方式实现一次编辑多渠道发布。这意味着生产的内容可在集中审核后直接向外部各渠道进行单发或群发，克服过去各平台运营分散的缺陷，打造媒体运营的有机整体，大幅提高内容发布效率。

在编辑完成后，寻甸项目内容生产便进入审核阶段，如在电脑端可以对手机端效果进行模拟预览、运用人工智能审片模式可以对违规信息进行智能检查，这样的事前审核大大提升内容发布的质量和准确性。在寻甸项目内容的宣发过程中，项目成员先将各大平台账号添加至后台之中进行绑定，而后在学院官网、优秀作品展示网、自媒体平台等全媒体矩阵进行一键分发传播。

2.5 管理——智慧媒资管理寻甸项目内容素材

随着信息技术的发展，媒体行业对资源管理的要求也越来越高。面对庞大的图片、音视频等资源，如何保存、管理、搜索、加工、利用已然成为横亘在我们面前的重大课题。目前主要存在素材易丢失，资源管理人力成本高，缺乏统一智能管理平台，资源获取、检索与筛选困难等痛点。

针对高校在媒体资产管理方面存在的问题，融媒体平台推出智能编目与全媒体资产管理系统。此系统能通过应用人工智能技术获取图片和视频内容中的各类信息，在全媒体资产管理系统中统一编目、存储、管理和检索。学校与学院媒体资源得到整合并高效利用，极大提升了工作效率，媒体资产管理的痛点得以解决。同时，媒资人工智能工具可以智能识别素材生产环节所产生的元数据、文稿，自动识别的信息为编目所

---

① 卜彦芳，唐嘉楠.渠道协同：全媒体传播矩阵的运营优化机制[J].中国广播，2022(2)：11-17.

用,提高自动编目程度,便于后期信息的查找和重复利用。对于涉密性较强的资料,该工具也可设定访问权限保证其安全性。

在项目进行过程中,寻甸项目的图片、音视频资料均不断被收录进智慧媒体资源库中进行管理与共享,使用者可以通过内容标签进行检索与筛选,在海量音频视频内容中可以迅速查找云南寻甸公益之行的相关项目资料。

2.6 评价——大数据跟踪检测寻甸项目相关内容数据

在主流媒体融合发展过程中,大数据发挥着至关重要的作用。通过在海量的数据中抓取颇具价值的信息进行分析,可以帮助媒体洞察用户取向,提供决策依据并做出准确判断,提升内容生产的有效性。然而,目前大数据监测和分析系统在高校媒体平台仍鲜有运用。

通过大数据监测平台建设,融媒体平台有效把握内容生产的后方阵地。这一平台实时抓取并监测全网舆情数据,提供各类渠道的分析报告。在传播学院实验教学示范中心实现"中央厨房"模式的过程中,数据可视化大屏也起到了关键作用。中央厨房的指挥报道区把各系统的数据展示、信息发布、视频流信息等各类信息综合显示在 LED 大屏上。其中,大屏左边区域为全网实时热点和热门话题、学校及学院发布的热文和热词图;中间区域为学院发布平台的访问情况统计;右边区域为融媒体新闻的策、采、编、发信息流程;右下角为直播视频流展示。这不仅是重大项目运行的指挥中枢,也是业内单位学习的重要平台。

在寻甸项目执行过程中,通过全网搜索数据和抓取用户感兴趣的信息,项目成员根据已发布内容在点赞、阅读、评论、分享等方面的数据反馈和分析,及时调整拍摄、直播、宣传等方面的方案,以实现最优传播效果。在调度中心,工作人员可直接观看项目生产业务全局情况,为项目下一步开展做充实准备。

3.融媒实践教学模式的探索

3.1 传统的传媒实践教学所出现的问题

在融媒体教学平台建设基础上,课堂内外的教学与实践模式也需要进行相应调整与转型。通过寻甸项目练兵,传播学院发现了传统传媒实践教学出现的问题,在以下几个方面进行了思考与探究。

3.1.1 整合资源不足

传媒专业教学过程中，大多数专业及相关教师都形成了相应的教学资源库，新闻学系积累了数量众多的新闻采写与报道内容，播音主持专业收录了大量音频练习资源，广播电视编导专业也拥有巨大的影音资料库，学校、学院在展开学生工作的过程中也保存了许多独具特色的教学资源。然而，由于信息搜集、发行和交互传播渠道不畅通，部分资源没有及时得到收集、整合与共享，仍处于“各自为政”的局面，囿于小范围的传播之中。这导致各学科之间未能形成良好的沟通和交流，学生们接受知识的广度有限，不适应当下媒介融合背景下行业对传媒人才的要求。

3.1.2 技术应用滞后

在数字化转型大背景下，技术成果在传媒专业实践教学中的应用仍然滞后，产生了如教学软硬件迭代更新缓慢、课程形式限于演示文稿与教科书教学、网课平台建设不到位等问题。在这一传统模式下，不仅移动互联网时代的学生获取知识的积极性容易受到打击，教师队伍的信息化能力和媒介使用素养也无法得到提高。由此可见，技术赋能传媒实践教学已是时代发展大势，行业需求和人才培养要求也在呼吁两者创新融合。

3.1.3 教学思维固化

目前，各大高校传媒专业的教学思维依旧呈现为教师讲课主导与少部分课外实践，实战性演练不足，存在理论与实践脱节现象。传媒专业学科特点是应用性强、技术性强，需要从业者拥有较强的实践能力，培养一专多能的复合型创新实践人才，能够独立完成新闻采访、编辑，以及电视节目前后期制作、剪辑和播出等任务。[①] 因此，传媒专业教学要求克服传统教学思维固化的问题，破除重理论轻实践的模式，主动适应媒体融合的大传播格局。

3.1.4 培养模式陈旧

随着数字化转型不断加速，业内对于人才的需求发生调整，高校人才培养模式也面临变革。就当下高校课程设置和培养体系而言，大多数传媒专业设置仍面向传统媒体人才需求。目前高校课程设置主要是在传统的专业框架上增设新媒体概论、网络传播概论、融合新闻学等前沿理论课程，并没有涉及数字媒体艺术、动画制作、计算机编程、游戏开发等专业技术课程，并未为学生搭建成为复合型媒体人的通道。[②] 作为培

① 王勇.媒介融合背景下高校传媒人才培养模式创新研究[D].济南：山东师范大学，2011.

② 杨娜.融媒体背景下的传统媒体人才转型[J].电视研究，2018(5)：44-46.

养人才的摇篮,高校应该及时关注和跟进业界热点,对接真正需求,打开传媒人才培养新思路。

3.2 融媒教学模式初探

针对上述问题,传播学院聚焦教学环境、教学团队、教学理念、育人机制四大板块积极探索,提出传媒专业教育中对智慧与创意融媒体实践教学模式的探索和应用思考。

3.2.1 教学环境改善

从数字化采编的起步阶段开始,到媒体融合的规模成长阶段,再到大数据与媒体云内涵提升阶段,华东师范大学传播学院实验教学示范中心积极响应高校加强学生实践能力和创新能力的要求,通过改善教学环境增强教学资源保障能力,促进教育资源整合与共享,提升办学水平和教育质量,为融媒教学模式探索提供软硬件技术保障。

在传统的录播、剪辑、综合演播大厅、5.1 声道环绕音频制作工作室、苹果机房等实验室基础上,实验教学示范中心充分利用大数据、云计算、虚拟现实、人工智能等新兴信息技术,打造融媒型、智慧型、创意型实验教学环境。同时,实验教学示范中心紧跟学科专业发展前沿,建设一批教学与科研功能兼备的创新实验室,孵化一批适应媒体行业发展要求的前瞻性实验教学项目。

当前中心位于华东师范大学闵行校区,占地 1,500 平方米,拥有价值 1,511 万元的实验设备,投资 570 万元建设了智慧与创意实验平台,以适应未来融合媒体智能化发展趋势。中心统一规划建设"中央厨房式"基础设施空间,对整体空间按编辑制作区、指挥报道区、选题策划区进行了划分,可同时容纳 80 名同学进行教学和内容的生产制作。

中心的核心软件平台还通过线索管理系统、策划指挥系统、移动采编系统、全媒体内容生产工具集、全媒体资源管理系统、内容发布管理系统、网站管理系统、热点舆情监测系统、传播效果评估系统、实验智慧管理系统实现了全媒体内容生产的全流程覆盖。除此之外,借助综合演播大厅与云导播系统,中心也与综合演播大厅实现互联互通,现场制作的节目可以在融媒体平台上进行直播。

通过打造网上传播学院,实验教学示范中心不断优化实验教学资源的共享机制,目前已实现实验教学内容的云端访问与异地存储,学生在任意地点均能通过网络访问教学内容并提交实验作品,实验教学更加智能化。

3.2.2 教学团队建设

2018 年 1 月 20 日,《中共中央 国务院关于新时代全面深化教师队伍建设改革的意见》发布。《意见》明确提出:"教师主动适应信息化、人工智能等新技术变革,积极有效开展教育教学。"[①]因此,实验教学示范中心从当代媒介融合的趋势这一视角展开对教学团队建设的思考,具体表现在以下四个方面。

第一,以培养双师型实验教师为导向组建实验教学团队。以教学培养方案和实验课程群为纽带,将实验课教师、实验技术与管理人员共同组建为实验教学团队,选拔具有较高学术水平、组织管理能力与丰富的实验教学经验,具有高级专业技术职称的教师担任团队的带头人,鼓励教学团队教师协同开发拼盘式实验课程与实验项目,建设具有自主知识产权的实验教学平台。

第二,以校企人员互聘形式为载体打造优质师资队伍。高等学校与新闻单位开展从业人员互聘"千人计划",中心依托"双千计划",构建学界业界优势互补、理论实践深度融合的长效机制,充分发挥受聘人员的媒体从业优势,推动实验教学课程接地气。2015 年 5 月至今,新华社张川石、中央电视台沙晨、《解放日报》高渊、SMG 融媒体中心燕晓英、资深媒体人简光洲、上观新闻尤莼洁等 30 余位知名媒体人分别驻校工作一周指导学生实验教学。

第三,以培养双创能力为主线完善实验教学体系。在持续优化现有实验教学项目设计的基础上,鼓励教师将科研成果及时转化为实验教学内容,开发综合性、设计性和创新性实验项目,提高学生的双创能力。依托实验教学示范中心,持续推进网络实验教学资源建设、实验教学案例建设,编写体现融媒体特色、国内一流水平的系列实验教材。持续推进实验教学模式改革,推动虚拟仿真实验教学、线上线下混合式教学在实验课程教学项目中的应用。积极开展形式多样的学科专业竞赛活动,以赛促学,提高学生的创新创业实践能力。

第四,以共建重点实验室为依托建立人才培养平台。中心与华东师范大学出版社共建国家新闻出版署出版融合发展(华东师大社)重点实验室,中心的教学人员受聘为重点实验室学术委员会的专家团队,重点实验室的成员也直接承担编辑出版学专业的课程教学任务。中心依托实验室的教师教育云平台,探索建设基于纸质图书与新媒体融合发展的融合出版云平台,建立传统出版和新兴出版在内容、渠道、平台、经营、管理

---

① 中共中央 国务院关于全面深化新时代教师队伍建设改革的意见[EB/OL](2018-01-20)[2022-12-15]. http://www.moe.gov.cn/jyb_xxgk/moe_1777/moe_1778/201801/t20180131_326144.html.

等方面深度融合的实验教学体系，反哺人才培养。

3.2.3 教学理念确立

实验教学示范中心强调“人文为本、学科交叉、产学合作、课训并重”的教学理念，着力推进传媒理论教学与实践能力培养的深度融合，坚持“实验教学为创新型传媒人才培养和学科专业建设服务”的宗旨，注重培养学生的“科学思维、探索精神、创新动力、实践能力”，重视实验与教学相互结合，从根本上改变实验教学依附于理论教学的传统观念，结合新闻传播学、戏剧与影视学两大一级学科实践性和应用性强的特点，构建目标明确、层次清晰、模块多元的实验教学体系。

实验教学示范中心创建“重人文、强实训”实验教学金字塔模式，强调厚基础、强专业、重创新、分梯度，以华东师范大学“世界一流大学 A 类建设高校”的通识教育体系为基石，夯实科学精神和人文素养的底座；依托传播学院新闻传播学、戏剧与影视学两个一级学科点的学科交叉优势和雄厚的海内外师资力量，以及部校共建业界教研资源和主流媒体实践基地，构建优质的专业培养核心课程；打造 8 个以学生实践成果为导向的实训工作坊(创意与设计实验室、大数据新媒体创新应用实验站、数字出版实验站、全景虚拟仿真创客实验站、焦点纪录影像实验站、青年创客实验站、深度报道实验站、摄影实验站)，形成遵循新闻传播规律和人才成长规律的全媒化、复合型人才培养体系，探索以学生为主体、以作品为导向的人才培养路径。

实验教学示范中心以主流媒体实践基地为依托，形成“线上＋线下”混合教学模式，凝聚现有优势，凸显专业特色，以新文科建设为契机，培育跨学科、复合型人才；强调专业核心课程与实验教学平台的实质性对接，强化学生的实验操作能力和前沿技术应用能力，上线两个虚拟仿真实验教学项目，促进学生专业知识与实践技能的融通；构建以传播学院网站、微信公众号矩阵为基础，以湃客号、头条号、腾讯图解教育专栏为辐射的学生作品展示网络。实验教学示范中心以部校共建为抓手，以“课训并重”为导向，以实际效果为目标，致力于培养造就高素质、高水平、专家型媒体传播人才。

3.2.4 育人机制健全

实验教学示范中心通过发挥传播学院在新文科建设中的示范与辐射作用，对外合作探索协同育人机制。在满足学校实验教学需要前提下，完善对外开放功能，为行业和战略合作单位提供业务培训与智力支持，双向引智，扩大学校和学院的社会影响。

第一，以上海市委宣传部、华东师范大学、上海广播电视台部校共建暨院媒合作机制为基础，以产教融合为渠道，打造教学版“中央厨房”。

实验教学示范中心与SMG融媒体中心合作，共同打造“中央厨房”模式的全媒体实践教学，涵盖新闻、图库、视频点播、现场直播、PDF文稿以及图文混排等媒体展现形式，使学生能够在真实的传媒运营环境下，熟悉并投入到融合媒体运营模式的传播实践中。

第二，以两大赛事的学生作品产出为导向，彰显实验教学示范中心的社会影响力。

依托实验教学示范中心，传播学院主办上海大学生电视节和全国大学生创意融媒体作品大赛两大赛事。作为主要发起方，华东师范大学传播学院主办的上海大学生电视节已经成功举办了12届。2019年，传播学院联合中国出版协会、中信改革发展研究基金会、看看新闻Knews等，成功举办了首届全国大学生创意融媒体作品大赛。

依托实验教学示范中心，学生制作的作品在全国大学生广告艺术大赛、学院奖春秋季赛等大赛中屡创佳绩。实验教学示范中心与北京电影学院教授章明导演合作拍摄的电影《热汤》获得第21届上海国际电影节电影项目创投单元最高奖项“最佳创意项目”大奖，并获得2018年度“促进上海电影发展专项资金项目剧本资助”。依托实验教学示范中心出镜报道实验室、访谈创作实验室、新闻配音实验室、综艺舞台主持实验室，播音与主持艺术专业学生在全国海峡两岸电视主持人新人赛、齐越节全国大学生朗诵大赛等数十个比赛中获200多项奖项。

第三，积极对接业界资源，产学研同频共振，实践育人项目成果丰硕。

实验教学示范中心积极加强与媒体行业合作，通过校内外实践教学基地探索合作办学模式，提供实习机会，落实行业与学校双导师制，提高学生解决问题的实践能力，培养媒体单位所需人才。

传播学院与SMG、华东师范大学出版社联合推出了“客厅实验室—STEAM课程”项目。传播学院与上海静安区、徐汇区、金山区、闵行区、浦东区、长宁区等区委宣传部和文明办签订共建协议，建立协同育人教学实践基地。通过邀请讲座、联合组织学生实践、聘请业界导师、建立教学实践基地、建设STEAM课程等方式，打造实践育人项目，并取得系列成果，其中“智慧与创意卓越新闻人才培养”“智慧融合媒体新闻实践”获教育部2019年第一批、第二批产学合作协同育人项目立项，“中国特色新闻传播人才实践教学培养体系构建与实践”获教育部2020年第一批产学合作协同育人项目等。

丰硕的实验教学成果吸引了行业和企业的广泛关注，中心接待了加拿大MOKKO影业、新华社上海分社、上海电信新媒体部、今日头条、腾讯视频多批知名机构的参观考察，并且在实践教学和实践项目上开展了广泛而深入的合作。

4.结语

探索和应用智慧与创意融媒体实践教学模式,是革新传媒教学思维模式和教育模式的重要切入点,也是高校呼应传媒人才培养新要求的必要举措。未来,立足实验教学示范中心,华东师范大学传播学院将继续深化融媒教学模式探索,努力提升师生适应媒体深度融合和行业创新发展需要的专业素质和综合能力,为培养适应我国现代化建设事业需要的卓越传媒人才献策献力、躬耕前行。

〔林柔敏,华东师范大学传播学院硕士研究生;徐正则,高级实验师,华东师范大学智慧与创意融媒体实验教学示范中心主任〕

现代传媒实验中心在人才培养中的定位与发展*

◎ 孟改正

摘要：作为高等院校传媒专业教学科研的重要平台，传媒实验中心在专业建设与人才培养中具有基础性支撑作用。近年来，随着社会大环境的变化与传媒技术的进步，在专业人才培养质量提升工程中，传媒实验中心的功能、定位与建设越来越凸显出重要性。传媒实验中心的功能定位具有多重属性，它既是实践教学的平台、科研创新的基地，又是沟通业界的桥梁、服务社会的窗口，以强化实践、注重创新能力培养的鲜明属性助力传媒专业学生成长成才。

关键词：实验中心；传媒专业；教学科研；人才培养

传媒实验中心既是高等院校传媒专业学生实践能力培养的基地，又是传媒教学、科研与服务地方的重要平台，在传媒专业建设中发挥基础性支撑作用。近年来，随着科技进步、社会环境变化与传媒领域日新月异的发展，实验中心在提升传媒专业人才培养质量中发挥越来越重要的作用，实验中心的建设必须跟上时代的要求。本文以宝鸡文理学院现代传媒实验教学中心建设为例，探讨实验中心在传媒专业人才培养中的功能定位、建设与发展。

宝鸡文理学院为满足传媒类专业的实践教学与科研需要，2000 年支持文学与新闻传播学院成立现代传媒实验室，经过 23 年的建设发展，实验室逐渐发展成为门类齐全、设施先进的现代传媒实验教学中心。目前现代传媒实验教学中心下设摄录像实验室、非线性编辑实验室、全媒体高清演播室、电视实验室、广播实验室、摄影实验室、播音小课教室、综合实训室以及中心办公室，面积 1,100 余平方米，设备总值 1,150 万元。现代传媒实验教学中心的日益完善助力新闻传播类专业的不断发展。文学与新

* 本文系宝鸡文理学院第十六批教改项目“美育与新文科视域下地方高校影视类课程建设实践探索”成果之一。

闻传播学院1975年开设汉语言文学专业,2001年开设广告学专业,2005年开设新闻学专业,2009年开设播音与主持艺术专业,2012年开设广播电视编导专业,逐步建成比较齐全的文学与传媒专业群。目前,文学与新闻传播学院汉语言文学专业为国家级一流专业、陕西省名牌专业,广播电视编导专业为省级一流专业,播音与主持艺术专业为校级一流专业。近5年来学校加大了对传媒实验室的投资力度,累计投入680余万元,用于新建、改造升级中心实验室。中心现有各类设备355套,包括索尼高清摄像机46台、大洋非线性编辑机42套、佳能高清单反相机30套等。中心现有实验课程教师及管理人员20名,中心主任由学院副院长担任。

2016年11月,陕西省教育厅发布《关于公布2016年省级实验教学示范中心和虚拟仿真实验教学中心的通知》,确定宝鸡文理学院现代传媒实验教学中心等38个高校实验中心为陕西省实验教学示范中心。目前,宝鸡文理学院现代传媒实验教学中心定位明确、门类齐全、设施先进、制度完备、运行规范,在传媒类人才培养与实践教学中发挥越来越重要的作用。

1.实践教学的平台

新闻传播类专业人才的培养需要依托现代化传播技术,传媒实验室的建设发展保证了传媒专业理论教学与实践教学并重、强化能力培养的教学宗旨。“传媒类实验室是高校训练传媒专业大学生职业技能、实践创新的主要场所,是高校培养传媒艺术人才的主阵地。”[①]为了不断提升传媒专业人才的质量,文学与新闻传播学院通过广泛的社会调研,掌握了当前传媒发展与社会人才需求的现实基础,通过研讨方式总结了传媒专业人才培养目标与模式,确立了理论教学体系与实践操作体系融通发展的思路。现代传媒实验教学中心坚持以内涵发展为指导,以专业实践能力培养为核心,构建涵盖核心实践课程与品牌型专题活动的系统性实践教学体系,注重培养学生的实践能力、创新意识与传媒专业综合素养。

目前现代传媒实验教学中心承担了新闻学、广播电视编导、播音与主持艺术、广告学等4个传媒专业的主要实验课程。课程主要有:电视摄像、演播厅技术、非线性编辑、动画制作、影视特效制作、普通话语音练声指导、广播电视播音与主持、摄影技术与艺术、影视剧配音、音视频节目制作、电视制作技术、电脑图文设计、新媒体创作、新媒体编辑与运营、新闻编辑学等。同时,中心还承担着面向全校学生开设的广播节目制

① 曾文雄.高校传媒类实验室开放策略研究[J].传媒论坛,2020(5):169-170.

作、Photoshop图文后期制作等10余门开放实验课程教学，中心还承担了校级精品视频公开课影视类型片鉴赏、四大名著的现代价值等课程的录制工作。

文学与新闻传播学院为了强化实践教学与能力培养，积极深化课程改革，以现代传媒实验教学中心为实践平台，经过多年实践训练，逐步形成了一系列教学创新及品牌型专业实践活动。首先，教学创新体现为中心结合传媒专业技术发展迅速、实践性强、涉及面宽泛的特点，在实验教学的技术、方法、手段等方面进行了一系列改革，形成了互动式教学、案例式教学、自主式教学、项目式教学等多样化教学方法路径。其次，为了强化能力训练，构建全方位的实践训练体系，通过4个传媒专业多年实践探索，推出以广告学专业为主体的金鲤杯广告创意大赛，以新闻学专业为主体的金NEWS杯电视新闻大赛，以播音主持与艺术专业为主体的金话筒播音主持艺术节，以广播电视编导专业为主体的金像杯校园微电影大赛、金智杯广播电视策划大赛、金Media新媒体大赛等系列品牌活动。现代传媒实验教学中心专业实践系列活动如表1所示。

表1　现代传媒实验教学中心专业实践系列活动

实践活动名称	承办专业	基本情况(截至2022年)	近5年参与学生人数
金鲤杯广告创意大赛	广告学	2004年创办，举办18届	1,500
金NEWS电视新闻大赛	新闻学	2012年创办，举办9届	720
金话筒播音主持艺术节	播音与主持艺术	2011年创办，举办10届	1,320
金像杯微电影大赛	广播电视编导	2014年创办，举办8届	1,280
金智杯广播电视策划大赛	广播电视编导	2015年创办，举办7届	800
金Media新媒体大赛	广播电视编导	2018年创办，举办5届	360

文学与新闻传播学院新闻传播类专业以现代传媒实验教学中心为实训平台，积极开展各项实践创作活动。广告学专业学生制作的平面广告入围第14届时报广告金犊奖，并在中国大学生广告艺术节上屡获佳绩，累计获奖50余人次。新闻学专业学生参加“陕西高校新闻奖”评选，累计获奖10余次。播音主持与艺术专业的学生参加陕西省大学生主持人大赛、陕西省大学生诗歌朗诵大赛、陕西省齐越朗诵大赛等大赛取得佳绩，累计获奖80余人次。近3年，广播电视编导专业师生创作微电影260余部，在中国“互联网+”大学生创新创业大赛、中国西部国际电影节、万峰林国际微电影盛典、全国大学生公益视频大赛、全国大学生微拍大赛、宝鸡电影节等专业赛事中获得不俗的成绩，累计获奖120余人次。大量的实践创作与获奖，不仅丰富了实践教学，激发了专业学习热情，同时展现了宝鸡文理学院大学生的专业能力与青春风采。

2.科研创新的基地

“传媒艺术涉及的技术应用和产品形态极其广泛,深入到社会文化和生产生活的方方面面,对传媒艺术研究、创作和实践运用会产生重要影响,将是艺术发展、教育、产业的重要趋势。”①对高校教师而言,精湛的教学能力只是实现个人职业追求的一个方面,要想完成新知识的输出,教师需要有深厚的科研功底,科研创新能力高低是检验大学教师是否优秀的重要指标。现代传媒实验教学中心的作用一方面是满足文学与新闻传播学院学生的实践教学需求,另一方面也为专业教师和学生提供了完善的科研创新平台。中心为教师提供专业的设备和良好的实验环境,并从制度上保障教师使用实验室的各项权益,全方位为师生积极投身科研创新活动保驾护航。

本着以科研指导教学、以教学深化科研的理念,现代传媒实验教学中心通过项目带动方式将科研成果转化为教学资源,大力支持老师和学生开展实践创作与研究,并取得了可喜的成果。近5年来,中心教师承担22项国家级、省级、市级新闻传播与影视创作方面的研究项目。赵德利教授主持并带领广播电视编导专业青年教师完成了2015年度国家社科基金特别委托项目“‘宝鸡血社火’为主题的电视专题片拍摄制作工作”。孟改正教授先后完成了2013年、2017年陕西省社科基金项目“陕西地方影视创作与城市形象建构研究”“陕西民俗资源利用与影视竞争力提升研究”;仵军智副教授完成2016年陕西省社科基金项目“‘互联网+’背景下陕西民间手工艺品产业化开发路径研究”;郭勋亚副教授完成2017年陕西省社科基金项目“微纪录片在陕西区域文化传播中的应用”;王兰讲师完成2018年陕西省社科基金项目“关中地域炎帝祭祀活动的影像民族志研究”;昝再利副教授完成2018年陕西省社科基金项目“移动互联网背景下陕西农村舆情的研判与引导”;郭勋亚副教授获批2021年陕西省社科基金项目“一带一路语境下西部历史文化纪录片创作研究”;王宏昌副教授获批2022年陕西省社科基金项目“新冠肺炎疫情常态化防控下陕西城市居民数字化生存能力研究”。中心教师还承担了陕西省教育厅科研计划项目的研究工作,包括“陕西小成本影视创作与本土文化传播研究”“陕派纪录片与区域形象传播研究”“凝视:从西部电影到陕西地方旅游形象发展研究”“社会转型背景下关中地区乡村民众日常生活内容的嬗变”“关中西部乡村民众人际关系与心理嬗变调查研究”“陕西农村数字电视发展问题研

① 孙为.“互联网+”环境下传媒艺术教育模式探索:以南京艺术学院省级实验室“传媒艺术跨学科综合训练中心”为例[J].传媒,2017(3):79-81.

究”“丝绸之路经济带‘民心相通’的媒介路径构建”等项目。此外，中心有服务地方横向课题 18 项。中心教师在国内外刊物发表学术论文 110 余篇，出版专著与教材 10 部；获陕西省高等学校教学成果二等奖 1 项，省级教学科研奖励 3 项，市级教学科研奖励 8 项。孟改正教授主编 2 部教材——《广播电视概论》《影视评论》，1 部论文集《探索与发展：宝鸡文理学院传媒专业教学改革与研究论文集》。高静博士出版《电影符号学与电影美学问题》。赵玲教授的“教师口语”课程课件荣获教育部课件大赛三等奖；何艳萍讲师完成的“播音与主持艺术专业实验中心建设及开放研究”获陕西省高等教育教学成果奖优秀奖；孟改正教授完成的“消费文化背景下电视文艺节目创作研究”获宝鸡市第七届文艺大奖一等奖。

中心教师精心指导学生实践创作，在大学生创新创业与科研立项方面取得显著成果。2013—2022 年，在专业教师指导下，文学与新闻传播学院学生共获批大学生创新训练项目 124 项，其中国家级项目 19 项、省级项目 43 项、校级项目 62 项，荣获中国“互联网＋”大学生创新创业大赛省级银奖 1 项、铜奖 2 项，陕西省研究生创新成果奖 3 项。

3.沟通业界的桥梁

新闻传播类专业的强实践性决定了它与业界必须有一定的联系，沉浸于学校小场域、闭门造车办专业的做法是非常不可取的，脱离社会进行教学会让新闻传播类专业失去原本的优势。“传媒实验室在校外的拓展，它的目标不仅仅只是产学合作，更深入地说应该是产学研的深入合作。校方利用科研人才为企事业策划新的战略，开发新的项目，创建横向合作关系。”[①]为了加强与业界的往来，文学与新闻传播学院把校内传媒实验教学与校外传媒机构实践训练有机结合起来，深化传媒技能实验教学，创建了实训化媒体实验教学体系。建设传媒实验室，将现代传媒实验教学中心作为沟通学界与业界的桥梁，是实施媒介融合教育的重要保证。

中心通过人才双聘、联办活动等方式与媒体频繁互动，借此优化实践育人环境，展示专业办学成果。2014 年 8 月，孟改正副教授入选省委宣传部、省教育厅高等学校与新闻单位从业人员互聘“千人计划”。按工作安排，孟改正副教授在宝鸡电视台挂职交流，任总编办副主任；宝鸡电视台选派总编办主任尹荃担任宝鸡文理学院文学与新闻

① 王美清.融媒体时代地方高校传媒实验室的转型与发展：以泉州师院传媒实验中心为例[J].教育现代化，2018(6)：146-148，159.

传播学院兼职教师。2015、2016、2019、2020年度,余亚莉副教授、王宏昌副教授、魏宏利副教授、黄理红副教授分别入选“千人计划”,赴宝鸡日报社、宝鸡人民广播电台、宝鸡电视台等单位挂职交流,宝鸡市主流媒体多位业务骨干获聘担任宝鸡文理学院兼职教师。学界与业界的互动交流提升了双方的业务能力,充实了宝鸡文理学院师资力量,进一步优化了实践教学效果。

中心在加强自身建设的同时,还积极践行开放式办学的教学理念,主动搭建与省内外主流媒体、广告公司等传媒机构合作的桥梁,共建媒体实习基地。中心先后与宝鸡日报社、宝鸡电视台、宝鸡人民广播电台、宝鸡新闻网、宝鸡炎帝影视城、宝鸡吴山写生基地等10余家单位达成了合作协议。2021年12月宝鸡文理学院与宝鸡市人民检察院签署检校共建新媒体合作协议,2022年联合创作法制类短视频作品22部。现代传媒实验教学中心和媒体实习基地一内一外,形成互补平台,为全面提升实践教学质量奠定了坚实基础。近年来,陕西广播电视台评论中心副主任马召平,《陕西农村报》总编辑贺小巍,宝鸡电视台台长南忍孝、总编办主任尹荃、新闻中心主任宫文华、旅游文化频道总监程灏,宝鸡人民广播电台总编办主任李翃、新闻频率副总监言玲,宝鸡日报社新闻摄影部主任冯海,宝鸡新闻网总编辑冯蓓,跨境电商关天之窗首席执行官马可,房讯网西安公司总经理王涛等都曾来校授课或作讲座,将最新业界信息和人才需求传递给传媒学子。

2013年5月,文学与新闻传播学院与宝鸡人民广播电台联合举办“广播主持人进校园”与“五月花开大学生文学作品展播”等活动。宝鸡人民广播电台播音指导望平、经济频道总监傅亦文以及7位当家主持来到校园,与文学与新闻传播学院师生见面座谈,共话广播与文学。在一个月时间里,宝鸡文理学院25位大学生走进电台直播间,进行朗诵,并与主持人、听众交流互动。人才双聘与联办活动使宝鸡文理学院新闻传播类专业与新闻媒体联系更加密切,对文学与新闻传播学院专业实践的开展和宝鸡文理学院对外宣传工作有积极意义。2017年3月,中心与宝鸡新闻网合作拍摄“追赶超越　新春走基层”宝鸡县区系列专题片12部,引发广泛社会关注并获得好评。2018年,中心师生与陕西青色影视传媒有限公司、宝钛集团、中铁一局三公司等单位合作拍摄了微电影作品。中心师生与宝钛集团合作拍摄的微电影作品获2018年全国第五届“最美企业之声”金奖代言作品。近3年,师生完成的10余部实践作品在学习强国平台播出。2020年7月,广播电视编导专业实践作品《病人》在B站推出后获得630万播放、66万点赞、11万转发、5万留言,成为现象级网络作品。2022年10月,赵一豪作品《清明花馍别样美》在“我们的新时代”陕西省短视频大赛获三等奖,在学习强国陕西学习平台、陕西头条和西部网微博等平台累计展播次数近万次。

4.服务社会的窗口

戏剧与影视学、新闻传播学最鲜明的特点是紧跟时代变化不断求新，学科发展的要素之一就在于抓住社会新需求、掌握时代新变化，这注定了现代传媒实验教学中心需要紧密关注媒介环境新变化，践行服务社会办学宗旨，积极开展校地合作、校企合作，强化实践育人的社会评价与信息反馈。通过近几年的努力，中心在与社会接轨并服务社会这方面取得一定成果。

近年来，中心师生为宝鸡文理学院教务处、教育学院、计算机学院、电子电气工程学院、地理与环境学院、附属小学等校内单位的 35 位教师拍摄制作完成精品课程 16 门，共计 165 课时，参与拍摄及制作的学生达 120 余人。近两年，中心师生共计拍摄校内会议、学术讲座、元旦晚会等 34 场次。中心学生以校园十大人物风采、迎新生、校园生活、母亲节等为主题创作短片 50 余部，取得一定的社会反响。校园拍摄与创作活动，锻炼了学生的专业技能，服务了校内教育教学，宣传了部分单位的工作形象，表现了丰富多彩的校园生活，展示了积极向上的大学生风貌。

众所周知，高质量的影像作品从剧本创作、拍摄到剪辑都需要足够的资金支撑，每一个实景再现的画面背后有着舟车劳顿的付出，对大学生而言，筹措到一定资金是保证影片质量的前提。中心团队充分发挥现有条件，积极寻求社会资源，多年来与宝鸡多个企事业单位建立互惠互利的协作关系，达到了提升实践教学能力与促进本土形象发展的双赢目标。2014 年，中心与陕西远飞集团、远飞大学生电影基金签署《影视创作与人才培养合作项目协议书》，集团用实际行动支持大学生电影创作。2015 年，中心与中铁一局三公司合作拍摄的安全教育微电影《成长》，为宝鸡市陈仓园初级中学拍摄制作的社会主义核心价值观教育宣传片、为宝鸡市高新第一小学拍摄制作的文明礼仪“参观篇”“乘车篇”“校园篇”微课，均取得良好的社会反响。2016 年，中心与宝鸡高新区合作举办“幸福宝鸡 魅力高新”影像大赛，吸引了大批省内外影像爱好者的热情参与，收到微电影作品 101 部、摄影作品 301 幅。2017 年，中心与陕西青色影视有限责任公司等合作完成服务地方横向项目 2 项，项目资金 4 万元。近 3 年，中心与宝钛集团、中铁一局三公司、宝鸡高新区文化投资公司等单位合作完成服务地方横向项目 6 项，项目资金 24.85 万元。

2022 年中心发挥传媒学科专业优势，深化课程思政建设，短视频创作与电商直播实践教学助力乡村振兴活动取得良好社会反响。2022年5月7日王欢老师应邀带学生前往宝鸡市陇县天成镇,对全镇60余名农民开展了短视频与电子商务课程培训。5月14日至15日文学与新闻传播学院大学生电商直播创业小组8名学生赴眉县,开展了为期2天的大学生创新创业实践活动。5月28日赵米振老师带小组赴千阳县拍摄西秦刺绣,助力宝鸡非物质文化遗产项目的推广和宣传。7月4日副院长孟改正带队赴千阳县纸坊沟村,大学生电商直播进乡村签约暨揭牌仪式在这里举行,千阳县副县长韦东兴、水沟镇党委书记贾国栋参加活动,《陕西农村报》、陕西农村网进行报道。12月,中心与宝鸡市高新区沁丰源生态农业农民专业合作社签署大学生劳动教育基地协议,达成助农宣传合作意向。2022年文学与新闻传播学院获批"创新与传承中国优秀传统文化传播方式的策略研究""云端农人——打造农村电商品牌赋能乡村产业振兴"2项国家级大学生创新创业训练计划项目,"助力新农人直播电商和短视频工艺教学"等6项省级大学生创新创业训练计划项目。其中,"云端农人——打造农村电商品牌赋能乡村产业振兴"项目荣获第八届中国国际"互联网+"创新创业大赛陕西省赛区铜奖。

校地合作、校企合作项目的达成,是社会、企业对高校传媒专业人才培养的肯定,同时也对传媒专业发展与实验室建设有重要促进作用。近5年,宝鸡电视台、宝鸡人民广播电台、宝鸡日报社、宝鸡新闻网等新闻媒体报道中心教育教学、服务地方等情况20余次,产生良好的社会反响。

5.开放创新的未来

在近年的探索中,中心逐渐明确了理论与实践、学界与业界、教学与科研、专业教育与创新创业教育彼此融通的办学思路,不断创新实验室建设与教学管理改革,教务处、教学设备与实验室管理处、文学与新闻传播学院制定了一系列有关实验教学的政策。学校不仅加大了对实验教学的投入力度,增加实验教学经费,改善实验教学条件,而且在实验教学的质量监控方面采取了多项措施,进一步强化和规范了实验教学,加强对实验教学各个环节的监督检查,以保证实验教学质量的稳中求进。2018年、2019年,中心获批2项陕西省高校虚拟仿真实验教学项目,分别为"基于虚拟现实技术的新闻现场报道仿真实验"与"基于虚拟演播系统的视效实时预览仿真实验"。《新闻知识》期刊2018年第4期封二对宝鸡文理学院现代传媒实验教学中心的建设发展做了宣传。

2022年中心积极组织开展慕课西行教学活动，教育信息化实践水平得到提升。为响应教育部高教司虚拟教研室建设与“慕课西行”号召，2022年中心与新疆农业大学、浙江传媒学院等院校联合组织慕课西行教学活动3场次。2022年5月11日，宝鸡文理学院文学与新闻传播学院与新疆农业大学通过智慧树在线平台开展中国当代文学课堂教学。文学与新闻传播学院郭文元教授为学生授课，副院长孟改正教授作了点评和总结。5月31日，宝鸡文理学院文学与新闻传播学院与浙江传媒学院师生通过智慧树在线平台，同时进入浙江传媒学院播音主持创作基础课堂，宝鸡文理学院赵玲教授作了点评和总结。6月20日，宝鸡文理学院文学与新闻传播学院与浙江传媒学院、四川文理学院联合承办了2022年全国影视传媒系列公开课“从经典电影照明到混合现实电影虚拟制作技术”教学直播活动。孟改正教授作了课程点评，广播电视编导专业学生提问交流，浙江传媒学院、安徽师范大学、四川电影电视学院进行了课程转播，全国5,000余名师生通过超星平台等在线收看课程直播。在慕课西行教学中，学生回答问题积极主动，课堂形式新颖，气氛活跃。3场高校间跨区域同步课堂活动的成功举办，促进了高校间的师生交流，拓宽了学生视野，充分体现了宝鸡文理学院信息化教学改革与校际合作的良好成效。

立足当下，现代传媒实验教学中心已经取得了一定的成绩，但未来仍有诸多挑战需要面对，有更大的发展空间需要开拓，团队所有成员需要不断学习、积极探索，进一步提升中心的实力。为了实现人才培养目标和社会行业需求的对接，中心要坚持传媒类专业办学理念和应用型人才培养的方向，继续深化实践教学，提升学生适应社会的综合能力。下一步，现代传媒实验教学中心将在学校办学定位与学院发展规划的指引下，抢抓发展机遇，把实验师资培训、开放性实验、虚拟仿真实验教学、融媒体实训、信息化建设、创新团队建设、对外交流合作等业务作为主要任务，服务实验实践教学，激发学生创新能力，助力学子成长。

〔孟改正，教授，宝鸡文理学院文学与新闻传播学院副院长、现代传媒实验教学中心主任，中国高校影视学会实验教学专业委员会理事〕

新文科背景下影视艺术创新型人才培养实践*

◎路 鹏 周 利

摘要:近年来,高校通过大学生创新创业项目的实施,整合校内外资源对学生进行创新与创业能力训练,培养学生创新意识和创业能力,适应新时代行业对影视艺术人才的要求。新文科工作的不断发展,为新艺科创新人才培养带来了新机会。高校应总结多年来大学生创新创业训练计划项目的经验,围绕大学生创新创业训练计划项目对于影视艺术类学生在创新创业训练方面的突出作用,推动影视艺术人才培养模式的变革,培养高素质创新型影视艺术人才。

关键词:新文科;创新创业;新艺科;影视艺术人才培养

1.引言

2007年,教育部启动首批国家级大学生创新创业训练计划项目(以下简称"大创项目")。① 2012年,地方高校全面实施国家级大创项目。② 2019年,教育部出台《国家级大学生创新创业训练计划管理办法》。大创项目的实施,推进高校不断进行大学生创新创业能力的培养,促进高等教育人才培养模式的变革。

大创项目通过多年的实施,在学生创新创业能力培养和成果产出等方面取得了突出成效,促进了学生课外培养与专业教育有机融合。③ 我国各类高校已经全面实施大

---

* 本文系2021年吉林省新文科研究与改革实践项目"'新文科'背景下艺术学人才创新性培养模式研究与实践"(项目编号:202130)的阶段性研究成果。

① 于斌,颜贤斌."大学生创新创业训练计划"项目管理探索与实践[J].实验技术与管理,2015,32(9):30-33.

② 张海军,张淑兰,戚晓利,等.地方高校创新创业人才培养模式改革探索与实践[J].实验室研究与探索,2017,36(8):222-225,254.

③ 贾双林,褚亚旭,陈雪,等.地方高校大学生创新创业训练计划项目的实施与管理[J].实验室研究与探索,2017,36(7):242-245,256.

创项目，并投入大量经费以及政策保障。[①] 高校通过大创项目不断强化课外培养，提高创新型人才培养的质量，[②]这使得影视人才培养模式的改革出现了新机遇。

2.新文科及其对创新人才培养的新要求

2.1 新文科概念的提出

2018 年，教育部提出推进“四新”建设工作并发布指导性文件，其中新文科是主要内容之一。2019 年，教育部等部门实施的“六卓越一拔尖”计划中要求各高校全面推动新文科建设工作。[③] 2020 年 11 月，教育部新文科建设工作组发布《新文科建设宣言》，对当前高等教育新文科现状进行了梳理，对未来的主要工作进行了部署。[④] 新文科建设是面向高等教育新发展而提出的具有重要意义的前瞻性战略。此外，教育部在 2022 年工作要点中也强调要继续推进新文科建设工作，这为影视艺术领域专业人才创新创业培养的深入改革提供了契机。

2.2 新文科对创新人才培养的新要求

随着国家文化产业发展，社会渴求具有竞争力的创新型人才，这使得创新教育成为影视艺术类高等教育人才培养综合改革的重中之重。影视艺术类本科人才在培养过程中存在以下问题：

第一，教育理念相对落后，缺乏实质性的创新培养内涵。应形成新的影视艺术教育理念，有效设计创新创业实践体系并贯穿课外人才培养全过程。

第二，相关人才培养与实践教学脱节，缺乏良好的教学实效。应将影视艺术实践教育、大创项目训练和专业教育相结合，保证创新实践教育和训练的系统性和实效性。

第三，相关人才培养与行业需求脱节，缺乏必要的创新素质。应通过大创项目缩小人才素质与行业需求之间的差距，整合社会资源，提升学生对社会的适应能力。

影视艺术学科应当建立起与时代发展需求相适应的教育理念、实践人才培养体

---

① 韩康榕，康亚京，钱荣荣，等.基于层次分析法的大学生创新创业训练项目质量评价体系研究[J].北京邮电大学学报(社会科学版)，2020，22(5)：107-116.

② 朱科蓉.开发“五结合”途径 培养文科学生实践创新能力[J].实验技术与管理，2016，33(2)：7-10.

③ 周星.新文科建设背景下传媒艺术理论建构的特色与意义[J].现代传播(中国传媒大学学报)，2021，43(7)：109-112.

④ 杨西国.新文科视域下艺术人才培养体系创建与实践[J].齐鲁艺苑，2021(6)：107-111.

系[①],不断推动多专业之间深度融合,将新理论、新技术与新实践相结合,切实推动影视艺术创新教育的融合发展[②]。新艺科作为新文科教育的创新发展,既代表着学科融合,也代表着影视艺术学科要接受新的技术革命,需要对影视艺术的实践、人才培养有新的理解和发展。[③] 应当创新影视艺术实践育人模式,积极构建以大创项目进行创新实践的育人体系,展现影视艺术教育的时代特色。

3.创新人才培养理念的确立与创新训练平台的建设

3.1 创新影视艺术人才培养理念

影视艺术专业人才的创新创业培养需要结合时代发展需求对人才培养模式进行创新。在新艺科工作不断推进的背景下,着重强化学生创新实践培养模式的探索,形成符合时代发展特征的影视艺术人才创新创业培养模式。

紧跟高等教育发展,经过多年的实践教学经验积累,我们确定了创新型影视艺术人才培养定位,"以文化产业人才需求为目标,突出专业创新性强的特点,重视学生实践能力提升"的实践教育思想[④],结合成果导向教育模式明确了"坚持以能力提升为主线,提升创意素质,强化专业实践,促进特色创新,培养行业需求之才"的创新人才培养教育理念,全面构建了以大创项目为核心的一体化影视艺术人才实践教学体系,促进了学生的课外实践能力训练转向自主性、创新性和协作式。[⑤] 将"创新能力提升"贯穿于课外实践体系教育全过程,构建了"整体性、多阶性、递进性"的影视艺术创新型人才培养的过程体系,使学生的创新意识、创意水平等方面得到较大提升。

3.2 创新训练平台的建设

2012 年东北电力大学艺术学院获批两项省级大学生创新训练项目,为切实发挥项目的引领示范作用,整合师资与实践平台资源,艺术学院进一步加强相关平台建设。

---

① 郭春方.新文科建设背景下艺术人才培养创新与实践的思考[J].艺术教育,2020(12):18-20.

② 王雁,钟军,程晓红.大学生创新创业训练计划项目质量调查与分析:以合肥工业大学为例[J].实验室研究与探索,2021,40(7):213-216.

③ 王飞,王忠勇,吴国新,等.慕课在高校创新创业实践教育中的探索与应用[J].实验技术与管理,2020,37(1):36-39.

④ 路鹏,布雪莹,宋克,等.面向"能力型"传媒人才培养的综合教学改革与创新实践[C]//胡一梁.中国传媒实践教学研究.北京:中国国际广播出版社,2020:135-143.

⑤ 路鹏,布雪莹.数字媒体艺术创新人才培养模式的研究与实践[J].中国多媒体与网络教学学报,2020(1):127-128.

2013 年大学生实践创新中心、影视艺术创作实践基地两个校级大学生实践创新示范基地获批；2014 年校级人才培养模式创新实验区获批；2015 年吉林省艺术类实验教学示范中心获批，艺术学院构建了适合学生创新创业训练的基础实践环境。

高校要加大对校内和省级实践平台的建设，为大创项目提供更好的支撑。自 2013 年以来，艺术学院通过积极申报省级高等教育专项资金、中央财政支持地方高校发展专项资金以及校内外自筹资金等多元方式与途径，先后获批“高清数字影视教学实验平台建设”“3D 打印技术实验室平台建设”“广播电视编导专业实践教学平台建设”“数字艺术设计实践教学平台建设”“数字影视艺术与技术实践基地建设”等项目，累计筹集资金 400 余万元。艺术学院对实践平台进行建设与改善，为学生创新创业训练提供了良好的硬件条件。

4.项目管理模式与质量保障体系构建

在校级和省级实践平台的基础上，艺术学院创意实践研究中心和学生创客空间先后成立，并根据专业方向下设若干创新工作室。

4.1 建立组织管理机构，支撑计划可持续开展

4.1.1 成立创意实践研究中心

为了更好地进行项目管理，艺术学院于 2018 年成立了创意实践研究中心。中心设置中心秘书 1 人，协调各专业指导教师、项目负责学生、评审专家和校外基地的相关工作。中心现有创新创业项目指导教师 20 人。

4.1.2 成立学生创客空间

为进一步发挥学生的自主实践能力和积极性，加强学生管理，艺术学院于 2019 年成立了学生创客空间。学生作为负责人，形成学生共同体。学生结合专业方向，先后成立了 13 个工作室。工作室遴选实践能力强的专业骨干教师作为负责人，在指导大创项目过程中，充分尊重学生的个性特点和需求，赋予学生自主权进行实践锻炼。

4.2 结合专业方向，提高选题质量

艺术学院利用指导教师的科研课题、企业合作的横向课题等来设置创新创业项目，学生参与到项目的实际训练中，勇于创新，提高自身的能力和水平。在项目选题

上,采用“三结合”的形式,即指导教师的科研课题、横向项目与学生的专业方向相结合,围绕影视、数字媒体、服装、环境、视觉与艺术领域的发展方向,与地域文化相结合确定选题。

同时,艺术学院组织经验丰富的教师和优秀学生对选题方向、题目拟定和申报要求进行详细讲解,针对拟定题目进行充分讨论、修改和完善。最后确定的选题应符合专业特点和当前的发展方向,难易合适,能够起到创新创业训练的目的。

4.3 规范项目管理,强化项目过程监控

为更加规范地管理大创项目,学院构建科学的管理体系,该体系由机构设置、项目管理、成果展示和质量评价四部分构成,如图1所示。

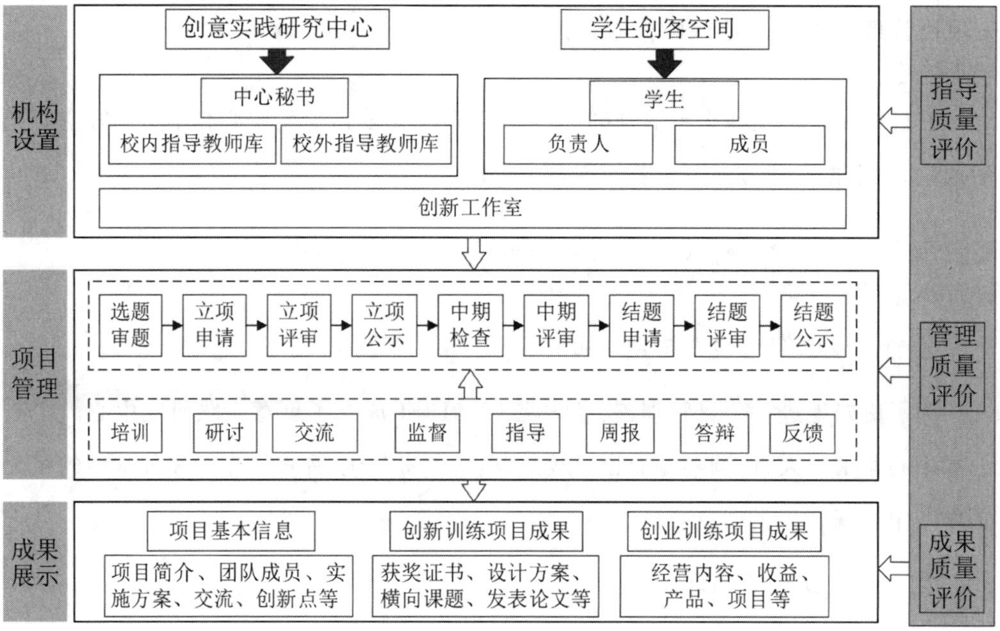

图1 大创项目规范化管理体系

4.3.1 大创项目组织机构

学院大创项目的组织机构由创意实践研究中心和学生创客空间两部分组成。创意实践研究中心负责日常管理、指导教师的联系、组织专家评审与研讨、横向课题管理、工作室建设等工作;学生创客空间负责学生的协调、项目申报培训、成果总结、经验交流、产品设计、创业实践跟踪、与指导教师协调等任务。

4.3.2 项目申报与评审

在指导教师的指导下，项目负责人带领团队成员认真撰写项目申报书，针对项目的研究背景、研究目标、研究内容、研究计划和研究方案等进行充分论证后上报学院。项目由项目评审专家进行评审，专家组由各专业负责人、外部专家组成，学生进行现场答辩。评审专家组按照项目质量以及答辩情况进行打分，择优上报学校。

4.3.3 执行过程管理

针对获批项目，创意实践研究中心为项目团队提供经费支持。指导教师带领项目组全体成员进行项目研究，项目负责人进行任务分工，带领团队成员按照预期方案执行。中心秘书定期召开项目推进情况协调会，了解各级项目进展，针对存在的问题尽早提出解决方案。此外，项目组要遴选具有丰富项目主持经验的高年级学生进行报告与交流，参与对项目的指导工作。

在项目中期时，由创意实践研究中心负责组织项目的中期检查工作。每个项目组完成中期检查报告，提供项目的前期研究成果，接受评委的评审。创意实践研究中心按照项目进展总体情况形成中期检查报告提交到学校，同时针对项目的后续研究工作进行部署。每个项目组按照评审专家的意见进行项目的后续研究。

4.3.4 项目验收评审与成果展示

创意实践研究中心按照学校总体要求进行项目的验收评审工作。验收专家组中包括一名校外专家。在指导教师的指导下，按照项目级别，项目组提交结项报告和成果附件，接受专家组的现场评审，对专家提出的问题进行现场答辩。此外，按照立项书的研究内容和成果要求进行检查和核对。

答辩完成后，创意实践研究中心进行年度项目验收总结的上报。自 2018 年以来，为了全面展示项目的研究成果，在项目通过上级部门验收后，学院面向全校举办年度项目成果展，展示创新创业优秀成果，包括优秀作品、发表的论文、学科竞赛获奖证书、影视作品、设计方案、横向课题等各种成果。

4.3.5 质量评价

为了更好地开展大创项目的各项工作，推动创新创业成果产出，艺术学院采用成果导向教育理念对教师指导质量、项目过程管理质量和项目成果质量进行评价。艺术学院邀请校内外专家，从项目申报数目、各级别立项数目、指导教师投入时间、成果产出类别和数量、参与学生人数、横向课题等角度进行年度评价，针对存在的不足提出指导性意见,在后续的工作中持续改进。

4.4 创业实践活动激励与保障机制的构建

为了更好地激发指导教师和学生的参与兴趣,创意实践研究中心加大对指导教师和学生的激励程度,为指导教师安排相应的工作量,按照项目级别以及考核结果对学生进行资金支持。中心先后制定了《大学生创新创业项目管理办法》《课外培养工作量分配办法》《学科竞赛管理办法》等一系列规章制度,极大地鼓舞师生创新实践的热情。按照立项级别,国家级项目每项给予教师 35 个工作量,省级项目每项给予教师 25 个工作量,校级项目每项给予教师 15 个工作量。中心每年为指导教师分配工作量累计达到 650 个左右。

针对工作室的建设,创意实践研究中心积极同校内外协调,在实践设备、办公设备以及耗材方面,通过主管部门、校外合作单位等多种方式筹集资金支持。此外,为了不断提升实践指导教师队伍的水平,创意实践研究中心定期组织培训以及到兄弟院校进行交流学习,先后带领中心骨干教师前往浙江传媒学院、苏州大学、吉林艺术学院、长春工业大学等兄弟院校进行实地调研,并就大创项目管理、平台建设、培养方式等问题进行交流学习,拓展合作途径。

4.5 优化培养方案,制订课外培养计划

2017 年,在培养方案修订的契机下,创意实践研究中心总结大创项目实施和管理经验,在所有专业中增加了创新创业专业必修课程,共 16 学时(1 学分),由中心具有丰富经验的教师联合授课,每位教师讲授 2—4 学时,课程内容包括创新与创新能力、创新思维、创新方法与技巧、创新思维训练、创新能力培养、创业与创业精神、商业模式、创业风险、创业计划等方面,使学生具备基本的创新创业素质。

另外,中心牵头制订与专业紧密结合的课外培养计划,并制定详细的课外培养方案,将中心现有资源与课外人才培养计划紧密结合。课外培养计划规定每位学生课外培养学分达到 4 分以上,其中创新创业方面不少于 1 学分。依据课外培养计划,学生进行创新创业等课外的实践训练,具体形式包括主持大创项目、参加创新创业大赛、进行创业实践等,按照类型和等级认定课外培养学分,并作为学士学位授予资格的条件之一。

5.大创项目实施成效

5.1 立项数目和学生覆盖率显著提高

近3年来,艺术学院广播电视编导、数字媒体艺术、环境设计、视觉传达设计、表演、服装与服饰设计等专业每年累计130余名学生直接从大创项目受益,覆盖了全校所有影视艺术类专业的学生。自2012年开始申报省级大创项目积累经验,到2018年成立创意实践研究中心,指导教师和学生的参与程度极大提升,项目数量和质量也取得了较大提升。截至目前,中心累计获批大创项目167项,按照获批级别,其中国家级29项、省级65项、校级73项。

自2012年首批项目立项以来,学生的参与度不断提升,累计参与学生达772人,覆盖了学院全部影视艺术专业学生以及学校计算机科学与技术、土木工程、机械等相关专业学生。尤其是2018年学院成立创意实践研究中心和学生创客空间以来,参与学生数量显著增加。

5.2 项目研究成果更加丰硕

创意实践研究中心鼓励学生积极参加中国"互联网+"大学生创新创业大赛、挑战杯大学生创业计划大赛、全国大学生电子商务挑战赛、全国大学生市场调查与分析大赛、全国大学生广告艺术大赛、全国高校数字艺术设计大赛、全国数字艺术设计大赛等大赛,中心各工作室参与大创项目的学生近4年累计获奖424项,其中荣获国家级奖项106项、省级奖项318项。此外,围绕项目研究,学生团队积极发表研究论文和申请外观设计专利、实用新型专利等。

影视艺术人才创新创业培养卓有成效,学生创新创业能力得到全面提升。创新工作室为学生提供了更好的实践与创新训练平台。学生的主动性逐渐提高,专业能力也得到了充分锻炼。

6.提升大创项目质量的对策

6.1 推进新艺科工作,注重学科交叉

新文科建设背景下的新艺科工作,既要符合艺术学科的发展规律,又要与新时代

的社会转型相契合。新艺科建设工作要推动影视艺术学科各专业之间、影视艺术与其他哲学社会科学之间、影视艺术与新科技革命的交叉融合,培养新时代的创新影视艺术人才。大创项目的选题既要体现出专业特点,也要注重与热门领域学科的交叉融合。同时,在项目团队构成上,鼓励影视艺术学与其他学科学生合作,形成融合式项目研究团队。

6.2 提升教师指导能力,鼓励学生广泛参与

大创项目的有效运行离不开艺术学院与创意实践研究中心的支持。一方面,艺术学院通过合理的激励制度鼓励教师在学生的指导过程中投入更多的时间和精力,组织骨干教师到行业内进行交流。同时,遴选优秀的行业内老师独立或协同参与项目指导工作。另一方面,艺术学院进一步提升学生承担项目的积极性。学院结合中心指导教师的各类项目,遴选有价值的项目;在项目团队建设、经费支持、软硬件环境、激励措施、评奖评优等方面向大创项目倾斜,同时在创业培育上给予更多的支持。

6.3 加强全过程指导,提高项目完成质量

很多学生具备一定的创意创新素质,但在项目申报、项目研究、项目执行、项目成果总结等方面,仍缺少必要的训练。优秀指导教师以及负责过项目的学生定期对学生在项目申报书的撰写、中期检查、结项报告、论文发表、作品创作、专利申请、参加竞赛等多方面进行训练和指导,使得学生具备更好的项目经验,提高项目的完成质量,真正提升学生的创新能力,让学生具备一定的创业素养。

6.4 加大对于创业实践项目的支持,更好落实训练目的

通过参与大创项目中的创新训练项目、创业训练项目和创业实践项目,学生可以有针对性、递进式地进行从创新到创业的全面训练。然而,经过多年的项目申报、评审和管理,学生承担的项目主要集中在创新训练项目上,创业实践项目较少。这与国家倡导的“大众创业、万众创新”仍有一定的差距,结合高等教育实际情况,创业场地、政策保障、资金支持等方面仍有很多工作需要不断推进。学校应鼓励学生与校外实践基地、横向课题、校外企业等相结合,承担创业训练和实践项目,多方面支持学生团队将创业研究成果切实落地,产生效益。

7.结语

大创项目的实施，对于影视艺术类学生的创新创业能力的培养具有重要的意义和价值。高校应尊重艺术人才创新教育培养规律，推进实践体系的构建。艺术学院通过成立创意实践研究中心和学生创客空间，进行影视艺术类学生创新创业训练的探索与实践，取得了一定成效，为推进新时代艺术人才培养积累了经验。在新艺科建设工作中，学院通过专业和学科的交叉，汲取好的经验，不断加强项目管理，提高项目质量，进行学生创新和创业能力培养，为影视艺术领域培养具备创新能力的高素质艺术人才。

〔路鹏，副教授，东北电力大学艺术学院副院长、艺术类省级实验教学示范中心主任；周利，东北电力大学艺术学院硕士研究生〕

泛媒体视域下传媒云实践教学的实施路径探索

◎信 潇 张江彩

摘要:以5G云网、交互式摄像、人工智能(AI)作画、人工智能生产内容(AIGC)、智能终端、VR裸眼3D拍摄等为代表的新一轮技术革命正在不断演进。在政策引导和科技推动下,万物互联、万物皆媒的泛媒体时代已然到来。高校传媒类专业人才培养方案中,提高专业实践比例已成为共识。在信息技术与互联网技术高速发展背景下,线上线下同步教学趋于常态化,实践教学中云实践逐步成为检验学生是否完成实践内容、实现实践目的的重要途径和方法。只有将传统的传媒类理论教学和全新数字化媒体的云实践教学有机融合,才能更好地促进高校传媒类专业的可持续发展。

关键词:泛媒体;云实践;教学模式;人才培养

党的二十大报告提出,教育、科技、人才是全面建设社会主义现代化国家的基础性、战略性支撑。必须坚持科技是第一生产力、人才是第一资源、创新是第一动力,深入实施科教兴国战略、人才强国战略、创新驱动发展战略,开辟发展新领域新赛道,不断塑造发展新动能新优势。[①] 2022年11月9日,中国网络空间研究院在2022年世界互联网大会乌镇峰会上发布《中国互联网发展报告2022》蓝皮书,蓝皮书显示:截至2022年6月,中国网民规模达到10.51亿,互联网普及率达到74.4%,其中基于手机终端的移动互联网信息传播仍是信息传播的主要途径。[②]《教育部 中共中央宣传部关于

① 习近平.高举中国特色社会主义伟大旗帜 为全面建设社会主义现代化国家而团结奋斗:在中国共产党第二十次全国代表大会上的报告[EB/OL].(2022-10-25)[2022-12-18].http://www.gov.cn/xinwen/2022-10/25/content_5721685.htm.

② 2022年世界互联网大会蓝皮书发布[EB/OL].(2022-11-09)[2022-12-10].http://zj.people.com.cn/BIG5/n2/2022/1109/c186327-40188033.html.

提高高校新闻传播人才培养能力实施卓越新闻传播人才教育培养计划2.0的意见》中提出:加快培养会使善用“十八般兵器”的全媒化复合型新闻传播人才。要修订完善人才培养方案,更新教学内容,改进教学方法,创新教学组织形式。①

着眼于新的行业要求,以5G、云网、交互式摄像、人工智能生产内容(AIGC)、智能终端、VR裸眼3D拍摄等为代表的新一轮技术革命正在不断演进,推动新一代媒体传播和媒体内容生产进一步向智能化、数字化、移动化、可视化、交互化等方向发展。高校人才培养方案中的课程设置也在逐步改革,需要及时融入技术变革新趋势、媒体融合新动向和行业发展新动态,综合运用文图声光电多种形式,采取案例式、现场式、任务型等多样化教学手段。② 要结合传媒类行业的新要求,进一步调整专业教学中的实践教学比例,新闻、广告、电影、动画、播音与主持艺术、广播电视编导、表演等专业的课程中都存在大量的教学实践内容。自2020年年初以来,疫情背景下线上教学、线上线下融合教学已成为高校教学常态,结合“互联网+”环境充分运用线上教学资源进行云实践教学已成为高校教学中的新思路、新模式。

1.泛媒体时代下传媒类专业实践概况

在政策引导和科技推动下,万物互联、万物皆媒的泛媒体时代已然到来,泛媒体时代主要体现为媒体自身形态的泛化、传播内容的泛化和媒介传播形式的泛化。从媒体的自身形态看,互联网背景下的媒体形态除传统的图文、音频、视频之外,还涌现出短视频、直播等新的媒体形态。传播内容的泛化是基于互联媒体时代内容生产者及生产形式出现的变化,从职业生产内容(OGC)到专业生产内容(PGC)再到用户生产内容(UGC),如今人人都是信息的发布者和传播者。官方媒体可以发布新闻信息和专业知识;用户可以进行生活记录、美食推荐、时尚美妆、街头采访、达人才艺、幽默段子等内容的输出。传播者、传播内容、传播渠道、传播内容及受众呈现出既宽泛又细分的特点。

基于上述变化,传媒类专业的教学暴露出一系列问题。首先是教材的滞后,现有教材的理论体系已无法满足当下的时代要求。电视摄像、音视频编辑、数字媒体技术、广播电视节目制作、节目策划与栏目设计、影视写作等课程的教材内容大多依托于传

①② 教育部 中共中央宣传部关于提高高校新闻传播人才培养能力实施卓越新闻传播人才教育培养计划2.0的意见[EB/OL].(2018-10-17)[2022-12-10].http://www.moe.gov.cn/srcsite/A08/s7056/201810/t20181017_351893.html.

统媒体的发展体系，新媒体环境下交互式摄像、新兴音视频编辑软件、AI 软件、网络节目、网剧等领域快速发展，教师依托现有教材体系进行传统理论教学显然不能满足时代的需求。其次，教学环节与实践环节的脱节，也是高校教学中存在的问题，传媒类教学中存在着大量的实践教学环节，但理论教学与实践教学缺少对应，理论对实践的指导受到限制，教师对实践内容的考核标准、比例无法统一，传统的试卷考核方式也让学生对实践环节不够重视，后期学生在实习、从业中又明显感受到技术的脱节。最后，实践教学环节遇到问题较多。现阶段传媒类人才培养计划中要求培养一专多能的全媒化复合型人才，传媒类实践教学涉及编、导、播、摄、录、演、服、化、道等多方面，在不同的教学内容中侧重点不同。在"互联网＋"环境下，线上线下融合式教学已经成为高校教学趋势，线上教学对于传媒类专业的理论部分教学影响主要在教学形式的改变。丰富的线上教学资源给学生带来了更为翔实的教学内容。然而，实践环节的线上教学也遇到很多问题，如许多线下的实践无法在线上进行，尤其是基于团队基础学习(TBL)教学法的小组实践练习，线下可以通过团队学习驱动学生进行探究式学习，线上的实践较难达到实践教学目标。

2.云实践教学的内容设计

影视传媒行业的发展离不开科技的支撑，每一次技术的革新都会给这一行业的样态、思维和观念带来巨大的变化。[①] 更加重视传媒类专业实践环节已经成为新时代人才培养方案的统一认知，"互联网＋"环境下线上线下融合式教学成为趋势，但在实际教学运行中又常常受限。在泛媒体时代下，只有将传统的传媒类理论教学和全新的数字化媒体实践教学有机融合，才能更好地促进高校传媒类专业的可持续发展。因此，在线上实践教学中，云实践是检验学生是否掌握实践环节的重要途径和方法。

2.1 云任务——细化学生合作探究方案的设计

合作探究学习能力的培养是高校教学中的重要组成部分，基于小组合作的探究式学习可以锻炼学生的团队协作能力，进一步提高学生探究式学习的兴趣，通过小组任务驱动学生主动学习。在广播电视节目制作与评析课程中，广播节目的制作通常可以由学生个人完成，电视节目的制作由一个人完成的难度较大，传统的线下教学中通过

---

① 姚争，张恒，冯建超.新文科视阈下影视传媒类一流专业建设中实践教学体系的地位、价值与路径[J].艺术教育，2022(1):32-35.

学生分组完成电视节目的制作，线上分组制作的形式无法达成。在合作教学方案中，教师可以细化模块方案设计。例如新闻类节目的制作，教师可以先发布云任务——制作一档完整的新闻节目，将新闻节目进行模块细分设计，由个人单独进行模块录制，后期再整合成一档完整的新闻节目，进行线上播放。

对于周播新闻类节目，教师可以根据小组人数进行模块设计，例如小组人数是5人，教师可将周播新闻类节目按照一周要闻、一周快讯、一周简讯、三分钟世界新闻设计为4个单独的模块，由学生单人进行模块录制，每个模块的成片时间在1—5分钟，个人录制完成难度不大。演播室背景可以利用抠像技术完成，再由每组的后期人员进行整合和包装，制作成完整节目，最后在线上播放。在模块细化的设计下，学生通过云录制可以完成整档节目的制作。这样，学生既完成了实践教学环节，又可以调动学习兴趣和提升团队协作能力。

2.2 云制作——任务驱动实践动手能力

实践是检验学生理论学习效果快捷有效的手段，云制作的设计让学生在统一时间进行云交流，边制作、边沟通、边交流的形式，可以让学生进一步适应云实践的方式。电影《我和我的祖国》是由7位导演分别制作7个故事。教师可以引导学生参照这种制作方式，如在电视摄像课程中的纪录片制作部分，不同于新闻类节目统一的制作要求、相对固定的后期制作方法和风格，纪录片形式的多样化给学生提供了丰富的设计空间。教师将云任务模块设计好后，由学生云讨论后分组进行拍摄，学生在拍摄前需要明确片子的整体风格、叙事节奏、解说词内容、后期配乐等。学生在进行基础素材的录制后，建立云会议，进行云制作。后期剪辑人员根据不同片段的导演素材采集，最后在云制作中完成，小组成员可以实时提出修改意见，后期制作人员同步修改，既可以解决高效沟通的问题，又可以增强学生的动手能力，完成云上实践教学环节。

2.3 云分享——弹幕增强互动，行业引领教学

无论是线上教学还是线下教学，学生实践成果的展示都是学生最感兴趣的环节，在这部分实践中，线上的云分享模式甚至要优于线下展示。发弹幕已经成为当下年轻人观看节目、影视作品、晚会等内容的互动交流工具。在线下展示成果时，为了不影响观看效果，学生看到感兴趣的部分只能进行小范围交流。作品在线上播放时，学生通过发弹幕可以把自己的想法展现给全班同学，感兴趣的同学可以互相交流，形成更好的观看体验。无论是线上播放作品还是线下播放作品，作品播放完毕后都会有小组代

表进行分享,小组其他成员可以进行内容补充,这样既节省时间,又增加了各组成员之间的互动体验。

此外,教师也可邀请相关业界人士一同观看学生的教学成果展示,由专业人士从业界的角度对学生作品进行点评,在点评中融入行业相关前沿理念或技术方面的知识分享、拍摄制作的现场分享等。学生在疫情背景下无法到达现场,但教师可以把教学现场带到云课堂中。

2.4　云总结——师生同步优化教学方案

学生通过完成教师发布云任务的系列实践流程,可以加强理论与实践的融合,更进一步驱动学生的探究式学习模式。线上教学资源的逐渐丰富,让学生不再局限于教师课堂教授内容,学生学会了基础的实践操作练习,即可进一步通过线上资源自发性地主动进行高阶知识的学习,再进一步指导实践,形成闭环学习模式。云总结方式可以根据课程的具体内容进行设计,如果教学学时充足,可以由学生语音连线进行总结分享;如果教学学时紧张,教师可以通过线上教学平台发布总结任务,学生完成总结后发布至平台,这有利于教师进行教学反思,进一步优化云实践的教学方案和实施过程,在不断尝试和优化中,总结出适用于该课程的一套完整有效的云实践方案。

在媒体泛化背景下,基于云实践的总结,学生也可以尝试拓展性训练,优化自身的学习方案。以传媒类专业为例,学生运营自媒体,可以独立完成,也可以小组进行。同时,学生要用好电视台、广播台、报刊、网站、新兴媒体等实习实践平台。课堂内的实践环节毕竟是有限的,课堂外的持续实践可以让基础理论知识逐渐由量变达到质变的飞跃,这是云实践更重要的一层意义。

3.云实践教学过程及评价机制

3.1　教师过程性考核方案

过程性考核是对实践类课程或课程中的实践环节重要的考核方式,增强过程性考核、弱化试卷考核可以从根本上解决学生对实践环节不重视的问题。高校课程的考核方式大多以期末试卷的形式进行,学生容易忽视学习过程,只注重考试成绩。课程考核采取多指标评价系统,可以全面、客观反映学生对课程的学习投入情况与学习效果,坚持科学发展观,以行业发展为导向,以实践能力为本位,改革高等教育试卷考试考核模式结构，加强课程实施、评价和管理，实现评价目标多元化、评价方法多样化、评价方式多渠道，形成过程性评价与结果性评价并重、定性评价与定量评价并举的考核方式，培养学生良好的综合素质、职业道德和职业能力。

3.2 生生互评优化评价方案

在实践练习中，课程设立生生互评环节，主要通过学习通、雨课堂、云班课等教学平台进行投票和打分。考核内容细化到项目及对应分数，作品评分由教师评分、组外成员生生互评、团队小组成员组内互评三部分组成，在增强学生参与度的同时，更为客观公正地体现教学评价。以电视摄像课程为例，该课程过程性考核及云实践具体实施方案如表1所示。

表1 电视摄像课程过程性考核及云实践具体实施方案

考核时间	考核内容	考核方式	考核分值
第三周	5种基础景别的拍摄，8种常见构图拍摄，6种角度拍摄。	平时作业	1—5分 教师评分
第五周	从电影《我和我的祖国》7个单元故事中任选片段进行案例分析，考核摄像视听基础理论。	教学实践 (云实践)	1—10分 教师评分
第七周	纪录片片段3分钟模仿拍摄，学生分组讨论选题，尽量做到1∶1还原。细化方案，可小组进行云实践。	生生互评 学习通打分 (云实践)	1—10分 学生评分
第八周	主题讨论：根据所学基础理论，讨论影视作品中内容的表达更重要还是后期的技术更重要。	主题讨论 (云实践)	1—10分 教师评分
第十周	小组进行MV的拍摄，云实践设计也可单人录制。	团队作业	1—10分 教师评分
第十三周	演播室节目单元录制，分别录制单元节目再云制作成整档节目。	学习通投票 (云实践)	根据投票票数 1—5分换算
第十六周	主题讨论：场面调度在电视摄像中的重要性是怎样的？	主题讨论 (云实践)	1—10分 教师评分
第十七周	学生自由分组进行3—5分钟微电影拍摄，要求微电影类型明确，主题突出，有创意，有特点，画面符合影视规律，具有一定艺术水准。	综合性 大作业	1—40分 教师评分和 学生组内互评

4.云实践效果分析

在线上教学云实践初期，教师也会遇到实际操作问题，如电视摄像课程中对于摄像机的操作和使用很难在线上完成,此课程的教学实践环节往往是通过学生分组在线下实验室借用设备,由教师统一讲解再分组练习。线上教学会将原本的小组进行拆分,小组实践练习在线上进行的局限性较多成为网络教学初期的重要问题。再如音视频编辑课程,实践环节主要是软件的操作和应用,这部分教学在线上环节可以完成,通过教师分享屏幕进行操作演示,学生再进行实践练习。然而,教师无法实时看到每位同学的操作界面,无法了解学生对实践环节的掌握情况,学生遇到操作步骤的问题仅通过语音连线或者截图叙述,课程大多无法达到线下教学的指导效果。

笔者在教学中主要教授的课程有电视摄像、音视频编辑、影视写作、广播电视节目制作与评析、节目策划与栏目设计等,平均完成4轮以上线上线下混合式教学,初步达到一定的教学成效。线上课堂教学效果的改善可以通过每轮教学效果问卷调查显示出来,学生对于课堂的接受度和满意度在逐步提升;学生实践作品在参赛中的获奖情况也提升了学生对第二课堂的学习兴趣;在探究式学习驱动下,学习模式和学习习惯的改善效果明显。

通过课程云实践的逐步探索和改革,适用于部分传媒类专业的云实践模式已初具雏形,但还需要不断尝试和优化教学方案,根据形势调整教学目标,根据学情改善评价考核方案。在电视摄像课程期末大作业的考核方式下,现阶段的课程设计还缺乏对应的云实践拆分机制,后期还需在新一轮教学方案中逐步进行探索和尝试。要想设计出一套具有普适性特点的云实践方案,还需要大量的尝试和积累,这也将为下一阶段高校人才培养方案的调整积累素材。通过传媒类专业云实践的实施探索,教师可以争取尝试优质课程资源建设。教学重点从"教"转向"学",教师结合专业特性和学生特点结构化课程内容,明确教学目标,积极完善教学结构,逐步调整教学手段,不断细化教学评价,进一步完成有特色的优质课程建设。通过云实践教学路径的探索,逐步深化特色专业建设,继而形成一套行之有效的特色实验实践教学方法,对形成符合本学科人才培养目标、与时代发展紧密结合的专业建设思路与人才培养方案是大有裨益的。

5.结语

云实践教学目标的细化和设计,能够在线上教学中帮助学生均衡能力发展。我们以云实践为驱动,以考核方式变革为指挥棒,将更多的投入放在课程实践的学习与考核中,从而激励学生改进学习态度,提升课程学习效果,培养学生科学创新的实验素养和树立实践第一的观点,训练学生形成踏实、刻苦、严谨的科学作风和实事求是的科学态度。在万物互联背景下，不断优化的技术方案给网络教学带来了更多的可能性，在线上实践教学中，云实践是检验学生是否掌握实践环节的重要途径和方法，笔者通过线上教学不同课程中的云实践探索，为传媒类专业线上教学提供参考性案例。泛媒体时代，高校传媒类专业人才培养计划不断调整，只有将传统的传媒类理论教学和全新的数字化媒体实践教学有机融合，才能更好地促进高校传媒类专业的可持续发展，进而迎合时代的要求。在关键内部环节上推进传媒类专业的发展，才是传媒类专业课程改革的真正意义所在。①

〔信潇，讲师，咸阳师范学院文学与传播学院教师；张江彩，副教授，咸阳师范学院文学与传播学院传媒实验室主任〕

① 陈志勇.泛媒体背景下口语传播类课程的危机与对策：以广州大学播音与主持专业的教学实践为例[J.]传媒论坛，2021(4)：165-166.

共同体意识:民族院校 MJC 实践教学的价值逻辑与路径选择

——基于湖北民族大学 MJC 教育的考察

◎ 罗翔宇　闫丽媛

摘要:以“铸牢中华民族共同体意识”为灵魂来确立培养定位、选择发展路径、构建课程体系,这应该是构成民族院校新闻与传播硕士专业学位(MJC)教育比较优势和特色内涵的重要思路。新闻实践教学是 MJC 教育的重要组成部分,如何将中华民族共同体意识融入其中,成为决定民族高校 MJC 教育成败的关键。本文以湖北民族大学为个案,从民族院校新闻教育的精神主线、共同体意识教育的挑战和中华民族共同体意识的塑造路径等角度对 MJC 实践教学进行分析与研究,以此探究民族院校 MJC 教育的价值逻辑与路径选择。

关键词:中华民族共同体意识;MJC;新闻实践教学

MJC 是新闻与传播硕士专业学位(Master of Journalism and Communication)的简称。近年来,MJC 教育快速发展,成为媒介社会在研究生教育领域的一个折射。目前,我国有 255 所高校开办了 MJC 教育,其中,民族高校有 6 所。民族院校的 MJC 教育与其他高校相比,应该如何凸显特质、体现内涵、选择路径?以“铸牢中华民族共同体意识”为灵魂来确立培养定位、选择发展路径、构建课程体系,这应该是构成民族院校 MJC 教育比较优势和特色内涵的重要思路。铸牢中华民族共同体意识是实现中华民族伟大复兴的根本保证,也是民族院校的人才培养体系的根和魂。习近平总书记在中央民族工作会议上强调,要构建铸牢中华民族共同体意识宣传教育常态化机制,纳入干部教育、党员教育、国民教育体系,搞好社会宣传教育。[①] 通过在大学生中加强铸牢中华民族共同体意识教育,可以在青年一代中树立正确的国家观、民族观、文化观和

① 习近平总书记在中央民族工作会议上强调　以铸牢中华民族共同体意识为主线　推动新时代党的民族工作高质量发展[N].人民日报,2021-08-29(1).

历史观，增强其对中华民族大家庭的认同感、归属感和自豪感，同时，可以将专业教育与国家认同融为一体，赋予我国 MJC 教育不可或缺的价值内涵。

1.铸牢中华民族共同体意识：民族院校 MJC 教育的精神主线

党的二十大报告将教育、科技、人才三个部分放在一起，单独成章，统筹部署，一体推进。这是意义深远的重大创新，不仅体现了党对中国式现代化建设全局的新判断新认识，也更加突出了科教兴国战略的重要地位。民族高校的教育工作者要在二十大报告的指引下，进一步深入理解教育、科技、人才三者之间的辩证关系与有机联系，扎根民族地区，为党育人、为国育才，通过教育培养合格人才、人才驱动科技创新，实现高质量发展，为建设全国构建新发展格局先行区提供强大的教育动能、科技支撑与人才供给。

2011 年，我国在 48 所高校实行首批试点招收"新闻与传播专业硕士"。这是为了适应我国新闻行业发展对人才的迫切需求，完善新闻与传播人才培养体系、创新新闻与传播人才培养模式而设置的一个专业学位，是新闻传播学研究生教育的一大变革。① 由于民族院校在我国高等教育体系中的独特定位和特殊优势，MJC 教育也势必融入其人才培养的整体框架和文化土壤之中。

党的二十大报告强调，教育是国之大计、党之大计。新时代以来，铸牢中华民族共同体意识，是具有中国特色的主体性、原创性的重要论断，也成为新时代党的民族工作的"纲"。民族院校将铸牢中华民族共同体意识教育作为人才培养的根与魂。

民族院校由于自身的特殊定位，与生俱来肩负着铸牢民族共同体意识的时代使命。青年兴则国兴。青年强则国家强。培养什么人、怎样培养人、为谁培养人是教育的根本问题，也是新闻传播教育必须牢牢把握的基准点。加强大学生对中华民族、中华文化、中国社会主义的认同，是培养合格接班人的基本保证。

1.1 MJC 教育以铸牢中华民族共同体意识为人才培养精神导向

随着媒介社会的到来，MJC 招生规模不断壮大，培养院校类型走向多元。民族院校围绕"培养什么人、怎样培养人、为谁培养人"这一问题，把铸牢中华民族共同体意识作为人才培养的精神主线，成为其 MJC 教育的鲜明特征。

话语是理论的外在表达，对于民族院校而言，在 MJC 教育中首先需要夯实中华民

① 刘洁.专业硕士：新闻传播学研究生教育大变局[J].新闻前哨，2010(10)：12-22.

族共同体意识的理论基础,增强其话语感召力。民族院校将铸牢中华民族共同体意识作为其专业话语建构的重要组成部分,将思政教育与专业教育融为一体,共同凝聚新闻与传播专业教育的精神主线,有效发挥高校铸牢中华民族共同体意识的教育功能。

湖北民族大学的 MJC 教育呈现出自身的办学特色,在专业教育中有机融入铸牢中华民族共同体意识的教育元素,结合湖北民族地区的人文历史、风土人情、民族特色,将“56 个民族像石榴籽一样紧紧抱在一起”的民族团结进步理念深度植入本土化案例,引导大学生在构筑中华民族共有精神家园中增进文化认同,在各民族交往交流交融中增进情感认同。

湖北民族大学 2021 年新闻与传播专业硕士研究生培养方案中的培养目标为:“深入了解中国基本国情和民族地区发展实际,熟练掌握专业素养与新媒体运营技能,较好服务于民族地区发展的高层次应用型新闻传播专门人才。”这说明湖北民族大学作为民族院校,在 MJC 培养目标上明确了为民族地区发展服务的基本定位,同时,将“深入了解中国基本国情和民族地区发展实际”作为实现这一目标的基本前提。因 MJC 的专业特性对研究生培养在人文底蕴上提出了具体要求,民族院校尤其应该大力强化学生的共同体意识,“民族团结是我国各族人民的生命线,中华民族共同体意识是民族团结之本”①。我国高等教育发展方向要同我国发展的现实目标和未来方向紧密联系在一起,凸显中国特色社会主义教育的独特价值。新闻传播专业强调培养新时代新型全媒体新闻传播后备人才,要深刻认识到中华民族多元一体、各民族血脉相连的关系。

1.2 MJC 教育以铸牢中华民族共同体意识为课程体系建构主线

课程是 MJC 教育的主阵地,课程体系的构建如何选择现实路径,决定了民族院校人才培养的方向。民族院校生源类型多样、文化环境特殊、师资力量较其他发达地区相对薄弱,人才培养体系构建需要具体问题具体分析,突出强调新闻教育背后的国家认同价值。

面对新形势、新挑战、新需求,我国 MJC 教育具有重要职责与使命:立德树人是根本,实践赋能是动力,知行合一是目标。只有转变思想,才能使新闻传播教育符合人才培养规律。湖北民族大学的新闻与传播专业硕士培养方案中明确人才培养目标,设计铸牢中华民族共同体意识的相关课程内容,对各门课程教学内容进行调整与完善。要遵循大学生认知的阶段性,将共同体意识循序渐进地融入教学内容设计中,以此优化

① 习近平在参加内蒙古代表团审议时强调 不断巩固中华民族共内本思想基础 共同建设伟大祖国 共同创造美好生活[N]. 人民日报,2022-03-06(1).

民族地区高校特色人才培养模式，适应时代高等教育发展的形势。民族团结教育是铸牢中华民族共同体意识的重要部分，它影响大学生价值取向的形成，助力新闻专业人才完善发展的方向。要通过新闻生产将其背后蕴含的共同体意识体现出来，而非单一传播简单的新闻事实。

MJC 教育在培养方式上立足于媒介融合发展背景，打破固有的人才培养模式，以小切口助力多学科交叉融合培养复合型人才，在新闻传播课程体系中重视学生跨文化传播学科发展能力，推动课程教学实践的变革。新闻传播课程在实际的教学实践中不断创新变革：从教学方法、教学评估、师资教学等方面进行全方位的统筹规划，充分利用新媒体信息技术、探索教学方法，以提高学生学习的积极性，培养学生的综合能力，打破固有的教学评估方式，实现多方位的教学评价反馈机制。

对于民族院校来说，MJC 教育应该在教学过程中强化使用充分体现中华民族共同体意识的案例，在符合当下传媒行业发展规律的前提下，以区域文化资源为依托形成民族文化传播研究方向，同时在板块设计时注重强调促进民族团结意识教育。要协同创新理念，多种教学方法相结合，将课堂案例教学逐步应用于人才培养中，切实提高人才个性培养，适应科研项目交流带来的诸多变化。

1.3 MJC 教育以铸牢中华民族共同体意识为教学过程精神遵循

党的十九届五中全会提出，在“十四五”时期我国要建设高质量教育体系，加快推进教育高质量发展。对标新时代新要求，民族地区高校必须走高质量发展之路。① 湖北民族大学文学与传媒学院在教学中建立一整套引导、促进、保障教学质量的教学体系，为提高人才质量服务。学院多维度开展教学育人机制，探索具有西南地区特色的人才培养模式，课程案例设计中着重铸牢中华民族共同体意识，交叉学科深入创新使教学思维在研究生认知中深化，培根铸魂，创新传播少数民族文化，优化研究生之间相互协作能力，使思行实践实现联动。

办好人民满意教育、培养更多社会主义事业建设者和接班人，离不开扎根中国大地办教育的决心、信心与行动。② 根据民族地区实际需求，文学与传媒学院及时科学调整课程设计，以特色鲜明的教学内容使民族共同体意识在历史发展的链条中逐步彰

① 杨敏.新时代民族院校高质量发展的实践逻辑：以西南民族大学为例[J].西南民族大学学报(人文社科版)，2020，41(10)：1-7.

② 坚持扎根中国大地办教育：五论学习贯彻习近平总书记全国教育大会重要讲话精神[N].中国教育报，2018-09-17(1).

显,培育研究生对中华民族共同体意识的心理认同,铸就多元一体的文化底层逻辑,在新闻教学实践中推动新闻传播教育实现高质量发展。

把学习看作学生建构自己知识的过程,应该重视学生自己对各种现象的理解。① 要满足教学创新的发展需求,教学目的认知须兼具理想与现实的育人效果,摒弃传统的教师话语权威角色,杜绝一味侧重理性知识灌输,更加关注将新闻作品背后的价值体现出来,同时关注学生主体的情感需求,让学生体会到作品背后的生命意蕴。教师通过创新育人观念,以充满时代感的话语体系助力学生铸牢中华民族共同体意识。

媒介融合引发从业者素质和能力需求产生新变化,促使新闻传播学的课程设置、教学方法、培养模式不断优化,民族院校的 MJC 教育在教学过程设计中尤其需要注重将课堂学习、课后实践、社会实践等环节贯通起来,形成独具特色的"三个课堂"联动机制。要深入田野,广泛开展各民族交往交流交融的案例研究,解析中华民族共同体意识的内在机理。在传播现象的解析中结合共同体理论,深入研究中华民族共同体的社会属性与特征,并进一步探索铸牢中华民族共同体意识的社会建构策略。

2.中华民族共同体意识教育:民族院校 MJC 教育的现实挑战

互联网的广泛覆盖打通了信息传播的界限,进而打破了社会阶层之间的固有壁垒,使得社会流动性加大。随着社会信息化进程不断加快,国际格局发生深刻变化,全球格局增添了巨大的不确定性。马克思指出:"人们自己创造自己的历史,但是他们并不是随心所欲地创造,并不是在他们自己选定的条件下创造,而是在直接碰到的、既定的,从过去承继下来的条件下创造。"② 只有从文化理念和历史实践中深刻洞悉中华民族共同体意识的生成机理,方可深刻理解目前 MJC 教育中关于中华民族共同体意识教育的现实挑战。

2.1 理论偏向:共同体意识培育的实践短板

我国的硕士教育源自学术型硕士教育,因此,作为后来者的 MJC 教育偏向于学术型硕士的培育口径。总体而言,我国尚未建立起一个完整、系统的 MJC 专业教师队伍。教师在实际教学工作中理论与实践融合输出产生的效果不够明显,教学过程中未

① 陈琦,张建伟.建构主义学习观要义评析[J].华东师范大学学报(教育科学版),1998(1):61-68.

② 中共中央马克思恩格斯列宁斯大林著作编译局.马克思恩格斯选集:第 1 卷[M]. 北京:人民出版社,1995:585.

能引导学生冲破底层思维进行深层次思考创作。对民族院校而言,实践能力培养的缺失,导致 MJC 学生无法将铸牢中华民族共同体意识的目标与新闻传播实践能力有机结合。

MJC 人才培养强调以专业实践为导向,在理论扎实的基础上重视实践,从民族院校实践课时的安排可以看出,专业实践能力的培养缺乏,课程还是倾向于学术知识的灌输。在培养方向上,未考虑到设置民族文化与铸牢中华民族共同体意识相关方向,湖北民族大学新闻传播研究生的培养方向设计仅停留在常规方向,例如新闻传播实务、编辑与数字出版、民族文化传播、新媒体与社会发展等。这种课程设置未充分考虑到铸牢中华民族共同体意识在民族院校应该发挥的民族区域优势。值得一提的是,选修课程设计中有实务课程安排,如融合新闻报道实务、数字书刊编辑实务、网络与新媒体实务等,但实务课程中也未曾提到铸牢中华民族共同体意识的实践课程。课程设置应紧跟国家发展的宏观战略,充分考虑提高学生实践能力的社会需求。

教师在教学过程中铸牢中华民族共同体意识不强,自然会影响学生的价值塑造。学生学习中华民族共同体意识理论与自身实践操作之间存在一定距离。以湖北民族大学为例,由于新闻传播课时安排相对固定,学位课程普遍设计为 48 课时,均为理论学时,实践课时缺乏,在某种意义上会形成理论和实践教学的不平衡。

在媒介融合背景下,MJC 培养需要强调教学特色、改善教学方法、重构实践环节,让学生真正地深入理解中华民族共同体意识的真正内涵。在理论与实践的结合背后,意识形态教育未得到强化。霍尔认为:“一种接合理论既是一种理解方式,即理解意识形态的组成成分何以在一定条件下通过一种话语聚合在一起;同时也是询问方式,即询问意识形态的组成成分何以在特定的事态下结合成或没有结合成某一政治主体。”[①]“新闻教学”之“学”,若长期单纯注重理论学习,并未使理论与实践相结合,长此以往会导致学生关于意识形态的认知存在局限性,最终影响教学目的的达成。

2.2 技术至上:共同体意识教育的价值缺席

新事物发展的道路是曲折的,总要经历一个由不完善到比较完善的过程。MJC 教育是因应新闻传播事业的飞速发展,伴随日新月异的媒介技术环境而蓬勃发展起来的。其教育理念、实践模式显然还存在着许多短板。例如,有少数 MJC 学子在新闻传播实践过程中一味追求技术设备的“高、精、尖”,认为只有通过尖端技术才能打造爆款

① 周凡.后马克思主义[M].北京:中央编译出版社,2007:203.

新闻,才能实现专业领域的突破,却忽视了新闻采访、写作、编辑、评论等专业动作背后的人文关怀,陷入本末倒置的误区。回归教育本质,在尊重新闻传播规律的基础上致力于学生知识与能力的完善建构,这才是当前 MJC 教育的必由路径。新闻与传播专业的研究生绝非仅仅擅长运用专业技术的工具人,更应该是有思想、有情感、有意志的社会人。先进技术的加持一定要基于新闻价值的建构,才能为新闻传播实践增加前进的动能。

在"人人都有麦克风"的时代,互联网展现碎片化媒介特征,无形中削弱人们思考问题的完整性和系统性,减少人们对虚假信息的批判意识。新闻传播实践需要透过事物表象切入本质,传播者对事物发展趋势要具备洞察意识,由表及里、见微知著,通过清晰的逻辑思维触类旁通。"铸牢中华民族共同体意识"教育本身就是触及人的思想层面的工作,如果将其视作一个过度依赖技术和形式的问题,则必然走向其反面。

2.3 特色弱化:共同体意识培养的文化失语

民族院校在课程设置中虽考虑到强化民族特色,普遍设置了民族文化产业创意与策划、民族文化传播、民族影像志、跨文化传播专题等课程,但在具体教学过程中,如何强化民族文化传播类课程与铸牢中华民族共同体意识之间的联系,还是一个需要进一步厘清的重要问题。

民族院校 MJC 的培养方案应该顺应时代改变,但实际上,多数民族院校的 MJC 教学依然顺从之前设定的教学课程标准,传统课程传播路径单一化,导致在学生培养中未充分考虑民族文化与铸牢中华民族共同体意识的融合,出现文化失语的现象。针对全新的媒介环境,尤其是互联网生态变化所带来的教育模式变革,民族院校 MJC 教育需要将铸牢中华民族共同体意识融入立德树人全过程。在教学实践中,有针对性地抓住新闻案例对学生进行启发、引导,加强新闻理论在实践中与中华民族共同体意识相结合,达到如盐在水的教育效果,这是新时代 MJC 教育的思政教育有效发展之路。在新闻与传播教学过程中,通过参与式、讨论式教学,拓宽认知视野,强化问题意识,以提升分析问题和解决问题的能力,这样,民族院校新闻与传播教育实践中才能体现和谐共生的中华民族共同体意识,充分推进高校培养学生对中华民族文化的认同。

3.民族院校 MJC 教育的中华民族共同体意识教育的路径选择

"铸牢中华民族共同体意识是我国新时代民族工作和学校民族团结进步教育的根

本遵循，而深化学校民族团结进步教育则是铸牢中华民族共同体意识的重要实现路径。”①应通过学校教育的课程与教学等方式铸牢共同体意识，形成有关“铸牢中华民族共同体意识教育”的“大概念”，为创建中国特色的民族教育理论体系打下坚实的基础，解决少数民族教育仅在小区域循环的问题，迈向全国教育优质资源共享的大循环，形成公平而有质量的少数民族教育。

3.1 知行合一：理论与实践的结合之路

知行的三重层次，亦即“心”“意”“身”皆有知行的维度：“心”之“知”为本心之良知，“心”之“行”为本心之良能；“意”之“知”为意识之认知，“意”之“行”为意志之发动；“身”之“知”为感官之感知，“身”之“行”为形体之动作。② 知行合一强调道德意识的自觉性与道德意识实践性，人要在事上言行一致、表里一致。理论来源于实践，没有实践作基础的理论，是无本之木；没有理论作支撑的实践，在发展方向上易偏离。在教学中，实现中华民族共同体意识理论教育与实践相辅相成，理论讲通讲透后，要在学生自觉行动的实践上体现出来。新闻教学中，要使理论知识与现实实践有机结合，知识不再停留在书本上，而是在实践赋能中将知识落实。媒介技术快速迭代，新闻教育不能脱离新闻实践，理论教学与实践保持同频共振。民族院校 MJC 培养中应构建一套民族特色新闻教育模式，最大限度发挥民族院校特色优势，为其他少数民族的新闻院校提供借鉴参考的经验。

湖北民族大学 MJC 教育的课程设置面向民族地区的行政、事业、企业单位，培养具备较高政治素养、全面知识结构，体现文化自信与文化自觉，具有创新创意思维、整合传播能力的文化人才。在民族教育中，加强铸牢中华民族共同体意识教育，以开设专门课程和开展专门活动的方式铸牢中华民族共同体意识。建立完善以课程为核心的立体化育人体系，在专业教育中铸牢中华民族共同体意识的思想基础，充分挖掘课程内在的育人元素，在中国传播实践中潜移默化地渗透共同体意识，发挥好教学的培根铸魂作用。例如，让学生学习冬奥会“二十四节气里的中华文化”的短视频，借助数字化技术以鲜活方式崭新传播形态传播中华文化的思路，以新闻专业人才实践推动中华优秀传统文化创造性传播。目前，高校人才培养应规避“培养目标与方案的两张皮”现象，应以特定的项目为依托使得高校人才流动性得到加强。比如定期邀请相关领域专家开展讲座，不定期举办沙龙活动，方便学生及时了解学科和业界的最新动向，对相

---

① 褚远辉.铸牢中华民族共同体意识与深化学校民族团结进步教育[J].当代教育与文化，2021，13(4)：1-8，27.

② 李滉.退溪集 II[M].首尔：韩国民族文化推进会，1989：79.

关技术发展的前沿保持追踪。通过各种方式鼓励师生参与专业领域学术会议,拓展研究视野。建立有效激励机制,激发学生创新热情,提升实践能力。突出对研究生综合能力的培养,引领他们形成关注实际问题的意识,切实提升解决问题的能力。

3.2 情理交融:技术与人文的融合之道

“工具理性”和“人文价值”在广义上可以理解为“完成目的的有用性”和“创造人文精神的价值”,前者“只针对事先给定的目的”,而后者“要求将那些多元价值体现出来”,两者的关系为人文性蕴含于工具性之中,人文性不能被工具理性所湮灭。人们生活在价值世界中,浸润在价值意识中,人文精神作为最基本的社会价值观念成为“一切个人内在的灵魂”,由实践为轴心的生活中“他们感受着自己内在的‘精神’不可抗拒的力量”。[①] 人们在交际活动中,在传承文明的过程中体现自身的人文情怀。在其中,亟待解决的一个问题就是如何平衡好工具理性与人文价值的关系,即把握好技术与人文的关系。在铸牢中华民族共同体意识的教育实践中,借助新媒体技术优势的同时也要强化新闻背后的人文价值体现。依托技术优势多维度教学“以学促思”,培养知中国、懂中国、爱中国,同时具有新闻传播实践能力的卓越新闻传播人才,造就一大批适应媒体深度融合和行业创新发展的新闻传播后备人才。同时,通过铸牢中华民族共同体意识,助力新闻传播学子不断强化国家认同,通过多元化解读不断提升感性融入和理性判断能力。

民族院校是开展铸牢中华民族共同体意识教育的主阵地,其新闻传播教育要在理念和模式上大胆创新,回应媒介技术迭代和媒介化社会的现实需求,致力于解决传统教育模式所存在的问题,将“知行合一”作为教育改革与人才培养的目标。在新传播技术快速发展的背景下,新闻传播教育理念与模式的守正创新,离不开对时代需求的回应、对现实问题的准确研判,以及在经验摸索基础上的总结与思考。在建设中国特色、世界一流的新闻传播教育的道路上,抓住“实践赋能”这一关键突破口,以中华民族共同体意识的培植为基础,推动新闻传播教育理念与模式创新。在百年未有之大变局下,新闻实践与时代共同发展,在进行培养体系设计时应坚持“课程教学”与新闻实践协同育人的思路,将新闻实践教育同民族团结意识的学习紧密结合,培养大学生自觉以中国式行动落实民族团结的初衷,开展意识交流活动使“中华民族共同体意识”成为一种“自觉的意识”。

---

① 黑格尔.历史哲学[M].王造时,译.上海:上海书店出版社,1999:32.

3.3 内外贯通:校园与社会的互动之机

习近平总书记指出,所有知识要转化为能力,都必须躬身实践。要坚持知行合一,注重在实践中学真知、悟真谛,加强磨炼、增长本领。实践教学是MJC教育各个培养环节的贯穿线,也是新闻传播教育的落脚点。这一理念将过去狭义的“实践教育”整体升维,变成校园与社会互动的“全面实践”。新闻传播教育中的课程建设、教材建设、人才培养、教育教学管理、学生活动、专业文化建设等围绕“实战”“实用”“实践”三者结合的培养机制,在校园进行基本培养教育,在社会上提供实践机会,实现在做中学、在学中做,“知”与“行”高度合一的教学模式。通过校园与社会联动,逐渐铸牢中华民族共同体意识,从而加强中华民族优秀传统文化的影响力,在大学生当中形成中华民族认同、国家认同、全球认同的正确价值取向。

4.结语

新闻传播实践教学的目的在于引导学生正确认识理论与实践之间的关系,案例教学是其中一种极为重要的教学范式。湖北民族大学MJC教育通过建设“中国新闻传播案例库”,打造具有思想性、前瞻性、示范性的教学案例库,引导学生将理论学习与实践案例分析结合,形成了以铸牢中华民族共同体意识为核心的案例资源体系。湖北民族大学在教学过程中赋能新闻传播教育,推动新文科建设模式创新,重点打造铸牢中华民族共同体意识教育精品实践课程,将马克思主义新闻观贯穿始终,厚植家国情怀,培养具有社会责任与担当、心怀“国之大者”的人才。

〔罗翔宇,教授,湖北民族大学文学与传媒学院副院长;闫丽媛,湖北民族大学文学与传媒学院新闻与传播专业硕士研究生〕

民办院校影视传媒专业发展机遇探析

——以东莞城市学院艺术学院为例

◎ 戚峻玮　张　征

摘要:近年来,民办院校影视传媒专业建设取得了令人瞩目的成绩。本文以东莞城市学院艺术学院的发展规划为例,从师资选择、校企合作、产业学院、新媒体平台机遇、明星效应、升学就业六个方面入手,浅谈如何在民办院校中发展影视传媒专业、培养一专多能的传媒人才。

关键词:民办院校;校企合作;产业联盟;新媒体平台

近年来,民办大学兴办影视传媒专业,取得了令人瞩目的成绩,许多以影视传媒专业为核心的民办院校得到了大发展,它们或以专业设计的精准取胜,或以教学方式的灵活吸引学生,或以明星学员的社会影响力得到大众认可。部分民办院校的优秀毕业生不论是个人素质,还是就业发展都毫不逊色于公办高校。艺术的特性决定了艺术教育的独特性、创新性、时代性,它让众多民办院校有更多的发展机遇。

1.教学灵活,大师助力

民办大学的教学工作相对灵活,这种灵活并不意味着随意,而是在符合国家规定的人才培养方案下,以相对自主的方式进行以就业为导向的实践教学。民办院校学生在就业中或多或少会受到学历歧视,过硬的就业能力、丰富的实践经验是影视传媒行业最看重的人才素质。因此,民办院校对于教师、外聘教师、客座教授有不同于公办院校的要求。

1.1　教师不唯学历论,唯以成败论英雄

公办高校在招聘教师时大部分专业都需要应聘者具备博士学历,这虽与高校科研

有关，但也使公办高校发展出现局限性。民办院校在招聘中大多要求应聘者拥有硕士及以上学历，特别优秀者学历要求还可以进一步放宽。民办院校对于教师学历要求并不高，反而更欢迎有社会经验、有实践经验、有一定人生阅历的实战派教师，他们可以迅速将学生带上快车道，让学生与影视传媒行业直接接轨。

笔者发现，在多所公办高校中大部分讲授戏剧影视导演、戏剧影视文学、数字媒体艺术的教师甚至没有参与过一部真正的影视剧作品。他们的理论水平很好，在讲授理论内容时引经据典。然而，在实践方面，这些教师并不真正了解作品的拍摄和制作过程，只能以科研为主的教学内容代替实践教学内容。影视传媒专业非常特殊，它需要学生有相应的实践能力。简而言之，讲再多的导演理论课，也不如带学生到拍摄现场直接拿着机器拍一天的收获大；讲再多的创作技巧，也不如带学生一起写一部剧本更容易取得成绩。

可以说，民办大学真正想在育人中取得成就，就要不以学历论英雄，而以成败论英雄——看教师能带学生做出几个成功的作品、培养多少学生在行业内立足。教师本人在影视传媒界的经验，也会拓宽学生的视野，让他们走出校园之时，对未来有清醒的认知和明确的人生规划。

1.2　业内大师助力，发展优势学科

近几年，许多民办院校开设“专业大师班”，请业内专家、从业者担任外聘教师、客座教师，带领学生分组学习，共同创作。“编剧大师班”和“导演大师班”似乎是最容易出成绩、最能够考验教师和学生水平的试验田。

新媒体兴起，学生步入影视传媒行业门槛降低，有更多的年轻人可以在新媒体平台上大展拳脚，即便是素人也有名满天下的可能，北京大学李雪琴、浙江传媒学院房琪、中央戏剧学院 papi 酱等就是很好的案例。更多非名校毕业的优秀年轻人也在新媒体上收获了不逊色于明星的粉丝量，得到了大众喜爱。

因此，“专业大师班”是专业教师教学的升级版，它借助教师在行业的影响力，带领学生直接从校园对接到影视行业、传媒行业中，在学校就可以与最专业的人合作，从而助力学生就业和学校发展。

1.3　适当异地授课，重视现场实践

既然谈到实践，便不能局限在校园。很多艺术学院积极组织学生参加乌镇戏剧节，便是将课堂从校园内搬到舞台。这对每一个学生来说都是难得的机遇。影视行业

的热门拍摄区在横店,如果可以将学生带到横店学习影视创作,那么这种身临其境的实践式学习必能带来事半功倍的效果。

疫情期间,许多高校不得不选择线上授课。对于艺术专业来说,没有言传身教、实践互动,教学工作便无从谈起。真正的艺术学习必须由师生在同一个场域内完成,这样学习学生才会有艺术的激情和创造力。

2.校企合作,灵活培养

民办大学的第二大优势是灵活的校企合作方式。民办大学可以在校企合作中放下架子和包袱,以开放、包容的姿态,探索校企合作的双赢机会。

2.1　打开门,走出去

民办院校领导应该主动为师生寻找合作机会,要立足于院校本身地理位置优势寻找资源,探索校企合作新思路。合作的重点不是单纯的挂牌,而是真正把校外资源引入校内,让校企合作名副其实。东莞城市学院艺术学院之所以能够在与东莞玉兰大剧院校企合作中取得一些成绩,就是因为所有合作都围绕如何利用好东莞玉兰大剧院资源,充分调动全院学生的积极性,使学生主动参与戏剧的创作、排演、导演、舞美工作中。回到影视与传媒专业也是如此,如何与国内一线影视传媒平台公司形成合作,是考验民办院校领导人脉与能力的关键。

2.2　给平台,给机遇

任何校企合作都应该实现双赢,保证彼此之间互惠互利。企业与高校合作,一方面有用人需求,另一方面也在考虑商业利益。高校可以适度减少纯商业合作的利益分配,将重点放在育人上,带动企业合作的积极性。

3.兴办产业联盟学院是民办大学的优势所在

校企合作不应该是单一的发展,应该是产业贯通。笔者在设计东莞城市学院艺术学院未来产业学院的发展路径中,大胆将学校商学院、语言文化学院、创意设计学院全部纳入新媒体影视艺术产业联盟学院计划中。不论是专业上的发展,还是专业集群的建设,都应该打通所有学院之间的壁垒,让大家在新媒体影视艺术产业联盟学院中发展各自的专业特点,聚合行业红利。

在新媒体影视艺术产业联盟学院的构想中有以下九大中心：第一，短剧、分账剧、网剧剧本孵化中心（与语言文化学院合作）；第二，新媒体网络达人孵化中心（艺术学院主导）；第三，新媒体短视频创作中心（与创意设计学院合作）；第四，新媒体网络商务直播中心（与商学院合作）；第五，新媒体跨境电商中心（与商学院合作）；第六，新媒体研究所（与教师团队合作）；第七，新媒体纪录片创作中心（艺术学院主导）；第八，新媒体广告创作中心（与创意设计学院合作）；第九，新媒体配音制作中心（艺术学院主导）。

这九大中心涵盖剧本创作、网红孵化、短剧拍摄、直播带货、跨境电商、理论研究、纪录片拍摄、广告制作、影视配音九大板块，学院之间如果可以紧密合作，就可以打通产业链，形成产、学、研结合的现代产业学院模式，学生可以在各个中心中学习他们感兴趣的领域，学院可以真正培养“一专多能”的人才。

4.依托新媒体，拓展自身优势

4.1 短视频平台给影视传媒专业学生提供了绝佳的实践机会

前文中已经提到新媒体的兴起使普通人也有了成功的机遇。实事求是地说，主宰互联网收视的视频平台、影视传媒公司，并没有太多机会给到民办影视院校，最终基本锁定的大多是名校毕业生。新媒体的出现让民办院校学生有了平等的竞争机会。在短视频平台上，特别是抖音、快手等众人熟知的 App 中，无数影视传媒专业的创作者正在逐梦。很多年轻人将他们创作的纪录片、微综艺、微访谈、微剧放在短视频平台中，这不但锻炼了他们的动手能力，也让观众用关注和点赞等方式给予他们最真实的反馈。

4.2 互联网视频平台给影视传媒专业学生进入行业核心圈机遇

除了手机短视频平台，大型互联网视频网站也在争抢富有创造力的年轻人才。优酷、爱奇艺、腾讯、芒果 TV 等平台的短剧与分账剧无时无刻不在吸引全国年轻观众的目光。年轻人期待着自己的作品也能够登上一流的视频平台。相比较动辄数千万甚至上亿的投资，分账剧与短剧赛道整体投资小，风险小，见效快，利润高。分账剧、短剧锁定的是小成本、小而美、小而精的制作方式，给学生提供了更多的机会。

4.3 多种生活分享平台给影视传媒专业学生提供了多种发展方向

生活分享平台提供了适合影视传媒专业学生发展的路径。小红书、马蜂窝等平台就是在全方位提供分享式广告内容。如何让受众观看时如与老友交谈,从而实现消费,这便是小红书等应用程序不断更新迭代的焦点。仅就目前小红书的内容来看,素人的情景式推荐反而更能够引起观众的信赖感,这些精致内容的拍摄、制作,只是影视传媒专业学生必修课内容之一,民办院校影视传媒专业的学生以实践动手能力见长,在生活分享平台进行准确定位、认真创作,便可在旅游、家居、健身、美业、知识付费、购物分享等多个领域找到职业的突破口,形成个人IP。

5.将明星效应与社会影响力引入到人才培养中

虽然教育是非功利的事业,但为了招收到更多优秀人才,学校的口碑、社会美誉度至关重要。将一个学生培养成才,需要耐心、恒心、决心;将一个学生培养成明星,除了学校的重视、教师的培养、学生的个人能力之外,还需要一点运气。倪妮从南京传媒学院播音主持专业毕业,因主演张艺谋的电影而被观众了解,慢慢成长为国内影视界颇具知名度的演员。她的成功让南京传媒学院获得一定的社会认可。同样,中央戏剧学院和北京电影学院之所以令人神往,就是因为他们培养了大量的演员、导演、编剧等人才,可谓群星璀璨。如果一所民办学校可以拥有如此多的知名校友,那么它必然也能扩大规模,招收到更多高质量的学生。然而,名气只是一时的,利用不好会有反作用,多位流量明星的丑闻提醒我们,学校应倍加注重品德教育。

高校真正要做的依然是教学,只有做好教学工作才能让学生走得更远。这恰恰需要对学生的基础、天赋、水平、条件、个人目标进行区分,坚持因材施教的教学方针。在尊重学生个人理想和意愿情况下,针对他们的发展方向开设不同类型的课程和实践教学。例如,有的学生喜欢参与剧组工作,可以以校企合作或“大师班”形式将学生实践教学放到剧组中;有的学生喜欢从事艺术教育工作,可以着重培养他们的教学能力和创造能力,为艺术教育行业做出贡献;有的学生喜欢文化产业,愿意创业,可以给予他们与企业家沟通的机会,在规避风险的基础上,争取更多扶持基金,帮助学生在文化产业领域发挥自己的专长。

6.升学就业才是硬道理

6.1 教育培训需要走入大学

高校本科教学评估都有深造与就业这一项考核内容,民办院校学生的文化课水平在高考阶段比公办大学本科生略低,在考研方面优势不明显。然而,学校应该给学生提供帮助,帮助他们开阔视野,提升学历水平。

公务员考试、普通话等级考试、经纪人资格证考试等都与就业相关,成为很多学生的重要方向。这需要学校为每一个学生做好人生规划,扶持他们少走弯路。笔者在黄灯的《我的二本学生》中看到了人生规划的重要性:这些走进二本院校的孩子,需要树立明确的目标,并坚定地去实现它,才能实现跨越。现实虽然残酷,但人生是一种历练。

在疫情时期,教培中网课成为大学生的唯一选择,网课优势在于价格有竞争力,但效果因人而异。民办院校在不违反相关规定的情况下可以开展教育培训工作,辅导学生考研、出国留学、为就业做准备。民办院校可以承担相应工作,这体现了民办院校的灵活性,也为学生提供了直接简便的学习平台。

6.2 工作就业需要放下身段

就业是大学生重要的选择环节。近几年就业形势严峻,民办院校毕业生就业压力更大。如何指引学生放下身段、勇敢接受社会考验是重要课题。影视传媒专业学生情感丰富、一身傲骨,他们往往带着对艺术的向往和对未来美好的期待走进校园,步入社会时他们发现融入耀眼的艺术圈并不像他们想象中那样唾手可得。由此心理落差巨大,学生可能会采取逃避、等待等方式消极对待就业。

我们要做的是在大学阶段,就帮助学生树立正确的世界观、人生观、价值观。艺术领域并不只有光环,艺术作品需要恒心和毅力、智慧和坚韧才能创作出来。优秀的作品本身与光环无关,如果学生只关注艺术领域的光环,那么这并非真心热爱艺术以及所选择的专业。新媒体给影视传媒专业师生提供了多种选择的空间和机遇,唯有扎扎实实一步一个脚印,学生才能在工作中找到自己的定位,实现人生价值。

7.结语

民办院校影视传媒专业发展离不开高屋建瓴的布局与踏踏实实的人才培养工作。民办院校在教学方面的灵活是其培养优秀人才的优势。民办院校在师资选择、校企合作、产业学院建设、升学就业等多个方面需要全面进步、多维发展,从而在影视传媒人才培养中大胆开拓,用优秀的作品、一专多能的人才助力影视传媒行业的发展。

〔戚峻玮,讲师,东莞城市学院艺术学院教师;张征,教授,东莞城市学院艺术学院院长〕

实践教学模式改革

聚焦融媒教学实践 创新人才培养模式*

——以郑州大学新闻与传播学院为例

◎ 宗俊伟

摘要:由于媒介融合的深入发展,融媒体日益成为影响当代人生活的主要传播形态,融媒体的发展也推动了高校传媒教育理念与实践变革、新型融媒体传播人才培养。本文通过实验平台、课程体系、项目驱动、内容升级、目标导向五个方面,简要梳理创新融媒体人才培养模式的几种路径。

关键词:融媒体;实践教学;人才培养;新闻传播

随着传媒技术的迭代升级和传媒业态的深刻变革,移动互联网与5G技术迅速普及,大数据、云计算、物联网、人工智能、VR、AR等概念已深入人心,相关应用也触手可及。传媒元宇宙进入发展新纪元,传统媒体与新媒体之间的边界正不断消失,媒体融合程度不断加深,催生出新的媒介产品形态即融媒体形态。这一媒介形态影响广泛、传播迅速。由于融媒体形态(其中尤以短视频为主)在媒介传播中具有无法忽视和无可比拟的独特优势,人们充分利用公众号、头条号、抖音号、快手号、B站、淘宝等融媒体传播手段,融媒体逐渐成为影响当代人生活的主要传播形态。与此同时,传媒生态的变化也为当前高校传媒教育带来了巨大挑战和机遇,因此,在育人理念上,要结合新文科背景倾力培养符合时代需求、推动新型技术应用、促进交叉学科融合创新的融媒体人才,这就需要基于高校融媒体实验教学,反哺传媒类学科教学体系变革,大力引进社会化媒体力量,创新融媒体人才培养模式。

* 本文系2021年度河南省高等教育教学改革研究与实践项目“基于产学研创融合的新闻传播学视频制作课程改革研究与实践”(项目编号:2021SJGLX328)的阶段性成果。

1.依托实验平台,做好教学保障工作

在学科互补、技术赋能的新文科背景下,高校亟须推动传媒类实验教学体系建设转向以融媒体教学实践为核心的新型实验教学体系建设,这首先需要依托融媒体实验教学中心作为实验平台,以保障整个融媒体实践教学的软硬件基础。

融媒体实验教学中心是在新闻传播、广播电视编导、戏剧影视、广告、摄影等多种传统学科实验室建设基础之上,吸收互联网与新媒体技术手段,逐步融合而成的新型实验平台。融媒体实验教学中心的建设并非一蹴而就,它是随着传媒行业实践发展和传媒教学理念演进逐步完善的,需要人员、经费等持续投入以及对于技术更新迭代的密切关注。融媒体实验教学中心的任务,一方面是做好高校传媒类实验教学的基础服务工作;另一方面,更为关键的任务是要做好高校传媒类实验教学的引导与提升工作。在当前新文科语境下,融媒体实验教学中心不应该只是做好传媒高校基础实验教学的配套或演示部分,更应该高屋建瓴,具有一定的前瞻意识,在高校融媒实践教学体系改革中勇立潮头,比如虚拟仿真、大数据、元宇宙等技术与概念要想快速融入教学实训,离不开融媒体实验教学中心的探索与实践,这对于高校融媒教学实践来说是不可或缺的。在此方面,郑州大学全媒体实验教学中心做出了努力。全媒体实验教学中心隶属郑州大学新闻与传播学院,2016 年获批省级实验教学示范中心,2018 年获批国家虚拟仿真实验教学项目“基于大数据技术的媒介融合实训”,2020 年获批河南省虚拟仿真实验教学新闻传播学类重点项目“基于舆情热点的大型时政会议选题策划与融媒报道实训”,具有较好的融媒体传播教学与科研实验基础,在融媒体实验教学领域具有完备的媒介融合功能,具有较高的实验实训水平和融媒节目生产能力。在郑州大学全力建设双一流高校的新征程中,全媒体实验教学中心将紧跟媒体融合趋势,致力于融媒体传播人才实验实践平台建设,沿着智能化、虚拟化、网络化、数字化、产业化、原创化等方向阔步迈进,拟在融媒大数据、元宇宙开发、直播电商、物联管理和原创节目等平台和内容产品方面重点发力,争取打造虚实结合、国内一流的高质量工程,最大限度满足教师教学与研究需要,推动政产学研多方联动,提高融媒体实验实践教学与科研及相关社会化服务能力。

2.推进课程改革,完善融媒课程体系

融媒体实验教学平台的搭建使得融媒体实验教学的基础更加扎实。当前快速实

现高校融媒体实验教学体系变革的必由之路,是完善与之相适应的融媒体实验课程体系建设。融媒体实验课程体系建设任重道远,需要从多方面、多角度入手,进行科学、系统的规划和设计。

融媒体实验课程体系建设要以专业课程为核心,在课程的体系、理念、方法等方面进行深层次改革,并广泛开展与政府部门、企事业单位、新媒体、专业赛事等深度结合,以项目和任务促进实践教学水平快速提升,推动政产学研之间相互融合、良性互动。大致来说,可以在以下几个方面发力:

一是打造虚拟仿真金课,将虚拟仿真教学理念引入核心课程,把不能做、难以做的实验放入虚拟仿真教学环节,满足更多人同时在线进行虚拟实验的需求,提高实验教学成效。

二是积极申报课程思政,厚植立德树人的根本任务,把红色教育、传统文化、爱国主义等融入专业课堂教学实践,如在新闻评论课程教学理念中加入穆青"勿忘人民"的家国情怀,在融媒节目创作等课程作业中结合乡村振兴、红色教育等主题进行社会主义核心价值观传播。

三是以一流课程建设为抓手,开展线上、线下及线上线下融合等不同形式的一流课程申报,培育精品教学资源,辐射更多同类专业及院校教学实践。

四是加强专业教学案例建设,以教育部、省、校各级专业教学案例申报为契机,研究梳理行业领域内的典型案例,并吸收行业专家积极参与、指导,以优秀案例分析与实操反哺专业课堂教学,共同提高融媒人才培养质量,如以河南广电中国节日奇妙游系列案例建设,辅助新闻与传播学专业硕士课程"视频策划与制作"实践教学取得良好效果。

五是开展"专创融合"课程建设,以2023年河南省首批"专创融合"特色示范课程立项建设工作为切入点,深入推进创新创业教育改革,紧密结合专业或专业大类特色,从理论到实践多维度深入挖掘,通过创新课程设计、改革实践教学模式,切实把创新创业教育融入专业教育,如融媒节目创作课程以摄影、摄像、编辑、写作等相关课程为基础,以项目制形式策划、创作和传播不同类型融媒节目(课程作业)为主要授课内容,努力推动创新创业教育与专业教育相融合。总之,融媒体实验课程体系建设与改革,需要从学校、学院、专业、课程等角度多管齐下、齐抓共管。

3.强化项目驱动,提高实践教学质量

良好高效的项目驱动机制,对于融媒体实验课程体系建设更容易起到事半功倍之效。围绕融媒体实践教学开展的系列课程实验，根据不同课程具体实施情况，往往可以内置一些以作业形式开展的优质项目，通常以组为单位协同完成，也可以由指导教师择优挑选部分学生参加某个项目。根据以往经验，教师一般通过3—4个实践项目的系统创作，让学生在快速学习专业知识的同时，及时掌握最新技术与理念，切实提高创新创业的实践能力。

内置于实验课程的项目来源不一而足，纵向与横向都有可能涉及，实施形式也各有特色与规律，根据项目性质，大概可以分为以下几种：

一是教学改革项目，这种项目一般比较宏观，可能会结合某一类课程，也可能涉及整个学科建设。郑州大学2021年获得教育部立项的首批新文科研究与改革实践项目“文理融通、家国情怀：穆青实验班培养卓越新闻传播人才的探索与实践”，就是在新闻学本科专业教育基础上，总结郑州大学新闻与传播学院“穆青实验班”近几年来教学经验的优秀成果之一。郑州大学2022年教学改革类“四新”重点项目“新文科背景下融媒体人才培养模式创新与实践”，则是在相关教学实践与课程实验基础上，整合资源就如何完善人才培养模式及如何打造融媒体传播人才进行研究。郑州大学2022年度实验室管理研究课题“新文科背景下高校融媒实验室育人路径创新研究”也是基于郑州大学全媒体实验教学中心展开研究的。

二是协同育人项目，这是在教育部授权下企业与高校开展的一些合作项目，目的是调动高校和企业双方积极性，实现产学研深度融合，以产业和技术发展的最新需求推动高校人才培养改革，如2019年郑州大学获得立项的教育部产学合作协同育人项目“融媒节目开发与制作”，具有扎实的融媒体教学与科研基础，积累了一些融媒节目开发与实践经验。

三是虚拟仿真项目。根据《教育部 中共中央宣传部关于提高高校新闻传播人才培养能力实施卓越新闻传播人才教育培养计划2.0的意见》精神，我国要建设50个新闻传播国家虚拟仿真实验教学项目，随后各高校相继发起虚拟仿真项目申报工作。这与上文提到的虚拟仿真金课建设是一体两面的问题，先有虚拟仿真项目，再申请虚拟仿真金课，郑州大学新闻与传播学院“基于大数据技术的媒介融合实训项目”成功申报2018年度国家虚拟仿真实验教学项目，随后获批国家级一流本科课程；2020年获批的河南省新闻传播学类虚拟仿真实验教学重点项目“基于舆情热点的大型时政会议选题策划与融媒报道实训”，引导学生进行大型时政会议报道实训。这两个虚拟仿真项目均依托相关专业核心课程，把一些线下教学条件难以完成的实验搬到线上进行，可以满足多人同时在线，极大提高了教学质量和效率。

四是专业赛事项目,这类项目林林总总,比较庞杂,主办单位大小不一,有定期与不定期、有无经费支持等各种差异,参与程度完全视学院与指导教师意向而定。就当下而言,郑州大学新闻与传播学院长期参与的赛事主要有中国大学生广告艺术节学院奖、中国高校影视学会年度影视作品推优活动暨“学院奖”、河南省大学生艺术展演活动、“挑战杯”河南省大学生创业计划竞赛、中国大学生电影节、两岸大学生影像联展、河南大学生微视频大赛等。特别是中国大学生广告艺术节学院奖活动,无论是参与时间、合作力度,还是学生积极性等各方面都比较可观,获奖的数量总体上也比较多。

五是产教融合项目,一般是高校与企业以自发结合形式组织的一些合作项目,企业可以通过资金扶持、择优奖励、销售提成等多种方式给予高校参与团队支持,有时也可以绑定一些赛事活动,如“全国高校短视频联盟 & 晓平高校工作室”、中国创意教育产教融合实践基地教师工作室联盟等,均有郑州大学新闻与传播学院师生团队应邀加入,按月定期提交命题短视频,组织者给予获奖者相应奖励,同时还可以参加中国大学生广告艺术节学院奖活动。

六是机构合作项目,这些项目有的需要申请,有的则是机构委托服务,如 2017 年以来郑州大学新闻与传播学院连续多年承接河南省全媒体科普创作基地项目,该项目由河南省科学技术协会主管,每年拍摄 50 部以上科普短视频,其中 2022 年制作的反诈骗科普宣传短视频系列,社会反响良好。2021 年在中国共产党成立百年之际学院承办河南省教育厅等机构联合主办的“百部电影进课堂”活动,组织了“红色电影周”,以及红色电影剪辑、红色短视频原创大赛等。学校有关部门委托的一些宣传活动,如高校扶贫短视频制作、暑期行走大思政实践活动视频制作等,也对实践教学产生了积极意义。

七是社会实践项目,主要是由学院发起的品牌活动,如“重走穆青路”活动是郑州大学新闻与传播学院坚持多年的重点品牌,让新闻学子在实践中感受穆青精神与新闻理念。2017 年以来推出的“美丽乡村河南行”系列实践活动,每年都要组织师生深入河南美丽乡村进行调研、拍摄,制作包含短视频在内的融媒节目,如《老家莫沟》《秀美郝堂》《生态简村》等,在公众号、媒体客户端等发表,并相继获得“锦绣中华·大美山川”河南微视频大赛,“永远跟党走 奋斗新征程”庆祝建党 100 周年活动百部原创微电影、短视频比赛等奖项肯定,在开展实验教学、创新人才培养中发挥了重要作用。

4.加快内容升级，开发融媒原创精品

高校融媒实践教学需要以实践作品尤其是融媒作品作为重要支撑，这既是衡量实践教学成果的标准之一，也是加快融媒实践教学内容升级的重要手段。通过积极推动学生融媒节目作品参赛、展映、推广、创收等，能够明显提升学生的社会实践能力，切实提高学生培养质量，从而进一步使其获得更多升学及就业机会。

关于实践作品，笔者在上文论及“项目驱动”时已有所涉及，根据实验课程植入的具体项目情况，可以相应产出不同内容与形式的实践作品。以融媒节目创作课程为例，该课程为广播电视学本科专业核心课程，每周4课时，总课时数64个，实践课时数48个，实践环节共有3—4个项目植入，包括广告类、科普类、大型时政会议类以及宣传类融媒作品，每个项目都要产出1个以上融媒实践作品。例如，在广告类融媒作品方面，一般以组为单位，平均每组产出作品数量2—4个，主要结合赛事及产教融合项目，大部分学生作品都能在不同项目中获得不同等级的奖项。在科普类融媒作品方面，每组一般产出2个以上科普宣传短视频，主要结合河南省全媒体科普创作基地项目，作品形态涉及专题、剧情、音乐、解说、创意及专家出镜等多种形式，风格活泼，尽量摆脱说教意味，让作品既不失科普成分，也能得到较好的传播效果。除了得到有关部门肯定外，作品还能参加科普短视频大赛，如2022年学院联合河南省反诈中心等部门围绕“反诈骗科普宣传”制作了50部短视频，其中多部作品入围河南省第二届科普视频大赛。在大型时政会议类融媒作品方面，一般产出2个以上大型时政会议报道、采访等不同风格的作品，主要结合河南省虚拟仿真实验教学项目“基于舆情热点的大型时政会议选题策划与融媒报道实训”，每年均邀请省级媒体有丰富大型时政会议采访经历的专家、记者给学生分享实战经验，让学生通过模拟采访、报道形式完成实训作业。其他专业课程如视频编辑与制作、音频编辑与制作、新闻评论等也都根据授课内容产出相应的实践作品。

根据不同课程实践环节设计、产出形态各异的融媒实践作品并不是难事，真正的困难在于如何让学生更加配合指导教师完成项目作业，如何让学生更有参与感和获得感，这就要教师与学生不止步于完成实践作品的创作，而是持续开发融媒原创精品，这是摆在所有专业指导教师面前的挑战。2017年以来郑州大学新闻与传播学院策划的“美丽乡村河南行”系列社会实践活动，共产出5期融媒原创作品，虽然数量不多，但是每期作品均获得河南省委宣传部主办的赛事活动奖项，也有个别作品入选学习强国河

南频道，在不同专业学生中产生了重要影响，对于学生们的就业和考研面试均有不可忽视的意义。今后，师生将会进一步围绕乡村振兴、黄河文化等重大选题开展融媒原创精品的开发与制作。

5.重视目标导向，实行就业考研并重

上文主要阐述了融媒实践教学及人才培养的具体过程，这些过程固然非常重要，但除了过程也要考虑最终成果，这就需要一定的衡量标准或者目标导向，目前主要涉及两个方面：就业和考研。

整体来说，就业要紧跟传媒行业最新发展趋势，以培养符合当下传媒行业发展需求的融媒体制作类综合性应用型创新创业人才为最终目标。开展实践教学，创新人才培养，这一系列工作的目的是要切实提高人才的市场竞争力。以融媒体实践教学为核心的人才培养模式，让学生在就业时能够在多方面得到有效锻炼，无论是文字写作能力、策划能力、视音频制作能力还是传播能力，任何一方面或是全方位的特长，都可以在择业时产生较好的助力，比如近些年各用人单位短视频制作人才缺口较大，在校期间荣获赛事奖项或者作品较多的学生往往更具有竞争能力。

考研话题相对于就业来说更纯粹一些，无论是争取保研资格还是备战考研，绝大部分学生的读研是和本科所学专业相一致的。在本科阶段开展的融媒体实践教学成果包括课程作业、社会实践经历、媒体实习经历等，对于进入研究生面试阶段的学生是很有意义的。

6.结语

融媒实践教学是一项非常复杂的系统工程，直接牵涉融媒传播人才培养的质量，也关乎传媒高校立德树人的根本任务。《教育部 中共中央宣传部关于提高高校新闻传播人才培养能力实施卓越新闻传播人才教育培养计划2.0的意见》提出了培养相关人才的总体思路："以习近平总书记关于新闻舆论工作的重要论述为指导，深入贯彻落实《中共中央关于加强和改进党的新闻舆论工作的意见》，加强和改进高等学校新闻传播专业建设，建设中国特色、世界水平的一流新闻传播专业。全面落实立德树人根本任务，坚持马克思主义新闻观，用中国特色社会主义新闻理论教书育人，培养造就一大

批具有家国情怀、国际视野的高素质全媒化复合型专家型新闻传播后备人才。”[①]这段论述适用于相关传媒专业教学实践，虽任重道远，行则至之。

〔宗俊伟，副教授，郑州大学新闻与传播学院全媒体实验教学中心主任〕

① 教育部 中共中央宣传部关于提高高校新闻传播人才培养能力实施卓越新闻传播人才教育培养计划 2.0 的意见[EB/OL](2018-10-08)[2022-12-15]. http://www.moe.gov.cn/srcsite/A08/s7056/201810/t20181017_351893.html.

“双一流”建设背景下对社会实践类课程建设的思考*

◎朱 怡

摘要:本文以教育部“双一流”建设为背景,阐述了社会实践作为教学方法、课程类型、育人途径的历史沿革,提出社会实践的内涵和外延,指出社会实践类课程建设不仅体现了教育领域的自我革新,更是现代社会对“人的全面发展”目标的主动响应。

关键词:社会实践;课程建设;人的全面发展

在新时代背景下,改革开放和社会主义现代化建设、促进人的全面发展和社会全面进步,对教育和学习提出了新的更高的要求。对此,教育部推出的“双一流”建设和“双万计划”为高等教育深化改革提供了新的机遇。“一流课程”规划了五类课程,包括“线上一流课程”“虚拟仿真实验教学一流课程”“线下一流课程”“线上线下混合式一流课程”“社会实践一流课程”。其中,社会实践课程首次被纳入教育部课程建设计划,在高等教育界引发深远反响。

根据《教育部关于一流本科课程建设的实施意见》,社会实践课程以培养学生综合能力为目标,通过社会实践活动推动思想政治教育、专业教育与社会服务紧密结合,重在培养学生认识社会、研究社会、理解社会、服务社会的意识和能力。[①] 对照教育部对社会实践课程的表述,我们可以从定位、途径、目标等层面进行简单分析。

社会实践课程的定位为将价值塑造、知识传授与能力培养融为一体,关键词为价值、知识、能力;社会实践课程的建设途径为思想政治教育、专业教育与社会服务紧密

* 本文系浙江省一流本科课程“全媒体视听创作”、国家一流本科专业“影视摄影与制作”阶段性建设成果。

① 教育部关于一流本科课程建设的实施意见[EB/OL].(2019-10-30)[2022-09-28].http://www.moe.gov.cn/srcsite/A08/s7056/201910/t20191031_406269.html.

结合,关键词为思政、专业、社会;社会实践课程的建设目标为培养学生认识社会、研究社会、理解社会、服务社会的意识和能力,关键词为认识、服务、社会。

由此可见,社会实践课程与其他类型课程最大的区别在于该类型课程的建设定位、建设途径、建设目标都直接指向社会,而不像其他类型课程通过课堂指向社会。在高校课程建设体系中,这是教育部首次明确提出以"社会"为教学场景、以"服务社会"为教学目标的本科课程建设指南。从实验、实训,到单独提出社会实践要求,既是高校教育变革背景下课程建设、专业建设、学科建设的理念革新,也是新时代背景下实现教育现代化的必然路径。

1.作为教学方法的社会实践

新中国成立以后在借鉴学习苏联教育模式的过程中,我国教育领域常用教学方法包括讲授、谈话、演示、参观、读书指导、实验、实习、练习等,这些主要是知识技能的教学方法。[①] 对此有专家认为,国内教学模式的形成主要因为中国大学教育课程体系深受苏联教育模式影响,一直贯穿着对苏联模式的移植与形成、反思与调整、改造与突破。[②] 20 世纪 90 年代以来,国内高校教学改革致力于突破知识中心主义的桎梏,将学习的重点指向个人发展、社会需求与课程体系设置的结合。

进入 21 世纪后,国家对大学生实践能力与创新精神的培养提出了更为明确的要求。教育部在 2001 年发布的《关于加强高等学校本科教学工作提高教学质量的若干意见》中指出,实践教学对于提高学生的综合素质、培养学生的创新精神与实践能力具有特殊作用。[③] 该《意见》提出高等学校要重视本科教学的实验环节,建立和完善校内外实习基地,创造条件使学生较早地参与科学研究和创新活动等具体指导意见;同时特别提出,文科学生要按专业要求参加必要的社会实践。2005 年教育部发布《关于进一步加强高等学校本科教学工作的若干意见》。该《意见》指出,加强高等学校本科教学工作的主要任务和要求是:着眼于国家发展和人的全面发展需要,加大教学投入,强化教学管理,深化教学改革,坚持传授知识、培养能力、提高素质协调发展,更加注重能力培养,着力提高大学生的学习能力、实践能力和创新能力,全面推进素质教育。[④]

---

① 董远骞. 教学的理论与艺术[M].北京:人民教育出版社,2007:171.

② 陈孟威,郑政捷,陈兴明. 新中国 70 年大学本科课程体系的嬗变[J].中国大学教学,2020(1):70-78,91.

③ 教育部. 关于加强高等学校本科教学工作提高教学质量的若干意见[EB/OL].(2001-08-28)[2021-09-15]. http://www.moe.gov.cn/s78/A08/gjs_left/s5664/moe_1623/201001/t20100129_88633.html.

④ 教育部.关于进一步加强高等学校本科教学工作的若干意见[EB/OL].(2005-01-07)[2022-09-15].http://www.moe.gov.cn/srcsite/A08/s7056/200501/t20050107_80315.html.

2010 年出台的《国家中长期教育改革和发展规划纲要(2010—2020 年)》进一步提出坚持以人为本、全面实施素质教育是教育改革发展的战略主题,重点是面向全体学生、促进学生全面发展,着力提高学生服务国家服务人民的社会责任感、勇于探索的创新精神和善于解决问题的实践能力。[①] 该《纲要》要求高校牢固树立主动为社会服务的意识,坚持教育教学与生产劳动、社会实践相结合。2012 年教育部、中宣部、财政部等 7 个部门联合下发的《关于进一步加强高校实践育人工作的若干意见》中明确指出要"系统开展社会实践活动",提出"每个本科生在学期间参加社会实践活动的时间累计应不少于 4 周"[②]。

从文科学生要按专业要求参加必要的社会实践到把社会实践视为"面向全体学生"的"全面推进素质教育"的必然途径,教育管理部门对于社会实践的教学定位逐渐明确。在学界,对于社会实践价值的认识同样经历了一个过程。有学者从教学模式的多样性出发,总结了发现教学、探究教学、活动教学等 16 种教学模式[③],但在众多的模式类型中没有明确提出实践教学模式。在近年的高校教学改革实践过程中,学界对实验、实训和实践、实习教学的认知慢慢形成共识,逐渐形成对实践教学明晰的界定。时伟在《论大学实践教学体系》中提出,大学实践教学是一个以学科专业为平台、以课程实践教学为主体、以专业实践教学和社会实践教学为两翼的逻辑体系。在研究中,他进一步提出社会实践教学是指在学校与社会共同作用下,充分利用大学时段的所有空间,集中时间,在不同区域进行跨学科交流、较为宏观的问题探索以及有针对性的社会考察。[④]

2.作为课程类型的社会实践

作为教学方法的社会实践最为显著的特点在于其实践教学的空间多样性以及目标多元性。然而,正因为它不同于常态课堂教学,社会实践教学常常被视为课堂之外的活动补充。定位为课外、校外的社会实践活动,教学组织相对自由、教学管理相对松散。长期以来,社会实践往往被视为教学的一种补充,而非教学的主体构成。

---

① 国家中长期教育改革和发展规划纲要工作小组办公室.国家中长期教育改革和发展规划纲要(2010—2020)[EB/OL].(2010-07-29)[2022-09-15]. http://www.moe.gov.cn/srcsite/A01/s7048/201007/t20100729_171904.html.

② 教育部等部门关于进一步加强高校实践育人工作的若干意见[EB/OL].(2012-01-10)[2022-09-15].http://www.moe.gov.cn/srcsite/A12/moe_1407/s6870/201201/t20120110_142870.html.

③ 扈中平. 现代教育理论[M].北京:高等教育出版社,2005:297-308.

④ 时伟. 论大学实践教学体系[J].高等教育研究,2013(7):61-64.

实际上，作为课堂教学的补充，实践活动在我国教育体系的不同阶段都有所体现。只是在高考指挥棒的现实指引下，中小学对于不计入高考分数的实践活动的重视程度远远落后于对学科课程的重视程度。早前，从学校到社会都把中小学实践活动视为陶冶情操的素质活动。这种观点影响深远，从中小学教育一直渗透到高等教育领域。究其根本，实践活动在应试教育为主流的教育格局中未取得一席之地的本质原因在于：中小学阶段的实践活动一直游离于高考评价体系之外。

在素质教育成为教育界共识后，非高考科目课程有了更多走上台面的机会。2017年教育部颁布的《中小学综合实践活动课程指导纲要》中指出中小学综合实践活动要“从生活情境中发现问题”，培养目的具体指向“具有价值体认、责任担当、问题解决、创意物化等方面的意识和能力”①。尽管中小学综合实践活动是国家义务教育和普通高中课程方案规定的必修课程，但在实际教学中实践活动和实践课程由地方统筹管理和指导，缺乏校方对实践活动的统一部署，多数学校将之纳入课外活动范畴。

高等教育学界对于社会实践的认知在一定程度上延续了基础教育领域的普遍认识。在教学改革逐步推进的背景下，部分高校提出建设多样化课堂的具体改革措施。大学教育的“第一课堂”“第二课堂”分类教学形式成为大学教学体系的常见模式。在课堂教学之外，第二课堂作为第一课堂的有益补充和延续，形成了对知识性学习的延伸和扩展。相对于第一课堂，第二课堂内容形式多样、载体丰富，强调交流和创造，重在促进探索性学习。在具体实践过程中，也有一些高校将第二课堂模式按照空间或者时间属性进一步细分为第二课堂和第三课堂，甚至提出第四课堂概念。比如浙江大学传媒与文化学院提出的“四个课堂”协同育人机制：第一课堂为校内全媒体实践平台、第二课堂为省内联合培养基地、第三课堂为国内联合培养基地、第四课堂为海外学生实践基地。②

经过多年发展，社会实践课程终于达成了基于教学共识的进一步发展。应该说，从综合实践活动到社会实践课程，其中提升的不仅仅是实践教学体系的逐渐成形，更是对实践融入社会教学需求的全面落实。2017年，教育部出台《关于一流本科课程建设的实施意见》，引导高校立足自身实际，将社会实践课程化，实现与社会需求相融合、与科学研究相融合、与专业教学相融合、与思政教育相融合。③ 社会实践课程的开设，

---

① 教育部.中小学综合实践活动课程指导纲要[EB/OL].(2017-09-27)[2022-09-15].http://www.moe.gov.cn/srcsite/A26/s8001/201710/t20171017_316616.html.

② 韦路.浙大要成为传媒创新创业人才的摇篮[EB/OL].(2017-08-31)[2022-09-15].https://www.sohu.com/a/168557039_716267.

③ 何桂娟.“护理美育”社会实践课程的构建与实践探索[J].中国高等医学教育,2021(2):121-122.

不再强调"第一课堂"和"第二课堂"的主次差异,从根本上落实了社会实践环节的教学属性。社会实践类课程进入教育部五类"一流本科课程"范畴,不仅丰富了高校课程教学体系,也是对"立德树人"教育观的全面落实。

正如教育学者刘道玉在《论大学本科课程体系的改革》中所提出的,课程体系不是指课程设置,每所大学的课程体系应当是不同的,这是创办富有特色大学的必要条件。[①] 社会实践类课程的引入,促进了不同大学、不同学科、不同专业在课程体系搭建中的差异化体现,有助于不同类型的大学、学科、专业更好地打造与成就特色。

3.作为育人途径的社会实践

在2018年召开的全国教育大会上,习近平总书记指出:"要努力构建德智体美劳全面培养的教育体系,形成更高水平的人才培养体系。要把立德树人融入思想道德教育、文化知识教育、社会实践教育各环节,贯穿基础教育、职业教育、高等教育各领域。"[②]讲话重点阐述了思想道德教育、文化知识教育、社会实践教育对于"促进人的全面发展和社会全面进步"的重要意义。值得注意的是,社会实践教育已经处于和思想道德教育、文化知识教育并列的重要位置。在党的二十大报告中,习近平总书记再次强调"全面贯彻党的教育方针,落实立德树人根本任务,培养德智体美劳全面发展的社会主义建设者和接班人"[③],明确了新时代教育的使命。

教育的目的是育人和育才,而育人是育才的基础。社会实践思想是在新时代背景下对教育整体价值的思考结晶,是素质教育思想的再度拓展,也是创新创业教育思想的社会体现。尤其在信息技术高度发展的当下,纯粹的知识传承功能在一定程度上已经被信息服务所取代。现代大学的培养目标必须由纯粹的知识性人才向应用性、创新性人才转变,致力于培养学生"把论文写在祖国大地上"的能力。习近平总书记指出的"要努力构建德智体美劳全面培养的教育体系",为"培养什么人"提供了一个具体实施路径。社会实践课程的开设,强调了学习者个体价值和社会价值的协同发展,是实现"中华民族伟大复兴中国梦"的育人路径的重要举措。

深化高等教育改革,推动高等教育内涵式发展,必须坚持以人为本,适应时代发展

① 刘道玉.论大学本科课程体系的改革[J].高教探索,2009(1):5-9.

② 习近平.坚持中国特色社会主义教育发展道路 培养德智体美劳全面发展的社会主义建设者和接班人[EB/OL].(2018-09-11)[2022-09-15].http://edu.people.com.cn/GB/8216/421254/index.html.

③ 习近平.高举中国特色社会主义伟大旗帜 为全面建设社会主义现代化国家而团结奋斗:在中国共产党第二十次全国代表大会上的报告[EB/OL].(2022-10-25)[2022-12-18].http://www.gov.cn/xinwen/2022-10/25/content_5721685.htm.

需求。从根本上说,培养“德智体美劳全面发展的社会主义建设者和接班人”是马克思关于人的全面发展学说在我国教育实践中的具体体现。马克思提出未来共产主义新社会是“以每个人的全面而自由的发展为基本原则的社会形式”①,“实现人的全面发展”既是马克思主义的崇高目标,也是马克思主义的根本价值。步入新时代,富强、民主、文明的中国正在迅速崛起,所有的一切都为人的全面发展奠定最现实的基础。社会实践课程的开设正是对马克思提出的“人的全面发展”的深度回应,也是高校人才培养中“劳动教育”维度的具体落实。高校社会实践课程的开设,“劳动教育”维度的强化,从内涵上为社会实践做出了更具当下意义的阐释。“德智体美劳”指标的全面提出,高等教育目标从“产学研”到“产学研用”的延伸,更从外延上强化了社会实践价值的回归。

正如“真理的标准只能是社会的实践”②,知识的应用最终一定要落地于社会。在这个意义上,教育部提出建设“社会实践一流课程”不仅体现了教育领域的自我革新,更是现代社会对“人的全面发展”目标的主动响应。以“双一流”建设为标杆,大学教育“将价值塑造、知识传授和能力培养融为一体”③,旨在培养“德智体美劳全面发展的社会主义建设者和接班人”④。着重于“认识社会、研究社会、理解社会、服务社会的意识和能力”⑤,社会实践在教学方法、课程类型、育人途径层面的加快推进,必将使我们构建起更高水平的人才培养体系,更好地助力社会主义现代化建设大局。

〔朱怡,副教授,浙江传媒学院雕塑艺术学院教师〕

① 马克思,恩格斯.马克思恩格斯全集(第23卷)资本论(第一卷)[M].北京:人民出版社,1972:649.

② 毛泽东.毛泽东选集:第1卷[M].北京:人民出版社,1991:284.

③ 教育部.高等学校课程思政建设指导纲要[EB/OL].(2020-06-01)[2022-11-25].http://www.moe.gov.cn/srcsite/A08/s7056/202006/t20200603_462437.html.

④ 习近平.坚持中国特色社会主义教育发展道路 培养德智体美劳全面发展的社会主义建设者和接班人[EB/OL].(2018-09-11)[2022-11-25].http://edu.people.com.cn/GB/8216/421254/index.html.

⑤ 教育部.教育部关于一流本科课程建设的实施意见[EB/OL].(2019-10-30)[2022-11-25].http://www.moe.gov.cn/srcsite/A08/s7056/201910/t20191031_406269.html.

以课堂教学改革和赛练结合为牵引的新闻与传播专业影像教学实践创新

◎ 赵绮娣

摘要:新闻传播学属于新文科中的应用型文科范畴,担负着讲好中国故事、弘扬中国精神、传播中华文化的使命。作为边疆民族地区院校,云南民族大学结合专业特点与地方特色办学。云南民族大学文学与传媒学院以实验实践为支撑、以课堂教学改革和赛练结合为牵引,构建"基础""创作"与"拓展"三段制、进阶式影像课程群,促进教学实现了"六个转变",取得显著教学效果。

关键词:赛练结合;影像实践;教学创新

2020年11月3日,由教育部新文科建设工作组主办的新文科建设工作会议在山东大学(威海校区)召开,会议对新文科建设作出了全面部署,提出构建世界水平、中国特色的文科人才培养体系,并从强化价值引领、促进专业优化、夯实课程体系、推动模式创新、打造质量文化等方面提出具体实施路径。新闻传播学属于新文科中的应用型文科范畴,担负着讲好中国故事、弘扬中国精神、传播中华文化的使命。作为边疆民族地区院校,云南民族大学结合专业特点与地方特色办学。新时期传媒专业人才培养应着眼于服务国家战略,特别是在高质量发展的关键时期,迫切需要培养一批具有国际化视野、创新能力和服务社会能力较强、德才兼备的高层次人才。

依托新文科建设背景,为适应传统媒体向融合媒体转型,大幅提升广播电视学、广告学及网络新媒体专业学生的核心能力,云南民族大学文学与传媒学院从构建影像视听课程群入手,实施了以课堂教学全要素改革和赛练结合的实践教学创新,旨在通过理论与实践教学,从传播性思维、数字影像技术应用能力、独立设计创作能力、创造性思维能力等方面培养学生;通过赛练结合的创作实践,拓宽学生的创作空间与专业视野,使学生具备跨学科知识和综合实操技能。聚焦人才培养目标,从影像相关教学入手，近年来云南民族大学文学与传媒学院教学团队进行了一系列教学改革尝试，取得了一定的成果。

1.以实验实践为支撑建立影像课程群，促进教学转变

高等教育目前普遍存在如下问题：难以真正做到以学生为中心，难以满足个性化需求，难以真正实现因材施教；一些教师照本宣科、学生被动接受，教学以单向知识传递为主、交流互动不足，难以真正实现教学相长；传统学业评价"期末一考定成绩"，学生死记硬背，成绩不能真实反映学生能力和水平、无法驱动有效的教与学；重科研轻教学，本科投入不足以支撑一流本科人才培养。

围绕上述问题，结合新闻与传播专业特点与边疆地区特色，自 2015 年起，云南民族大学文学与传媒学院教学团队就着手筹划、完善相关课程，经过精心构思、整体协调，在原培养计划的电视摄像、非线性编辑、视听语言课程基础上，历经 7 年逐步增设影视编导、纪录片创作、微电影创作、传媒工作坊等课程形成影像课程群。同时，学院注重"以创新创业和赛练结合"为牵引，成立专业导师团队，鼓励与扶持学生积极展开创作训练，申报各级创新创业项目并参加高水平影展大赛，取得了显著的教学效果。

通过 7 年的实践积累，专业教学实现了 6 个转变：从注重知识传授的"以教为中心"向"知识＋思维＋想象力"并重的"以学为中心"的教学模式转变；从"灌输式""片面追求专业化"的培养方式向探究式、个性化的培养方式转变；从死记硬背、"期末一考定成绩"的学业评价向独立思考、"全过程学业评价"的学业评价转变；教师从"知识传播者"向激发学生积极参赛、创新创业的"引导者"角色转变；学生从被动学习、成为"考试型学霸"向主动学习、成为"创新型学霸"转变；从教学投入单一、偏少到全方位教学投入的机制转变。如今，学院形成了教师"爱教、善教、乐教"，学生"勤学、悦学、会学"的良好氛围。

2.教学改革的设计思路与具体实施

学院以复合型人才为目标导向，从视听影像实践切入，将相关课程结构依据由浅入深的原则，建构为"基础""创作""拓展"三段制、进阶式模块（如表 1 所示），兼顾实操能力和创造性思维，让学生在掌握技能基础的同时，养成一定的内容创新能力。

基础课理论讲授和实验训练并重，其中实验课时占比 50％以上，面向广播电视学、广告学、网络与新媒体三个专业开设。创作课主要分为两个方向：非虚构作品和剧情作品(包括广告片、微电影等),主要面向广播电视学专业开设,纪录片创作是其专业核心课。事实上,在近两年的教学中,每次开课都有网络与新媒体专业学生来旁听相关课程并参与实践,毕业设计作品还获得中国高校影视学会"学院奖"。拓展课开设在高年级,通过提案评审筛选学生,以项目团队为单位,重点辅导学生冲刺高水平影展赛事。

表 1 影像课程群模块构成

模块	课程	学分	开设学期
基础	电视摄像	4	2
	视听语言	2	2
	非线性编辑	4	3
创作	影视编导	2	4
	纪录片创作	4	4
	微电影创作	3	5
拓展	传媒工作坊	3	5
	云影计划工作坊	—	5、6

在课堂教学改革的具体实施方面,纪录片创作课程具有代表性,以下将围绕其解决教学问题的方法展开讨论。

2.1 教学理念注重人本思维,开展全要素课堂教学改革

学院以社会主义核心价值观引领课堂,将"影像观世界 记录新时代"设定为主线,以《中国减贫密码》《我们的脱贫故事》《四个春天》《棒!少年》《中国工厂》《以火书写》《脸庞,村庄》等纪录片做案例研讨,一方面,潜移默化强化学生的社会责任,增强学生的民族文化自信,立足地方特色,拓展国际化视野;另一方面,启发学生主动观察社会、深入思考现实,共情底层人物,感悟生活真谛。

在课堂教学模式上,采用"探究式—小组化"教学。每个教学班级分为6—8组,每组5—8人,理论与实验并行开展"集中授课、小组研讨、实验指导"。采用任务驱动教学、翻转课堂等推进案例启发式讲授、小组互动式交流、师生探究式讨论,真正做到"以学生为中心",实现教学相长。在向学生发布研讨任务时,教师只限定选题方向,而不做出具体的规定;通过这样的方式,尽可能地激发学生兴趣、任其想象力驰骋。大部分学生都会尽力投入,常常在课堂上大放异彩,令人惊喜。

2.2 “基础—创作—拓展”三段制进阶式课程结构

基础部分：以纪录片发展源流、经典理论、选题调研、拍摄剪辑、影像叙事逻辑研究为主，注重从选题价值、风格流派、镜头语言、叙事结构等进行整体把握，侧重主题聚焦和影像基本功训练，同时安排创作型实验环节。

创作部分：采取开放式命题，以课堂互动、小组头脑风暴、开放实验室为主要方法，让学生拥有创作的热情、进行创作思考，通过共同探索，对作品进行阐释、批评和反复修改，形成一套独有的创作方法论。

拓展部分：创建“云影计划工作坊”，以项目制展开赛练结合的实践实训；推进前沿学术内容进课堂，名师讲座课和学科前沿课同步学科发展；实现跨校、跨学科、跨专业项目实践交流常态制，促进交叉协作。

2.3 改革学业评价方式

实施非标准答案考试，实行开放式命题、创作型考试，进行作品展映，由师生互评打分。

强调考核“四结合”：标准与非标准结合、灵活考查与基础考核结合、动态与静态结合、个人与团队结合。

推行全过程学业评价，课堂讨论、实验作业均计入总成绩，原则上期末作品占50％、平时考核不少于5次。

2.4 以创新创业、赛练结合为牵引，推进个性化培养，重视教学改革成果转化

以大学生创新创业训练项目为实践研究平台，指导学生结合专业优势选题、文献查阅、课题设计、申报书填写，提升学生的科研思维水平和实操能力。2016年首届南亚东南亚留学生入学，依据生源地方特色和文化记忆，着重在纪录片创作方面予以一对一重点辅导，该班教学成果颇为突出：学生作品获国家级奖项2项、省级大学生创新创业项目1项。

学院推出“云影计划工作坊”，以国内外影展赛事、创新创业大赛、广告营销大赛为目标，依托学院传媒实验中心整合专业教学资源，教师对入选团队展开“一对一”辅导，推出了许多优秀学生作品，在各类专业赛事或学术展中获多项国家级、省级奖项，实现了多项教学成果转化。

3.影像课程群的特色和创新

3.1 育人理念创新

学院创造性地提出了“以核心价值观引领课堂、个性化培养和创新创业教育相结合”的理念。秉持关注每个学生发展的教育情怀,立足融媒背景下“影像观世界 记录新时代”的专业优势,学院采取个性化培养方式,汇聚各方资源,让每个学生爱学、乐学。创新创业教育是培养学生自由全面发展潜质和研究实践能力的教育。在以上理念的指导下,全面推进一流本科教育实践,着力培养学生品德、知识、素养,发展学生的个性与特长,激发全面发展的潜质和能力。

3.2 改革举措创新

学院以课堂教学改革和赛练结合为牵引,推动人才培养创新,为高校课堂教学改革破题。以课堂教学改革为突破口,实施“全要素课堂教学改革、全过程学业评价、全方式推进个性化培养、全方位加大教学成果转化”系统工程,促成课堂教学改革的理念、方法、技术、评价的全新设计与实践,使课堂真正成为思维与灵感绽放的舞台,探索出一条课堂教学改革新路。

3.3 实验实训平台创新

学院积极建设实验实训平台,支撑课堂教学改革。学校和学院长期坚持大力投入本科教育,已建成融媒体演播厅、数字媒体实验室、摄录编器材室、影视编辑实验室、数字录音棚等 800 平方米实训教学环境,全媒体导播、无人机拍摄、24 小时非编等实验室的开放,让教学理念、方法与教学环境良性互动,强化了环境无言之教的功能,构建了“全空间”育人格局。

3.4 体制机制创新

学院建立保障课堂教学改革创新的“教学相长”长效机制。学院每年投入 5 万元大力扶持学生项目申报、参赛参展;引入跨校、跨专业实践项目交流常态制;教学成果转化快,充分调动师生的主动性、参与性,让教师享有职业成就感、幸福感;学院绩效考核等一系列制度凸显本科教学的基础地位,塑造了科研与教学并重的大学文化。

4.影像课程群成果的推广与应用

4.1 教师全身心投入课堂教学和改革创新，成绩斐然

教师自觉践行“教书育人是第一要务、关爱学生是第一责任”，积极开展教学研究，主动进行课程专业建设，乐于指导学生的学术研究与创作。课程改革实施以来，“‘一国一策’精准化传播策略下的国际传播人才培养创新与实践”“卓越新闻传播人才培养计划”“媒介融合背景下传媒人才培养与创新创业教育改革实践”“雨课堂在留学生智慧教学实践中的价值研究”等教改项目立项；纪录片创作、新闻采访与写作、广播电视概论、新闻学概论等获一流课程、精品共享课立项；多项成果获国家级、省级、校级奖项。

4.2 课堂活跃度和学业挑战度显著提升，学生竞争力全面增强

师生互动探讨增强了课堂吸引力，学生“上课气氛活跃，精力集中”。全过程学业评价增强了学业挑战度，学生课下必须“忙”起来，课上 1 小时需课下投入 2—3 小时。“非标准答案考试”、作品互评考核方式、毕业设计激发了学生的创新智慧和创作热情，学生作品参赛获国家级、省级奖项 10 余项。近年学生纪录片作品获奖情况如表 2 所示。

表 2　学生纪录片作品获奖情况

序号	作品名称	奖　项
1	《帕敢拾玉》	第四届中国民族志纪录片学术展收藏奖
2	《花好月圆》	中国高校影视学会第十二届“学院奖”纪录片单元三等奖
		中国民族学学会影视人类学分会第十三届年会学术成果学会奖
3	《息・火》	第十一届国际大学生微电影节二等奖
		中国民族学学会影视人类学分会第十三届年会学术成果学会奖
4	《故乡》	第四届中国民族志纪录片学术展收藏奖
		第六届西湖青年纪录片论坛入围
5	《卓玛央宗》	第三届民族影视与影视人类学作品展映入围

4.3 可复制、具推广价值的影像实践教学改革经验

学生的获奖成果获得《人民日报》、中国新闻网、国家民族事务委员会网站等报道，

3 部纪录片被国家图书馆和中国民族博物馆永久收藏，并在中国人民大学公开展映。中国民族博物馆官网、公众号推出《拉咱拉咱》影片评介；视觉民族志公众号推出《帕敢拾玉》影片评介。借助广告学一流专业建设和“云影计划工作坊”支持，2022 届新闻与传播学毕业设计展映于 2022 年 6 月在线上线下同时举行，云南省内主流媒体受邀参加，展映反响热烈，媒体对优秀作品颇为关注，并向创作者发来聘用意向。

5.结语

对于新闻传播学相关专业学生而言，以课堂教学改革和赛练结合为牵引的影像课程群建构，强调任务驱动学习为主线，以项目申报和影展赛事为载体，让学生扎实掌握和理解影像创作的基本原理和实践技巧；通过“基础”“创作”“拓展”三段制、进阶式课程训练，能够使学生将理论与实际应用紧密结合，在培养学生感悟影像创作思路和价值观念表达的基础上，最终通过项目实操和毕业创作，大幅提升了学生创新创业意识及实操能力，使学生更有追求真善美的目标。

新文科教育不是一时之功，深厚的人文基础是人才可持续发展的保障。我们要从新闻传播学专业影像教学改革切入，着力使学生具备跨学科的知识和综合实操技能，成为具备独立思考能力、创新创业能力、协作精神的一流人才。

〔赵绮娣，副教授，云南民族大学文学与传媒学院实验中心主任〕

媒体融合背景下高校传媒专业实践教学改革与创新

——以南京晓庄学院网络新媒体专业为例

◎ 瞿文燕

摘要：随着媒体融合发展，媒体行业对于传媒专业人才的需求产生了巨大变化，传统的传媒人才已经不能满足行业发展的新要求。高校人才培养模式单一、课程设置陈旧、专业实践平台不多以及与业界合作机制不畅等问题存在，使得教学难以满足学生高水平实践能力的培养需求。南京晓庄学院网络新媒体专业通过改革人才培养方案、优化课程内容、更新教学方法、利用政校企合作建设校内外各种实践平台以及创新与业界的合作机制等措施，积极推动实践教学改革，取得了显著的成绩。

关键词：媒体融合；传媒专业；实践教学

1.媒体融合的背景及内涵

媒体融合（media convergence）概念最早由尼古拉斯·尼葛洛庞蒂提出，美国马萨诸塞州理工大学教授浦尔在其著作《自由的技术》中提出，媒体融合是指各种媒介呈现多功能一体化的趋势。狭义的媒体融合是指将不同的媒介形态“融合”在一起后产生“质变”，形成一种新的媒介形态，例如电子杂志、H5 新闻等；广义的媒体融合，除了媒介本身之外，还包括媒介功能、传播手段、所有权、组织结构等要素的融合。“媒体融合”是信息传输通道多元化下的新模式，是把传统媒体与新兴媒体的传播通道有效结合起来，共享资源，集中处理，衍生出不同形式的信息产品，然后通过不同的平台传播给受众。国外媒体融合起步早，研究范围广，角度多样，形式新颖。比如，美国、德国和西班牙等国家的媒体融合不局限在媒介的融合，更多的是组织结构和媒介经营等方面的融合创新。国内研究媒体融合起步比较晚，从 2005 年蔡雯在《新闻传播的变化融合了什么？——从美国新闻传播的变化谈起》中引入“媒体融合”概念之后，直到2012年才陆续有学者开始研究媒体融合，学者从媒介的融合、新媒介产生、媒介内容和经营等方面进行媒体融合的研究。①

随着5G、人工智能、元宇宙等新兴技术的不断发展，信息生产、加工以及传播的方式发生了日新月异的变化。传统媒体逐渐发展为融媒体。国家早在2014年8月就发布了《关于推动传统媒体和新兴媒体融合发展的指导意见》，2020年9月又发布了《关于加快推进媒体深度融合发展的意见》，从中可以看出国家政策从最初的“推动融合”发展为“加快推进媒体深度融合”。《关于加快推进媒体深度融合发展的意见》指出：推动传统媒体和新兴媒体在体制机制、政策措施、流程管理、人才技术等方面加快融合步伐，尽快建成一批具有强大影响力和竞争力的新型主流媒体，逐步构建网上网下一体、内宣外宣联动的主流舆论格局，建立以内容建设为根本、先进技术为支撑、创新管理为保障的全媒体传播体系。② 2019年习近平总书记在讲话中指出要深刻认识全媒体时代的挑战和机遇，全面把握媒体融合发展的趋势和规律，推动媒体融合向纵深发展。在媒体融合的背景下，媒体行业对高校的人才培养提出了新的需求。面对行业的新挑战，高校要整合校内外融媒体资源，进行教学改革和创新，让学生跟上时代的步伐，不断成长。

2.传媒专业实践教学存在的问题

《教育部 中共中央宣传部关于提高高校新闻传播人才培养能力实施卓越新闻传播人才教育培养计划2.0的意见》指出：形成遵循新闻传播规律和人才成长规律的全媒化复合型专家型新闻传播人才培养体系，培养造就一大批适应媒体深度融合和行业创新发展，能够讲好中国故事、传播中国声音的优秀新闻传播后备人才。③

传媒专业是高校应用型文科类专业中实践性强和实践课程比较多的专业，在南京晓庄学院，该专业培养目标为：坚持正确政治立场和方向，坚持以马克思主义为指导，以国家政治、经济和文化建设发展需求为基本原则，以南京晓庄学院师范的办学特色为参考框架，同时以行业标准和社会需求为导向，培养具有马克思主义新闻观，具备现

---

① 胡德才. 媒介融合时代的传媒与艺术教育[M].武汉：武汉大学出版社，2015.

② 中共中央 国务院办公厅印发《关于加快推进媒体深度融合发展的意见》[M].(2020-09-26)[2023-01-23]. https://www.gov.cn/zhengce/2020-09/26/content_5547310.htm.

③ 教育部 中共中央宣传部关于提高高校新闻传播人才培养能力实施卓越新闻传播人才教育培养计划2.0的意见[EB/OL](2018-10-08)[2022-12-15]. http://www.moe.gov.cn/srcsite/A08/s7056/201810/t20181017_351893.html.

代传播理念与国际化视野，拥有互联网思维，掌握新媒体传播理论知识，具备新媒体传播实践能力，能够在传统媒体的新媒体部门、政府企事业单位的新媒体岗位、商业网站和平台从事新媒体内容生产、传播以及运营等工作的应用型、复合型人才。因此，结合行业的新技术发展，在媒体融合背景下，传媒专业实践教学改革势在必行。

2.1 传媒专业的实验环境不符合媒体融合背景下的人才需求

目前传媒专业实验环境比较传统，高校在投入新实验室建设的时候一般按照使用的投入产出比来计算是否决定建设，在新建实验室论证环境时会有明确的课程和使用频率等数据的填报，而新建媒体融合类实验室比较新，配套课程改革还没有跟上，因此实验室在建设初期不太容易通过论证，导致建设速度缓慢、滞后于业界改革发展。目前传统实验室主要针对传媒的采、编、发等生产制作流程，割裂为不同的独立的实验室。例如大部分高校都配备独立的摄影实验室、录音棚、平面媒体实验室、非编实验室、后期包装实验室、虚拟演播室等，这些实验室地理位置相对独立，功能单一，不能复用。而媒体融合背景下的课程设置，往往一节课的实验就要涉及采、编、发等一体化的操作，传统实验室根本无法完成一节课的教学，学生在课堂上也无法进行系统的实验训练，更不用提满足学生的创新发展等要求。实验环境制约了传媒人才实践创新能力的培养。①

2.2 传媒专业的教学内容不符合行业快速迭代的需求

传媒专业的教学内容需要根据每个学校和专业的培养方案里指导开设的课程决定。培养方案与行业需求相比往往有滞后性，因为培养方案是学生在入校前就已经设定好的内容，在学生就读大学期间都基本不太会改变。比如在网络新媒体专业的二维动画课程中，老师花大量时间讲授 flash 软件如何操作和使用，学生在毕业的时候发现 flash 软件应用已经迭代为 H5 动画制作。很多用人单位急缺 H5 创作人才，在招聘需求中特别标注：优先考虑会 H5 创作的学生。然而，学生从学校学习到的是几年前的 flash 软件创作，没法胜任 H5 创作工作。

2.3 传媒专业的教学模式不符合当代学生的学习需求

传统的教学模式是老师主讲，学生在课堂认真听讲做笔记，由于课程时间限制，很

---

① 韩建华，胡一梁.媒体云：推动传媒人才实践创新能力培养的新引擎：以浙江传媒学院“浙传云”为例[J].未来传播，2021，28(3)：65-69.

少让学生作为课堂的主角。很多当代大学生在中学时就接受了翻转课堂的教学模式——主要由学生讲授自己理解的知识点,老师起到引导和解答疑惑的作用。老师在上课之前给学生提供导学资料,让学生先自我学习,然后由学生在课堂上主讲自己学习的情况,这种教学模式比较适合当代学生的学习需求。当代学生擅于利用网络优秀资源获取学习资料、提升自己,老师采用传统的单一模式讲授内容学生会感觉厌倦。学生更青睐老师利用新信息技术手段比如在线课程、超星学习通等在线系统辅助教学。

2.4 传媒专业的教学机制不符合行业共享合作的需求

目前传统的教学机制是每个老师各自为政,比如同时开设摄影、剪辑和后期包装课程,这 3 门课的老师相对独立,会布置给学生 3 种作业。学生在同一时间段里要分别完成摄影课程的拍摄、剪辑课程剪辑素材的拍摄、后期包装课程的素材拍摄,而 3 位老师给出的作业内容方向并不一致,学生没法共享自己的拍摄素材,只能花更大精力进行不同素材的拍摄之后去逐一完成作业。学生的精力有限,不可能同时创作 3 个精良的作品,因此传统的教学机制造成资源无法共享,学生无法高效率完成创作。如果 3 位老师能在教学之前统一素材方向,只要求学生完成一种内容方向的素材,那么学生进行剪辑和后期包装的学习时,会更侧重各课程的要点,学习更深入。

目前地方高校的人才培养普遍落后于行业的需求,高校普遍要求老师拥有高学历,学生从校园毕业后直接进高校做专业老师,他们缺乏一线行业锻炼经历,在实践课程的教学上难以创新并与社会接轨。部分地方高校一味对标综合性、研究性大学的课程设置,没有自己学校的地方特色,导致学生对课程知识掌握不扎实,学习的理论知识没有实践的辅助,也无法达到理想效果。学生动手实践能力差,导致用人单位不认可,更加速专业的恶性循环发展。

3.传媒专业实践教学改革的策略

网络新媒体专业是南京晓庄学院的应用型专业,在专业开办初期课程设置为通识教育课程,专业必修课(专业基础课程、专业实践见习、毕业论文),专业选修课和跨专业课程。很多课程理论性比较强,不适应现代网络新媒体技术的发展,因此后来的培养方案有所修改,增加了实践课程的设置,包括新媒体实务、数据挖掘与分析、无人机摄像、数据新闻可视化、动画创意与设计、交互 H5 创意制作等技术实务课程包,还包括新媒体用户分析、舆情检测与危机公关、电商运营与直播、新媒体广告实践、新媒体产品创意设计等公关营销课程包。培养方案的改革紧扣时代和行业发展。在实践课程中,多位老师采用成果导向教育理念,通过项目制进行了教学改革,受到学生一致好评。

3.1 对标行业,建构新的课程体系

应用型高校的办学定位为向社会输送高级应用型人才。从2019年到2022年,学校连续4年对已经毕业的学生进行问卷调查,调查结果显示,91%的学生从事的都是专业技术工作,在新媒体公司、各企事业单位负责新媒体宣传等工作。他们对母校提出了增加行业实践培训课程的建议,如短视频创作、直播运营、AR技术、虚拟制片、动画创作等。根据建议,南京晓庄学院新闻传播学院动态调整课程,设置了前沿技术、技术实务课程包和独立实践课程等,在培养方案中机动插入。学生在校内短暂接受培训课程后到行业中可以很快上手,受到用人单位广泛好评。

经过改革后,网络新媒体专业课程体系由通识教育课程、专业必修课程和专业选修课程三大类共同组成,如表1所示。其中通识教育课程分为必修课和选修课,必修课程为:思想政治教育、大学英语、大学体育、计算机基础、军事、创新创业教育、大学生心理健康教育、劳动教育和美育。这符合培养具有马克思主义新闻观、具备现代传播理念与国际化视野、拥有互联网思维、掌握新媒体传播理论知识、具备新媒体传播实践能力的创新型和复合型人才的要求。选修课要求学生从7个通识课程模块里面选择不少于4个模块,包括商务英语、公共演讲、中国传统文化、通用学术英语写作、多媒体技术应用、音乐赏析、美学研究等课程。专业必修课程包括专业基础课、专业核心课、专业实践课、专业集中性实践环节(包括实习、见习和毕业论文/设计)4类。其中专业核心课包括新媒体导论、新媒体实务等,专业基础课包括摄影、摄像、画面剪辑、后期包装等。专业选修课程分为专业方向课程和跨专业选修课。专业选修课程包括短视频创作和运营、直播技术、媒介经营与管理、公共关系实务等。

表1 网络新媒体专业课程体系结构一览表

课程类别		课　程
通识教育课程	必修课	思想政治教育
		大学英语
		大学体育
		计算机基础
		军事
		创新创业教育
		大学生心理健康教育
		劳动教育
		美育
	选修课	7个通识教育模块
专业必修课程		专业基础课
		专业核心课
		专业实践课
		专业集中性实践环节
专业选修课程		专业方向课程
		跨专业选修课

3.2 以生为本,优化实践课程内容

在明确教学目标、遵循培养方案的前提下,南京晓庄学院新闻传播学院对课程的教学方法进行了改革——实行以成果导向教育理念为指导的实践课程改革。教师在课前明确告知学生需要达成的目标,上课过程围绕最后的目标为导向开展一系列研究工作。教师不再是传统意义的教授者,更多的是对学生提出的问题进行解答,并且能够在过程中激发学生的自主学习能力。教师以实际案例导入课程,学生在案例中学习和得到锻炼。学生课程评价考核方式也发生变化,不再是一张试卷定成绩,学生学习过程中的学习表现、最后项目制的答辩展示以及最终的项目成果情况都是该门课程的考核方向。这种考核方式极大地激发了学生的学习热情,师生均认可改革的成效。比如交互媒体设计与创作、新媒体实务等课程均采用了基于成果导向教育理念的教学改革策略,学生反馈比较好。

在专业老师带领下,新闻传播学院给学生在第二课堂开设经典电影赏析、鹿鸣读书、美学赏析等课程。老师把学生参与第二课堂的情况纳入学生综合测评的考核范围,培养学生的综合学习能力。

新闻传播学院注重对学生实践课程进行过程化考核,鼓励学生多动手创作实践作品,并提升学生反馈机制的有效性。在学生的毕业设计和论文模块,鼓励大部分学生进行毕业设计,并对毕业设计的细节、过程和质量进行全程跟踪,确保高质量作品的产出。①

教学方法改革激发了学生的学习动力,推动学生培养自主学习能力。丰富多彩的课程内容设置提升了学生的学习愉悦度,激励学生朝着更高的目标发展。

3.3 整合资源,搭建校内外各种平台

在校内搭建的各种实践平台之外,学校与企业和政府共同搭建平台也尤为重要。南京晓庄学院地处江苏的省会南京,拥有大量政府和企事业单位资源,也是世界闻名的文学之都,因此可以赋能南京晓庄学院发展。

3.3.1 校内实践平台的搭建

南京晓庄学院新闻传播学院一直秉承陶行知老先生“在做中学”的育人理念,在校内搭建多重实践平台。新闻传播学院的《十分快报》和《晓柚青》杂志由学生自主运营、由专业老师进行指导,保持一定的更新频率,学生的采编流程与行业实战锻炼接轨,报纸和杂志在校内的反响较好。新闻传播学院的网络电视台模拟电视台的全套流程,由学生自主运营,由专业老师在课内外进行指导和质量把控,学生的实战能力得到极大的锻炼。新闻传播学院官方微信公众号“南晓新传”和抖音号“北圩路 41 号”是学生新媒体实战的主要阵地,文稿创意、图片拍摄制作和短视频创意制作由学生社团完成。新闻传播学院有一支钻研直播技术的学生团队,对校内各种会议和大型活动提供直播服务,受到一致好评。新闻传播学院成立了青年传媒中心,学生全流程真实体验传媒的采、编、发等各环节工作,为培养与行业接轨的人才提供了重要阵地。

3.3.2 校外实践平台的搭建

南京晓庄学院新闻传播学院依托省级实验教学示范中心搭建实验拓展平台,与浙江传媒学院、南京大学、南京传媒学院等多所传媒院校共享共建优质实验云平台,这让学生没有局限在校内平台学习,可以获得更好的实践资源。

---

① 韩建华.媒体融合时代卓越传媒人才培养的创新实践:以浙江传媒学院为例[J].中国广播电视学刊,2019(2):74-77,128.

3.3.3 政校企实践平台的搭建

政校企合作平台是政府将优质传媒资源引入高校,企业将一线技术和人才引入高校,三方共同围绕传媒人才培养进行合作,该平台的搭建与运行可以有效避免培养的学生与社会脱节。① 这种模式在国内多所高校推行并收到良好的反馈。例如,光明日报社与中国政法大学共建“光明新闻学院”,双方在共建管理机构、精品课程、骨干队伍、实践基地、研究智库等方面展开了深度合作。上海市委宣传部2001年与复旦大学共建新闻学院,开创了我国新闻传播人才培养的新模式,学界和业界实现深度融合,培养了大批优秀传媒人才。南京晓庄学院与新华报业集团成立新媒体创新实训基地,在短视频创新、短视频助农、直播赋能品牌等多方面展开合作。该实训基地与教育专业融合,发挥传媒力量,为大学生们提供真切了解市场经济的机会,激发全省高校创新实践原动力,为经济发展凝聚特色优势。南京晓庄学院与江苏经济报社合作成立智媒体创新实训基地,在乡村经济振兴、文旅创新方面紧密合作,将实体项目引入实践课堂教学中,既锻炼学生的动手实践能力,也帮助企业解决实际问题。南京晓庄学院与中兴通讯股份有限公司合作成立5G新媒体应用创新联合研究院,聚焦新技术赋能文旅、数字产业,带领学生学习行业的最新技术,并应用到实际项目中。南京晓庄学院与南京市委网信办合作进行政务舆情数据分析研究,每年的实践课程由网信办老师直接现场实战教学,带领学生进行政务舆情数据分析,受到广泛好评。南京晓庄学院与南京广电集团共建重点融媒产业基地,在新媒体人才培养和技术研究上成为行业标杆。

3.4 积极探索创新协同育人制度

3.4.1 建立工作坊制度,确保学生校内外双导师指导

南京晓庄学院新闻传播学院与南京电视台建立“熊晖导演工作坊”,在编导创意、纪录片拍摄和影片后期包装等方面和熊晖导演深度合作;与梦回传媒合作成立“新闻综合工作坊”,在融媒体采编和作品创作方面深度合作;与校友企业“携光者”合作成立“影视创新工作坊”,在影视摄制、后期加工等方面带领学生进行实战学习和锻炼;与莫而纤集团合作成立“新媒体营销工作坊”,在新媒体营销领域带领学生实战训练。校内

---

① 戴蔚.媒体融合视阈下高校传媒实践平台建设新思路[J].湖北民族学院学报(哲学社会科学版),2015,33(6):147-150.

外双导师制度的运行确保了学生的学习效果。①

3.4.2 建立协同育人机制，确保高质量传媒人才培养

南京市政府牵头南京广电集团和南京晓庄学院共同成立产业学院，培养高质量传媒人才。产业学院聘请多位行业导师，从课程内容、课程体系、教学模式和行业最新技术等多方面对学生进行指导，积极指导学生创新创业，注重学生就业质量。南京晓庄学院成立协同育人专班，负责相关项目的执行落地。南京晓庄学院与江苏省广播电视集团溧水基地合作，确保了野外实践的制度化运行，每一位学生都有机会在基地进行专业的实践。

3.4.3 建立以赛促练和以赛促学机制，提升学生专业水平

南京晓庄学院积极鼓励学生参加专业赛事，以赛促练、以赛促学。学生在备赛过程中，南京晓庄学院配备专业老师进行指导，成立学生竞赛指导委员会保障学生参赛作品的质量。比赛的成绩与实践成绩互认，给学生参赛提供良好环境。

3.5 立德树人，开展以课程思政为指导的实践活动

南京晓庄学院地处南京，红色文化氛围深厚，可供选择资源多。结合课程思政的要求，南京晓庄学院坚持培养有马克思主义新闻观的学生，推进学生讲好南京故事、传播正能量。新闻传播学院实践课程团队老师充分挖掘南京红色文化资源，把红色基因根植在实践案例中。戏剧排演课程的老师以南京晓庄学院创始人陶行知为原型进行戏剧创作，并把陶行知教育思想进行身体力行的传播，原创话剧《陶行知》成功在中小学和文化馆进行公演，受到广泛好评。新闻传播学院新媒体实务课程老师带领学生以雨花英烈为原型进行新媒体作品创作，通过新技术讲好正能量故事。学生创作出声音作品、图文作品等并在各类比赛获奖。交互媒体设计的课程老师带领学生以渡江战役纪念馆、侵华日军南京大屠杀遇难同胞纪念馆的相关素材，创作了交互数字作品，用新手段铭记历史。其中有学生用虚拟现实技术建设线上数字展馆，以此申请并获批了大学生创新创业训练计划项目。新闻传播学院老师带领学生进行教育界校友口述史的研究工作，采访校友生平优秀事例，并进行影像资料的摄制和采集工作。这既锻炼了学生的专业实践能力，也对学校校友资源建设做出贡献。新闻传播学院连续 15 年为

---

① 刘楠.从田野实践寻找新脉：中国传媒大学“大地传媒坊”教改“双驱动”模式探索[J].青年记者，2021(13)：84-86.

侵华日军南京大屠杀遇难同胞纪念馆提供志愿讲解服务,并以此为创作素材拍摄纪录片获专业比赛的奖项,学习强国、《扬子晚报》等媒体多次报道。

4.传媒专业实践教学改革成效

网络新媒体专业经过多年的实践教学改革初见成效,目前的培养方案和教学理念均面貌一新。学生团队的作品获省级以上奖项 50 余项,大学生创新创业计划获批省级重点项目 8 个。教师团队发表高水平科研论文若干篇,获批纵向科研项目 20 余项。网络新媒体专业的实践教学改革在地方普通院校处于领先地位。

南京晓庄学院新闻传播学院充分利用丰富的红色资源进行实践教学改革,并结合学生志愿者项目和社团活动开展了丰富多彩的实践,获得校教学改革成果奖一项、国家级志愿服务表彰等。学生就业率逐年提高,其中高质量就业成绩喜人,91%从事和本专业相关的工作,其中创新创业学生占 15%,学生毕业后对母校的好评率达 90%,毕业后在用人单位普遍受到好评,社会对学校培养的传媒人才质量认可度高。虽然新闻传播学院在实践教学的组织和师资配备方面还有一定的不足,但是在改革成效方面总体比较好,学生积极性强,学习效果好。

5.结语

党的二十大报告指出,要加强全媒体传播体系建设,塑造主流舆论新格局;巩固壮大奋进新时代的主流思想舆论。新形势下我们要推动媒体融合向纵深发展。加强全媒体传播体系建设,紧跟时代积极用好融媒体新技术是支撑,健全适应媒体变局的运行管理机制和建设人才队伍是保障。我国正在进入一个传媒产业深化改革与快速发展的关键时期,传媒教育与传媒产业联动,必须紧跟时代前沿发展,传媒人才实践的教学改革和创新必将助力传媒业的发展。

〔瞿文燕,讲师,南京晓庄学院新闻传播学院实验中心主任〕

四维融合：科教兴国战略下传媒人才培养新路径*

◎何　倩

摘要：本文结合新文科建设、智媒技术发展、媒体深度融合的时代背景，指出传媒人才的培养需要从文理交叉、新旧融通、理实结合、产教融合四个维度进行融合教学与改革，并提出强化价值引领、加强队伍建设、关注社会需求，贯彻实施科教兴国战略，创新培养现代化建设所需的应用型传媒人才。

关键词：四维融合；传媒人才；创新培养；科教兴国

1.引言

媒介网络化、信息数字化、传播多元化决定了传媒生态环境的重构，围绕“科教兴国、人才强国”战略，传媒高校需要转变教学理念、更新培养模式、提高教学质量，积极探寻传媒人才培养的新路径。

2.传媒人才创新培养的时代背景

党的二十大报告中提出，“实施科教兴国战略，强化现代化建设人才支撑”“必须坚持科技是第一生产力、人才是第一资源、创新是第一动力，深入实施科教兴国战略、人才强国战略、创新驱动发展战略”。这一论断深刻阐明了科教兴国战略的重大意义。科技发展靠人才，人才培养靠教育，因此，高校传媒专业需要根据社会发展予以创新改革，并依据时代的需求适时培养应用型传媒人才。

---

* 本文系2021年四川省首批省级新文科研究与改革实践项目“媒体深度融合战略背景下新闻传播类专业改造提升改革与实践”的阶段性成果、四川传媒学院2021年教育教学改革“省级培育”项目“推进产教深度融合创新人才培养模式路径探究——以网络与新媒体专业与郫都区融媒体中心协同育人为例”的阶段性成果。

在科教兴国战略下,笔者对传媒人才创新培养的背景进行解读。首先是新文科建设背景。高等教育全面推进“新工科、新医科、新农科、新文科”建设,新文科是相对传统文科而言的,它以新经济、新科技、新时代为发展背景,突破传统文科的思维模式,推动传统文科更新升级,“从学科导向转向以需求为导向,从专业分割转向交叉融合,从适应服务转向支撑引领”[①]。新文科的建设发展对新型传媒人才培养的目标、规格、能力、素养等方面提出了新要求。

其次是智媒体发展背景。智媒体是基于人工智能、移动互联网、大数据、虚拟现实等新技术的生态系统,以用户为中心,以满足用户需求为目的,进行智能化的信息采集、信息加工、信息分发的新闻生产模式。智媒技术促进了传媒产业的发展,同时也给传媒领域带来了深刻变化。智媒时代的到来,为新型传媒人才的培养带来了新的命题和新的挑战。媒体智能化对传媒专业人才原有的能力与素质造成冲击,传统教育已滞后于技术发展,创新传媒人才培养途径已是当务之急。

再次是媒体深度融合背景。媒体深度融合极大改变了主流媒体的存在方式、生产流程、功能定位和运行模式,与之相伴的是媒体融合背景下整个传媒环境的重构与改革。我国大力推进主流媒体面向融媒体机构战略转型。传统的新闻传播学科专业的培养规格和要求已难以满足融媒体机构对人才的需求。媒体融合的新发展决定了人才培养的新方向——创新型融合新闻人才,即能够掌握全媒体技术,运用融媒体手段,生产融媒体产品,进行融合新闻报道,达到传播效果最大化的新闻人才。

基于上述内容,传媒专业的人才培养需要跟上时代步伐,在教育、科技、人才“三位一体”背景下,明确科教兴国战略在新时代的科学内涵和使命任务,进行传媒专业人才培养的创新路径探索与建设。

3.传媒人才创新培养路径探索

3.1　文理学科融合

分科治学是不少高校采取的主要教学方式,高校普遍认为这样能更好地体现学科的专业性和教学的专门化。然而,随着互联网和信息技术的发展,人文领域与科技领域呈现交叉发展的新态势,人文学科与科学技术融合,学科之间的边界日益模糊。这一变化引发高等教育学科生态体系的深刻变革,其所带动的多学科集成创新正驱动高

① 王铭玉,张涛.高校“新文科”建设:概念与行动[N].中国社会科学报,2019-03-21(4).

等教育不断改革发展。① 科教兴国战略把科技和教育摆在社会发展的重要位置，文科类专业人才的培养需要突破人文社会科学的限制，打破传统文科与其他学科之间的壁垒，文科和理科互补，人文和科技互融，形成既有深度又有广度的联动效应。

高校新闻传媒专业招生以文理兼收为主，但总体上文科学生报考居多，更具文科属性。传媒专业学科构建中，文科类课程居多，其一般性特点是注重课堂讲授，偏重理论学习、规律探讨、价值引领与人文思考，对学生的阅读、写作、理解能力等方面的要求相对较高。随着时代和媒体的变化，理工领域知识的融入促进了传媒行业的新发展，相较文科类学科，理科类学科更注重逻辑思维的培养和实验应用操作，更重视科技类知识的学习和研究。科教兴国战略背景下人文与科技的交汇是传媒人才发展的必然路径，文理学科融合需要传媒专业人才培养新的思维范式。

传媒类专业体系构建中，除了传统的文科知识之外，理科方面的知识，特别是以数字技术、信息技术、人工智能为代表的新技术也应是学生学习的重点。在文理层面进行综合性跨学科交叉学习，可以促进学生素质和能力的全面提升。以网络与新媒体专业为例，此专业是为适应互联网行业与新媒体发展趋势所设立的，具有较强的跨学科和应用性特征，是“文”与“理”、艺术与技术、网络技术与数字媒体结合的综合体。网络与新媒体专业作为新闻传播类专业之一，其核心基础是掌握新闻传播理论知识和方法。相较其他传媒专业，其特色在于通过新媒体技术和网络平台进行新闻报道和视听传播，因此，面向互联网和数字化技术的发展，需要开设网页设计、平面设计、数字剪辑、UI交互设计、数字图像处理、数据挖掘分析、虚拟场景设计、三维设计、人工智能技术应用等课程，同时可以开设“数字＋”“大数据＋”“人工智能＋”等跨学科培养项目，以科技与人文、文科与理科融合发展的方式推进人才培养工作。

3.2 新旧知识融合

新媒体与网络技术的发展对传统媒体形成巨大冲击，特别是进入移动网络时代后，各种以数字技术为基础的新型媒体大量出现，新旧媒体的界限逐渐模糊，形成立体融合、多元发展的现代传播体系，崭新的媒体融合时代已经到来。媒体融合打破传统，高校传媒人才培养和传媒学科建设面临机遇与挑战，需要更新教育理念，在原有学科体系中融入新兴媒体和前沿科技知识，进行新型传媒人才的培养。

当前传媒人才的培育中，首先，核心的专业知识如采访、拍摄、写作、编辑、传播等

① 廖祥忠.探索“文理工艺”交叉融合的新文科建设范式[J].中国高等教育，2020(24)：6-7.

方面的内容依旧是学习重点。最基本的新闻传播能力是每一个时代传媒的人才都应该具备的,因此在高校教育中需要延续和加强。其次,传媒环境的重构所带来的影响,要求对旧有体系进行补充、完善,比如在采访和写作课程中补充融媒体方面的相关内容,在拍摄课程中补充移动媒体拍摄的技巧技术,在编辑课程中补充网络视听产品剪辑方法,在传播课程中补充短视频、直播等新兴媒介以及网络用户等相关内容。再次,需要在原有知识中加入数据分析、用户画像、算法应用、人工智能、虚拟现实、人机交互等新知识,紧跟新闻传媒行业的最新动态,提升传媒人才的综合素养。

围绕"科教兴国"战略对人才培育的要求,以新闻学专业为例,旧体系下的新闻学培养方案和体系适应传统媒体时代的人才需求,新兴媒体的到来和新技术的发展给传统新闻学带来了冲击和影响。比如,人工智能已经渗透到新闻内容的写作、分发、审核、运营等各个层面,大数据被用于优化用户体验,算法被用来分析用户行为,区块链技术可以保护新闻知识产权。① 新闻传媒越来越智能化,因此,新闻学专业在人才培养体系中除了传统的采、写、拍、编、讲、传等基本专业能力外,还需立足新闻融合发展的特点,增设数据分析、融合新闻学、数据新闻可视化、交互设计、VR 技术、短视频新闻、AI 技术等课程,适应智媒时代对于新闻采编人员的要求,推进新闻学专业与计算传播学、信息技术、人工智能、网络工程等专业融合,完善旧知识,补充新知识,探索新途径。

3.3 理论与实践融合

传媒专业人才的培养离不开理论知识的学习和实践能力的训练,而实际教学往往将理论和实践分离或者侧重某一方面。要培养适应新时代的融媒体人才,二者需要结合,形成一体化教学,做到"理中有实,实中有理"。

首先,理论学习对于传媒专业来说非常重要,其作用在于培养学生的理论素养,形成理论体系架构,为实践学习奠定基础,但理论学习并不是枯燥知识的讲授和脱离实践的空洞研讨,而应是对专业实践予以指导的理论学习,更是一种应用智慧的培养。其次,基于传媒专业所具备的应用性特点,实践实训对传媒人才的培养也非常重要。传媒专业应当注重培养实操能力,但实践不能脱离理论知识的学习,它需要深厚的理论基础作为指导,不是培养只懂操作的"技术型人才",而是培养高素质的"综合型人才"。教学中,理论和实践二者彼此融合、互为补充,学生才能既掌握扎实的理论知识

---

① 余悦玫.融合媒体时代高校传媒人才培养创新路径研究[J].新闻传播,2022,(13):78-80.

又具备熟练的操作技能,才能顺应传媒业界需求和科教兴国战略要求,成长为创新型现代化建设人才。

在理实一体融合的传媒人才培养路径下,传媒专业应做到两方面:一方面重视理论学习,侧重理论知识对专业学习的指导性;另一方面灵活运用所学理论加强实践训练,在仿真实验环境中提升学生的动手能力。以四川传媒学院融合媒体学院广播电视学专业为例,在理论学习方面,该专业注重广播电视概论、新闻学理论、传播学概论、马克思主义新闻思想、新闻传播伦理与法规等课程的学习,这些理论知识的学习和实践课程并不是割裂的,所有理论知识的学习都为实践学习打下基础,理论知识也能在广播电视采访、电视摄像、电视画面编辑、广播电视写作、电视专题片创作、融合媒体操作实务等专业实践课程中得到运用。比如,其中实践类课程"融合媒体操作实务"在媒体融合发展背景下创设,该课程开设在第三学年,是对学生前两年所学的理论知识和单项实践能力的整合性综合训练。高校应利用课程创建融媒实验环境,打破传统新闻教学的模式,融入智媒体技术,进行线上线下理实一体的仿真实训教学,在融媒体虚拟仿真实验中心实现教学与业界同频,让学生运用所学理论知识,掌握在融合媒体平台场景下从事实际工作的能力,实现与融合媒体工作岗位无缝对接。

3.4 产教协同融合

党的二十大报告提出:"全面提高人才自主培养质量,着力造就拔尖创新人才,聚天下英才而用之。""创新人才"的培养应该坚持走"应用型"道路,"应用型人才"的培养是当前传媒高校实现高质量内涵式发展的关键,其重要的培养新路径便是产教融合协同育人。"'产教融合'是打通传媒教育链、人才链与传媒产业链、创新链的重要手段"[①],通过产教深度融合培养出适应社会需求的应用型传媒人才,才能更好地服务地方、助力经济、促进社会发展,实现科教兴国、人才强国的战略目标。

传媒高校早期一般通过简单的市场调查进行人才培养的定位与改革,或者根据行业专家的调研对专业人才培养方案和教学课程创设进行调整与补充。现在,随着数字和信息技术的发展、传统媒体的结构转型以及传媒环境的重构,创新型传媒人才的培养需要重新认知产业格局,更进一步与市场接轨与业界同行,简单的市场调查与专家调研已不能满足当前社会的需要。因此,与传媒业界深度融合、协同培养是人才创新培养的重要路径之一。学生走出学校、走进业界,主要可以通过两种产教融合的方式:

① 马洪奎,陈锦宣.平台搭建:应用型传媒院校深化产教融合的现实路径——以四川传媒学院为例[J].传媒,2020(23):78-81.

一方面,传媒高校与业界单位进行项目合作,学生在校内实践教学中动手能力已得到提高,在此基础上进入真实场景学习锻炼;另一方面,业界单位成为传媒专业实习基地,让学生进入真实的工作环境中实习,把自己的专业所学予以运用,在实践中提升进步,实现社会业界与专业教育的“产教深度融合、校企紧密合作”。

以笔者所在的四川传媒学院融合媒体学院为例,融合媒体学院积极推进产教融合协同育人。首先,学院和四川省内外多家广播电视台、融媒体中心、文化传媒公司签订协议,共建实习基地,常态化派出学生前往基地进行专业实习。同时,学院成立校媒联盟,签订合作项目,让学生参与其中,在全真媒介生产环境中工作,提升学生的综合实践能力。其次,学院把传媒业界的优秀记者、实战人才、专家精英请进校园,进行讲座式授课和第二课堂指导,并为高年级学生配备一定比例的传媒业界导师。同时,学院派出专业教师和专业主任在四川电视台、成都电视台、四川新闻网及各区县的融媒体中心挂职锻炼,提升教师的业务能力,掌握传媒的最新动态,完善人才培养方案的修改与制订。融合媒体学院通过产教融合协同育人,避免传媒高等教育与社会市场需求脱节,从而探索一条适应传媒专业人才建设的创新之路。

4.传媒人才创新培养需要注意的3个方面

4.1 强化价值引领:为党育人为国育才

在网络信息技术快速发展与媒体深度融合的当下,传媒人才的创新培养需要坚持“为党育人为国育才”原则,强化价值引领,牢牢把握价值导向。传媒教育必须把“培养社会主义建设者和接班人”作为传媒人才培养的根本任务,传媒专业独特的专业属性也决定它的人才培养目标必须把政治方向摆在第一位。[①]同时,在信息繁杂的智媒网络时代,新闻报道应保持高度、深度和温度,倡导“科技向善”,坚守“为国为民”情怀,应将培养具有正确的理想信念、价值观念和道德修养的人才作为传媒高等教育的价值取向。

4.2 加强队伍建设:教师与业界发展同频

传媒人才的培养是否紧跟时代需求与专业教师的知识储备是否更新直接关联,因此需要加强师资队伍建设。首先,传媒专业教师要密切关注前沿动态,具备互联

① 张书玉,王雪梅.“新文科建设”中应用型传媒人才培养的再定位[J].传媒,2021(3):82-85.

网思维，在传统媒体知识体系上打破旧观念、融入新思维，在网络媒体背景下去思考新闻传媒的发展和全媒体人才培养需求；其次，专业教师需要更新知识结构，熟练掌握新兴媒体知识和网络信息技术，让大数据、区块链、网络算法、人工智能、虚拟现实、元宇宙等内容进入专业课堂，建设智媒体仿真实验室，加强应用性教学；再次，专业教师需要通过挂职锻炼、技术培训、专业研修、学会研讨等途径提升自己的业务能力，建立跨媒体、跨学科、跨文化的融媒思维观，真正实现文理交叉、学科交融，与业界同频共振。

4.3 关注社会需求：及时反馈，与时俱进

纵观当前的媒介传播环境，网络化、数字化、智能化、虚拟化进程加快，在新兴媒体不断更新迭代的环境中，传媒各专业负责人和专业教师需要保持良好心态，迎接挑战，推进改革，依据社会发展和业界的需求优化人才培养方案和完善课程体系。同时，人才培养方案的制定不能闭门造车，传媒专业负责人应积极与业界沟通，从业界了解传媒人才的需求，及时调整人才培养方案，弥补人才培养中的短板，加强特色化培养。传媒人才的培养要具备一定的前瞻性和引领性，抢抓机遇，部署战略，主动应变，把握方向，善谋规划，明确路径，培养创新型应用型传媒人才。

5.结语

对于科技水平的提高、人才资源的涵养、创新能力的激发来说，教育是根本和基础。传媒高校需要践行科教兴国的时代担当，强化新闻传媒人才队伍建设，从“文理交叉、新旧融通、理实结合、产教融合”四个维度进行传媒人才的创新培养，与时俱进提升内涵，助力时代新发展。

〔何倩，副教授，四川传媒学院融合媒体学院网络与新媒体专业主任〕

新文科背景下戏剧与影视学专业教学改革实践路径研究*

◎ 刘亚男

摘要:在新文科背景下,戏剧与影视学专业的教育改革与创新发展已经成为焦点,戏剧影视学科需要重新梳理与创新,强化学科内部的关系是未来可持续发展的关键。本文以学科交叉、线上线下混合式教学、多元思维、互动创新等实践路径为研究方向,聚焦戏剧与影视学专业教学改革过程中艺术教学的改革创新、教学模式创新等方面,并提出具体对策,为提升学生综合实践能力和双创能力,打通学科壁垒,提升人才培养质量,推动戏剧与影视学专业教学改革、教学创新提供思路。

关键词:新文科;戏剧与影视学;教学改革

在智能互联、创新多元的新时代,新文科建设是新时代人文社会科学发展的新要求,是教育发展的适时应变之举。新文科的“新”是要打破每个专业之间相互隔离、不可逾越的“知识壁垒”;改变传统“流水线”教育模式,翻转师生主客体身份;体现从“互联网+”到“人工智能+”的观念。新旧动能转换、多元互动、多学科交叉、多专业协同,将为人才的全面发展提供更契合现代社会需求的技能素养实训,推动艺术、科技、经济等多学科的跨界互动与交叉融合,走向合作共赢,以此提高国家文化软实力和国际文化影响力。

1.新文科背景下戏剧与影视学专业教学改革方向

瞄准新文科的定位进行的改革,不是教育内容的变化,而是组织形式的变革。艺

* 本文系河北省高等学校人文社会科学研究项目“新文科背景下影视传媒类一流专业建设策略与路径研究”(课题编号:SY2022103)结项研究成果;河北传媒学院教改课题“产学研融合赋能艺术专业硕士实践教学改革研究”(课题编号:HCYJSJGY07)结项研究成果之一。

术教育的目标，不是培养传统专业中的某项具体技能，而是培养跨越现有专业与学科边界，利用多学科交叉、多专业互融、多层次渗透、多形式拓展，能够掌握创新技能的综合型人才。因此，新文科背景下的人才培养目标同社会发展有极为密切的关系，培养专业素养高、学术能力强、综合技能精、创新思维活、具有适时应变与解决现实问题能力的新人才，是未来社会、经济、文化可持续发展的动力。

传统影视艺术教育，主要依靠课堂教学，“满堂灌”的教学模式已经不能提供与社会及行业发展相匹配的知识，呈现出越来越多的问题。因此，要解决戏剧与影视学专业艺术教育所存在的实际问题，首先要搞清楚理论和实践的关系。因此，问题解决式课程成为戏剧与影视艺术课程教学改革的一种趋势。将数据采集与分析、新媒体传播、网络智能互联等其他学科知识运用到戏剧与影视学专业教育的过程中来，在文科专业基础上进行教学模式改革，在夯实通识教育、素质教育的基础上，大力推出优质金课和国家级省级线上线下混合式一流课程。

2019 年，全国高校在新文科背景下大力推进“金课”建设。2020 年结合疫情防控背景，高校规范组织教师线上教学。进一步推进线上教学，既要明确当前线上教学“教什么”和“怎么教”，又要不断探索开学后课堂教学与线上教学的有机结合。近年来，高校制定并推广“一课一策、一科多策”的在线教学方案，开展教学内容改革和教学模式与方法创新，积极践行教育教学改革，在新文科背景下充分利用新媒体，在教学改革中探索出一条线上线下相结合的有效教学方法。当下戏剧与影视学专业在传统技艺之上融入了 3D、AR、VR 等新技术，进一步激发了专业创作和创新的潜能；在学科建设上力争实现学科的多元化重组与文理交叉，同时也把新技术纳入艺术、哲学、文学等课程中，促进课程建设的智能化、互动性升级；[①]在课程建设上则探索“互联网＋”时代的课程形态，着重推进线上课程、线上线下混合课程、线下课程、虚拟仿真实验课程等的建设与发展。

2.新文科视野下学科交叉融合创新教学模式

融合创新也就是学科之间的交叉，不同门类学科的交叉形成全新的学科方向。如将技术与艺术进行有机结合而诞生的数字媒体艺术专业，影视学与教育学融合产生的影视教育专业……跨学科、跨领域、跨语种、跨功能的融合创新为戏剧与影视学学科的

① 周星.新文科视野下的戏剧与影视学类专业、学科与课程建设[J].浙江师范大学学报(社会科学版).2021(4)：1-10.

可持续发展提供了强大动力,同时在一定程度上激发了迭代创新的启蒙与想象,形成可持续创新的良性循环。①

2.1 构建多学科交融的专业教学团队

技术融合是不可阻挡的大趋势,聚焦在文科专业的发展上,虽然不同专业有各自的专业需求,但技术的融合将打破过去传统、单一的专业束缚,将以往精细的专业切分,多向混合、打通,技术的融合会把传统意义上的单科专业,重构形成复合型专业。②

壮大"双师双能型"教师队伍,为新文科教学模式的探索提供强有力的保障,将艺术理论型教师与业界实践型教师组合;将数据采集与分析、人工智能、新媒体传播专业教师与影视技能型教师结合;将空间艺术、新媒体交互专业教师与戏剧影视学专业创新型教师结合。实现数字技术与文科的融合,开发跨学科、跨专业课程群,在戏剧与影视学科教育中运用其他学科的知识,充分体现新文科教育模式的变革。

结合社会与教育教学实际问题,大力实施"引智机制",将影视行业前沿企业与头部媒体中的优质智力资源引入大学,成立创研中心并跨领域、跨行业、跨院校合作,制定适应行业需求的人才培养方案及戏剧与影视学科课程体系,完成学校到社会、创意到成果的实质转换,并最终实现基础专业教学内容与互联网时代社会资源的强强联合。

强化教研室或课程团队集体备课,充分组织不同专业与学科的专业教师进行综合创作。在"国家精品在线开放课程"示范下,课程负责人带动各教师团队开展线上教学服务,对课程资源质量严格把关,并进行督导考核。与课程平台建立教学质量保障联动机制,了解学生在线学习情况,研发一批有特色、代表性强、数量充足的在线教学数据库,为后疫情时代的线上线下混合教学提供保障。

2.2 构建多专业交融的联合作品参赛模式

立足于戏剧与影视学各专业技术独立的特点,针对专业实践课程教学中面临的实践方式难点,教学改革实践以成果为导向,基于学习产出教育理念引导课程改革,指导学生组建自主学习团队,按照教师布置的实践内容进行创作,突出跨学科融合特色,将

---

① 胡智锋.新文科建设背景下戏剧与影视学科创新发展的若干思考[J].现代传播(中国传媒大学学报),2021,43(2):1-5.

② 胡智锋,徐粱.新文科背景下"戏剧与影视学"专业建设的理念与路径[J].戏剧(中央戏剧学院学报),2020(3):1-8.

成果导向、跨界协作和创新理念渗透到课程设置环节，使不同专业、不同课程之间有效互补、融合，建构人才的综合培养。尝试将新科技融于戏剧影视学科的建设中，在高层次上进行跨学科融通，研究专业课、通识课与理工课、新科技课的关系，探索“文理交叉联合实践”。

学生以小组形式在课上汇报创作环节和流程，教师全程监控并进行线上线下双指导。同时，要求学生根据项目内容和项目规模大小来构建团队，打破学生原有的专业方向，小组成员按照职务分工跨专业进行遴选。在阶段性汇报过程中，不同专业的学生分工协作、求同存异、沟通磨合，甚至优胜劣汰，最终生成所期待的项目成果。这样的团队协作，可以使学生适应毕业后将面临的社会化竞争机制。

教师有针对性地梳理国内外各类竞赛，与教学内容、实践作业、毕业设计等紧密结合，广泛动员师生在中央媒体、教育系统媒体、网络思政等平台组织的活动中积极投送作品，充分运用好微博、微信、社交媒体、视频网站、手机客户端等传播平台，整合作品择优报送。

2.3 构建多向度交融的产学研创新教学模式

新文科背景下，创新教学成为当前戏剧与影视学专业教学改革的探索方向，可以通过构建产学研结合的教学模式来完善专业教学的发展与保障教学成果的社会化有效转化。首先，立足于戏剧与影视学专业的学科特点和要求，结合后疫情时代行业发展现状及趋势，综合考虑各高校专业条件及师生层次等多方面因素，应考虑建设多样态的产学研实践实训基地，如校内特色工作室、校外企业基地、校企合作项目、校外引智项目等。其次，搭建产学研教学平台，实现校企深度合作，建立健全校内保障监督体系和校外企业管理制度，双向并进，对教师队伍的组建、教学运行、教学质量进行督导；学生群体素质、实践进度、实践质量评价等具体环节设置专人进行组织管理和监督反馈，切实保证实践实训效果。最后，构建多向度多层次的课程体系，实施现代新型“学徒制”，引进行业前沿技术专家参与实践教学，通过“虚拟仿真实验表演、播音主持”项目，“人工智能戏剧、导演”课程，“大电影拍摄全流程专业融合”项目等实际案例或者项目进行实践课程教学，并根据内外结合的课程评价机制，对实践教学成效进行科学有效评价。

3.新文科背景下“线上线下混合式”课程教学模式

《教育部关于一流本科课程建设的实施意见》为新文科视野下优质课程的构建方

向提供了重要的指引,线上线下混合式课程作为重要的课程模式也必将激发课程建设的新内涵和新方向。通过设置新型课程来培养新型学生,顺应互联网时代的网络影视传播趋势,使学生的培养适应时代的需要。①

3.1 基于混合式教学的教学模式设计

混合式教学是网络课堂教学(线上)与实体课堂教学(线下)相结合的一种教学模式,混合教学模式设计的总体思路是把优质网络资源嵌入小规模限制性在线课程(SPOC)架构中,以 SPOC 学习为主线。在具体教学中,以实体课堂教学为主、其他网络学习为辅,充分发挥教师的主导作用和学生的主体地位,师生协作共同完成整个教学流程。教师充分利用多种教学方式和教学方法,带动学生完成课前自学、课中研学和课后创学三个环节,课内课外相协调,线上线下相融合,线下教学和网络学习优势互补,合理增加课程难度,激发学生学习兴趣,切实提高课程教学质量,提升教育教学效能。课程中的教学方法以问题解决式驱动为主线,除课前自学、课中研学、课后创学三个环节外,还强调"一部作品、二种反馈、三次内化"。

3.1.1 一部作品

课前自学中,学生根据教师指定的一部戏剧或影视作品进行学习,观看教师发布的 SPOC 视频,加入班级讨论组,在完成学习任务的过程中发现疑惑、提出问题,并尝试通过小组协作、师生沟通等多种途径充分利用信息技术解决问题,形成课堂学习汇报的课程材料。

3.1.2 两种反馈

课中研学环节的主要目标是聚焦并解决问题。根据学生课堂上的学习反馈,以及 SPOC 平台记录的学生学习数据,教师可以很快确定需要重点解决的问题,引导学生深入讨论,并及时做出线上反馈。学生在课堂中通过独立探索、合作探究、成果交流等课堂反馈,能够使思维空间更加开阔,形成多种解决问题的方案,拓展学习深度。

3.1.3 三次内化

课前自学使学习者能够很快发现自身的知识储备存在哪些不足,通过与组员的交流,及时更新某些观点,完成第一次内化,从浅层学习向深度学习过渡。

---

① 周星,康宁.新文科建设语境中"戏剧与影视学"学科建设的得失与改进[J].戏剧(中央戏剧学院学报),2020(3):9-18.

课中研学加固了知识的意义建构，尤其是通过协作解决问题以及彼此的交流与评价，组员逐渐形成共同的合作意识与文化氛围，知识的第二次内化顺利进行。

课后创学包括 SPOC 平台上的测评与交流以及项目实践、线下摄制等。在网络学习社区中，展示优秀作品，师生互评、学生之间互评，使学生始终处于一种分析自我、评判他人、创造应用的氛围中，加速知识的迁移与运用，也加强群组间的协作，完成知识的第三次内化。

3.2 多元融合的线上线下混合教学模式

线上线下混合教学模式主要通过线上线下、课堂内外、课前课中课后等进行多方面、多角度、多层次的系统设计。整个教学活动设计包括课前自学、课中研学和课后创学三个环节。

3.2.1 课前自学

课前自学主要借助网络途径，包括微课学习、查阅资料、发现问题、交流讨论四个阶段。教师通过微课学习引导学生进行旧知识的回忆和巩固，弄清和新知识的联系。通过音视频、图片、演示文稿、文字等学习资料，学生自主查阅相关资料并进行在线学习。教师可通过注意学生观看微视频、参与测验、提出问题和讨论等数据，掌握学生学习情况，并对下一个环节的教学进行预设。

3.2.2 课中研学

课中研学主要借助实体课堂完成，包括学习汇报、展示新知、解决疑难、深度探讨、融会贯通、课堂评价六个阶段。根据学习数据，教师对旧知识进行巩固，并借助图片、音视频等资源对新知识及共性难点统一讲解。教师在课堂进行思维引导，激发学生探究意识，引导学生自主讨论、拟定解决方案并寻求结果，协助学生将新旧知识融会贯通，加深对关键问题的理解。教师根据 SPOC 的统计分析以及学生的课堂表现，采用教师点评、生生互评与学生自评相结合的方式，对学习过程、学习状态、学习结果等展开评价。

3.2.3 课后创学

课后创学主要包括项目实践、强化拓展、知识迁移、作品展示和线上评价五个阶段。教师引导学生对课堂内容进行深度思考、设计实践项目，此部分需要学生自主学习完成一部实践作品，是对新旧知识和实体课堂在混合教学中学习效果的集中检验，最终作品上传到网络学习社区,进行学生和教师评价。

3.3 教学效果评价与比较

针对艺术类专业特殊学生群体,利用MOOC、SPOC资源及在线评价、交流等功能来改变传统课堂教学现状,融合在线学习与传统课堂教学,形成新的混合学习模式。基于慕课的混合式学习,教师能将面对面的课堂教学和网络学习有机融合起来,实现教学效果的最优化。课程中教学评价以学习态度、学习能力与学习成效三大方面为主,将过程性评价与总结性评价相结合,设置多种评价形式。

3.3.1 SPOC智能评价

首先,SPOC针对学习过程的追踪记录、自动评分、统计分析等功能,协助教师及时了解学生的学习状态、投入程度和认知过程;其次,SPOC的后测区是对学生学习结束后的检测及评价,将前测与后测进行对比分析,可以获知学生认知结构的发展水平以及认知图式的变化。

3.3.2 课堂师生评价

课堂教学过程中,学生对整个课堂教学内容进行评价、对任务完成度和协作度进行自我总结评价、学生之间对协作完成度互评、教师结合教学过程和课堂作品对学生进行课堂评价,并对整个教学进行评价。

我们要充分利用好现有的网络平台、学校平台及学科资源,发掘自身的教学特色与优势,建设一批富有时代气息、价值引领正确、凸显人文思辨、提升审美涵养、融合技术前沿的线上线下混合式课程,真正实现戏剧与影视学类学科的格局延伸、人才培养质量提升。①

4.数字化时代专业课教学形式与课程思政内容双优化

4.1 数字化教学形式优化

传统媒体面临媒体融合趋势下的大变革,相关专业的教学也应随之变革,要深入研究互联网时代数字化媒体的特性,充分利用影视语言的优势,在影视作品制作理念

① 周星,任晟姝,周安华,等."新文科建设背景下戏剧影视学科的融合化、中国化与国际化发展"笔谈[J].辽宁大学学报(哲学社会科学版),2020(5):174-184.

上加以创新，通过“读”“写”“摄”“演”“创”等形式，积极引导师生用自己的视角、语言、体验进行短视频的实践创作，对内容生产主体的个性化与多元化进行挖掘。伴随着人工智能技术的不断发展，影视作品中的交互性和沉浸感也逐渐凸显其独特魅力。以此为突破口，教师在教学形式上探索借助互动技术，利用智慧教室将学生带入智能＋科技＋艺术的课堂之中，通过“听”“说”“学”“练”“剪”等形式，充分开展内涵丰富的实践教学活动，并进一步结合课堂教学、校园文化、社会实践、网络文化等载体，将线上、线下结合的混合式教学模式常态化、一体化融入日常教学体系，切实探索出新文科戏剧与影视学科实践教学的改革之道。

重视线上课程建设，将线上课程建设提升到与线下教学基本一致的地位上，开发建设网络课程资源，包括与教材匹配的课程教学大纲、课程考核大纲、多媒体电子书、电子课件、慕课视频、教学动画、电子教案、案例教学库、习题库。保证线上线下混合式课程和教学团队的可持续发展，进一步提升其线上线下混合式金课教学水平和实践能力。

根据课程性质、学生学习阶段（专业）分类，建立分层式线上课程建设，不搞一刀切。开创多种教学方法：大理论＋小实践教学；课堂＋网络教学；模拟＋练习教学；项目＋任务教学；课题＋论文“教、学、做合一”教学；圆桌会议教学；案例研讨教学；专题讲座教学。同时，将课程分为网络自学、线下课堂教学、课堂结组讨论、课后实践创作四个教学部分，切实做到线上线下混合式教学，将师生形成的网络教学默契与成果延续到实体课堂教学中。

通过吸纳课程等方式实现艺术学科既注重技能技巧的实践性，又注重理论逻辑的完善性。戏剧影视类学科只有不断强化自己的创作精神追求，在理论逻辑上更进一步发展，才能更长远地适应包括智能时代人类发展的文化精神需要。①

4.2 课程思政融入内容优化

着眼于戏剧与影视学专业学生普遍存在的专业技能娴熟但文化底蕴不足的实际问题，应在专业课程教学过程中始终贯穿社会责任意识和创新创业精神的培养，关注学生人文素养的提升，引领学生树立正确的人生观、价值观。加强学生明辨是非、去伪存真、求同存异的媒介素养教育，是高校影视教育的重要内容。

优秀影视作品作为意识形态的有效载体融入课程思政，坚持将课程思政贯穿教学

① 周星，康宁.新文科建设语境中“戏剧与影视学”学科建设的得失与改进[J].戏剧（中央戏剧学院学报），2020(3):9-18.

全过程,把立德树人作为根本的价值诉求,遵循审美教育原则,积极挖掘课程中的思政元素,注重提炼优秀影片中积极向上、鼓舞人心的内容,将思想政治教育融入课程内容,在“知识目标”和“能力目标”的基础上,增加“社会主义核心价值观目标”“情感态度目标”和“职业素养目标”,强化教书育人,全面提高学生的审美和人文素养,增强文化自信。

将课程思政内容有效引入网络课堂,充分利用网络教学平台对教学模式与内容进行改革创新、系统谋划、统筹推进。在教学改革过程中,以精彩的主旋律影视作品片段作为案例,以第二课堂的方式进行优秀主旋律影视作品展映,延伸思政教育,学生学习的积极性、主动性被充分调动起来,课上课下互动活跃。实践证明,影视艺术以其独特的魅力和优势,以恰当的方式融入高校思政教育,能够有效助力大学生成人成才,切实增强课程思政的实效性。

结合戏剧与影视专业特色,“讲好中国故事,树立中国形象,传播中国声音”,将中国传统文化经典故事、中国发展进程中的闪光人物作为典型案例融入教学之中。在整体视野下把握历史规律,在中国态度与中国视角下形成特有的表达方式和传播方法,把高校师生创作的音乐、动画、诗歌朗诵作品及校友在各行各业的事迹融入教学之中,着力培养学生理解分析问题的能力和社会责任意识与担当。

5.结语

在当今新文科大背景下,高校戏剧与影视学科专业人才的教育与培养,需要重新梳理并前瞻性地设计培养方案。学生的跨学科视野、跨专业技能、跨领域实力是高校戏剧与影视艺术教育的重要课题。高效协作应变、开展有效沟通、切实解决问题、敏锐获取信息、准确表达传播等行业工作岗位对人才的需求,把握国际形势发展树立民族自信,都是高校戏剧与影视专业实践教学高质量发展的使命与责任。

〔刘亚男,副教授,河北传媒学院影视艺术学院教研室主任〕

话剧《徐大同》排练演出的追梦历程

◎杨爱君　赵　维　赵　强　崔　杰　肖哲予

摘要：话剧《徐大同》是由天津师范大学独立策划完成的原创剧目，探索人物传记式话剧创作方式，用“小舞台”搭建思政“大课堂”，创新了思政课堂的实现方式，是天津师范大学献礼党的二十大进行的课堂实践创新。该剧从前期筹备、日常排练到后期展映，开创性地实践了编剧全程跟组磨合、导演组全程陪伴式指导的师生合作新方式。该剧在话剧舞台上进行的场前包装和后期宣传的探索同样卓有成效，话剧的成功展映体现了师生合作的新典范，彰显了话剧舞台上师生合作的新优势。

关键词：话剧；原创；思政；师生合作

话剧《徐大同》是由天津师范大学独立策划完成的原创剧目，从编剧到演员，全部来自本校师生。徐大同是我国著名政治学家、法学家，天津师范大学资深教授、博士生导师，话剧《徐大同》再现了徐大同无限忠诚于党、毕生奉献于党的教育事业的感人故事，全景式反映了徐大同坚定的理想信念、崇高的道德品质、高超的学术造诣、大爱无疆的师者情怀和“从头越”的奋进精神，生动刻画了徐大同矢志为党育人、为国育才的师者楷模和学生心中的“大先生”光辉形象。

话剧从 2022 年 2 月开始筹备，进行剧本初稿的思路搭建和写作，同年 8 月 15 日正式开始进行话剧选角，10 月 14 日在天津师范大学音乐厅首演，获得校内师生的一致好评。在校内师生的要求之下，话剧加演 3 场，于 10 月 18 日收官。话剧《徐大同》首演后获得了包括《光明日报》、中国新闻网、学习强国、今日头条在内的 13 家国内媒体的报道。该剧用“小舞台”搭建思政“大课堂”，用观众愿意看、喜欢看、还想看的方式，引导广大青年强化使命担当、拼搏奋进新征程。

1.话剧前期准备过程

2022年2月初,天津师范大学决定立足于本校文化底蕴,弘扬徐大同先生作为中国政治学“五老”之一,为中国政治学发展奠基的伟岸精神,献礼党的二十大。学校深深植根于徐大同先生的生平经历和政治学研究历程,创新思政课堂的开展形式,选择以话剧的方式对其形象进行呈现。2022年2月初,话剧工作组开始进行人物形象的资料收集研究,对徐大同的人物形象进行多方位的立体刻画,在充分了解主人公的情况下进行剧本创作。

在话剧的演员筹备阶段,工作组克服了很大的阻力。

首先是疫情因素,为保证话剧如约首演,同学们在9月开学前便先行进入演出排练阶段,学校在疫情条件下召集大三表演班的同学先行入校。2022年8月15日,话剧正式进入选角排练阶段。因为疫情原因,15日当天选角会议采用线上的方式进行,参与选角会议的演员均为天津师范大学大三表演系的学生,演员对自己感兴趣的人物进行某一片段的表演,基于话剧剧本的人物形象进行自我内化和理解,将自我拍摄的试戏片段发送给导演组审阅,选角导演就演员表现进行综合考虑,并确定了部分角色的演员。

其次是现实因素,表演专业的实践性很强,在对学生的培养上,教师鼓励学生在不影响正常学业的情况下积极进行社会实践的锻炼,因此,大部分同学在话剧选角与排练期间仍然有校外正在进行的影视作品拍摄工作,话剧《徐大同》在演员筹备上的顺利主要得益于本校师生对校内活动的支持,这也是天津师范大学探索师生合作新方式的重要成果之一,师生间的情感纽带形成了不同于其他话剧演出的独特情怀。话剧《徐大同》的演员都是天津师范大学表演系的学生,两位表演老师和一位台词老师均是表演系教师,师生一起探索创新合作模式,使得话剧筹备上更为顺利。与其他话剧的排练形式不同的是,教师将表演课堂搬上《徐大同》舞台,演员在对话剧的熟悉与理解过程中融入角色,更获得了对表演技巧的运用能力,话剧“小舞台”搭建思政“大课堂”的初步设想迈出了第一步,在对《徐大同》演绎过程当中,思政课堂的魅力首先在演员群体上成效显著。

2.师生版《演员的诞生》

话剧《徐大同》在演出人员的遴选上做出了新尝试。

在主角徐大同先生的演员确立上，2022 年 8 月 15 日的线上选角会议结束后导演组观看了演员们所提交的试戏片段，从徐大同先生的个人形象出发，将符合人物形象的演员范围缩小；与接近徐大同先生人物形象的演员进行分别谈话，确定演员对人物形象的理解与对角色的感情，最后锁定在人物形象方面与徐大同先生十分相似的演员牛淼来饰演主人公徐大同。在随后的排练过程中，另有一位演员自发地向导演组申请进行主人公徐大同先生的片段演绎，这位同学自拿到话剧剧本初稿之日起，从未尝试过别的角色，持续不断地对徐大同先生的人物形象进行研究，多次试戏，向导演组谈及对角色的理解，为自己争取到了饰演徐大同先生的机会。至此，主角徐大同的 A、B 角正式确定下来。话剧《徐大同》剧本 3 万余字，其中主人公徐大同的台词多达 1 万余字，且串联 6 场戏，台词的背诵是一项不小的挑战。作为话剧演出的先决条件，主角演员流利地表演台词是贯穿排练全程的关键要求，从排练开始到排练结束，表演导演一直严格要求演员的台词功底，细致到字斟句酌。

话剧《徐大同》不仅在对主要人物的刻画上下足了功夫，而且塑造了生动的人物群像，话剧中出现的每一个角色都有其独特的个人形象。在为主角服务构成完整的话剧故事的同时，配角角色并未过度牺牲掉自身的性格魅力。因为疫情原因，各班仅有 8—9 名学生顺利来到校园内参与现场排练，并不是所有角色的位置演员都是到位的。为了保证话剧剧本与演员之间更为契合，话剧筹备组采用在排练过程中不断试戏的方式让剧组运作起来。除了专注于自身角色之外，演员尝试的角色多让演员更注重相互的配合，对整部话剧的行进节奏也有了更为细致的把握。选角一直持续到 9 月初学生全部返校后才最终确定下来，这时演员的选拔范围不仅仅涵盖表演班大三的同学，更是将范围扩大到了整个表演系大一到大四 4 个年级的优秀学生，随着舞台表演和话剧剧本的不断更改与磨合，最终筹备组在 9 月份完成了话剧全部角色的甄选工作。配角演员基本都是根据性格、故事情节、舞台需求，按照学生的特色选择的。

3.创新排练方式，剧本与演员共成长

话剧演出的剧本会随着话剧演出效果进行相应的修改，剧组在与观众的不断接触中倾听观众的意见和建议进行相应的调整，有益于编剧跳出传统叙事思维的禁锢，创造出更能够触动人心的艺术作品。剧组在排练过程中创造出了带有自身特色的良性循环体系，在正式演出之前就进行了内部的“自我摔打”。

首先是表演老师的分场次排练。话剧《徐大同》由两位表演老师和一位台词老师进行全程陪伴式排练,三位老师均是天津师范大学校内为表演系学生授课的荣誉教师。相较于其他话剧演出团体,师生之间无论是相处、情感交流还是误区调整都更为默契,教师熟悉学生,学生也熟悉教师,话剧排练更像一堂生动的实操性表演课程。话剧全部 6 场戏,两位表演老师根据场次内容分为一三五场和二四六场进行排练磨合,第一阶段的节奏是两天完成一轮全剧的梳理与调整,在此过程中表演老师在演出排练过程中随时喊停,为学生亲身示范,引导学生进行人物形象的理解与把握,将工作细致落到每句台词的断句和语气当中,在此阶段话剧基本打磨成型。从拿到剧本初稿进行排练选角,到跟进排练全程,再到后期合成音效、舞美、灯光,表演老师对话剧进行全程跟进与把握。

其次是编剧全程跟踪排练,促成话剧落地。自 2022 年 2 月初话剧构想开始,编剧组从收集资料起步,共修改剧本 12 稿。剧本的整理修改时间长达 9 个月,编剧组全程跟组排练,跟踪每一天的排练,及时发现问题,与导演组进行商议讨论。话剧《徐大同》做到了话剧剧本的修改始终是进行时的状态,从剧本起稿至最后呈送台前进行了 12 稿的修改。剧本修改不仅涉及具体台词的修改变动,而且做出了多次剧本整体的“战略性”调整,包括场次的内容增减、叙事顺序的颠倒以及人物角色的登场和退场时机等。编剧组跟踪话剧全程排练这一模式提供了编剧和演员沟通交流的新渠道,编剧在剧本中的表意与演员表演对角色性格的理解达到了前所未有的统一。编剧组跟踪排练时,可以更加及时地接收到表演老师对舞台表演进行的有益调整,表演老师根据舞台的表演需求修改台词,编剧会从艺术表达出发修改剧本,在不改变编剧整体表意思路的情况下最大限度地避免了导演意志与编剧意志的矛盾,编剧组综合协调导演的实践意志、舞台表现的实现性,达到了编剧、导演、舞台等各方面的思想高度统一。

最后是演员排练新机制——“车轮战”式新战略。在《徐大同》的创排过程中,编剧、导演以及表演老师全程陪伴排练,编剧、导演和演员之间没有割裂,形成亲密无间的“战友”关系。排练过程全程开启线上会议,不能到达排练场的导演及表演老师随时在线上提出相应的意见和建议,每日白天阶段正常进行排练,排练过程全程录制视频,演员每晚对自己当日的排练效果进行复盘,巩固新台词,最后形成了演员每三天观看排练视频的工作机制。演员会站在观众视角对自己的表现有更加公正的评估,更加了解自己的演出状态,并及时作出调整。为了解决书面化剧本和演员话剧表演之间的不相容,演员在向编剧、导演表达困惑的同时,找到徐大同先生所在的政治与行政学院的师生进行深入的交流,解答心中的疑问。演员从自身出发,并不仅仅是饰演这个人物,更多的是在努力成为这个人物。为了融入角色,演员首先从肢体语言方面塑造人物,无论是否在排练现场,演员仍然会在闲暇时间思考人物的行走姿势、语言动作,让自己成为这个人物。除此之外,演员会利用经典台词在日常生活中的应用,以提升对于台词的熟练程度。

4.舞美创作历程

话剧是一项综合性很强的舞台艺术形式,观众与舞台的距离很近,因此,话剧舞台的效果可以最直观地呈现在观众面前,舞美风格会影响话剧整体的艺术表现效果。作为天津师范大学的原创话剧,《徐大同》融入了更多的时尚元素,筹备组用影视思维来进行话剧的制作。话剧运用了“时间拼图游戏”的原创理念来进行舞美设计,舞台上的软景片相互拼接,可以形成天津师范大学校内比较熟悉的图案或地标,拉近与校内师生的观感距离,更为重要的一点是充分还原主人公真实人生故事的发生环境,以话剧这一艺术形式展现徐大同先生的人生故事,在蕴含艺术效果的同时尊重客观真实的故事背景,这也是《徐大同》作为原创性话剧在舞台特色上的创新。另外,整个舞美设计有一个鲜明的主题,用制作电影的视听手法来制作话剧,整个舞台的舞美设计就像电影拍摄的全景,无论是开场的静态,还是话剧中幕的动态,都在软景片的推动和拼凑中充分考虑构图、设计感,使得舞台为演员服务,舞台和演员表演完美结合并为其增色,最后构成的舞台整体效果兼顾艺术性的表意和现实性的高级观感。

在舞美风格的最终定稿时,话剧在叙事方式上遇到了不小的阻力,《徐大同》话剧剧本设计并非传统意义上的线性叙事,在充分进行艺术性表达的同时,非线性叙事也给舞台设计带来了亟须解决的难题。话剧采用倒叙和插叙两种叙事手法,最突出的问题是如何让观众领悟到话剧每幕之间人物年龄的变化,除了演员必要的妆造外,在舞台环境上大胆地使用了“用空间去表达时间”的方法,利用软景片的推动和拼凑来改变舞台空间,进而来表现时间的挪移。舞台上软景片的使用多采用地面固定的方式,这样搭建的舞台较为牢固,《徐大同》创新软景片的使用方式,要求软景片并不能简单地固定在地面上作为一种装饰,同时也要承担起部分叙事的任务,因此《徐大同》在舞台搭建上选用了悬挂式固定软景片,使得软景片可以进行移动,实现了“用空间去表达时间”。

5.音乐团队的相关工作

话剧《徐大同》作为天津师范大学的原创话剧,坚持将话剧做成完整的品牌,为了展现徐大同先生为中国政治学做出的巨大贡献,话剧工作组决定为话剧进行全方位的品牌创建,构思了话剧的主题曲。天津师范大学音乐与影视学院音乐系教师卫晓琼将她演唱的歌曲贡献出来,主题曲由庞宏作曲,并且进行重新填词。主题曲主要用于话剧开场前的气氛烘托,让观众从进入到剧场开始便获得主题曲的氛围引导,沉浸于舞台所创造出的故事情境当中。

工作组运用大提琴演绎主题音乐,制作出了话剧《徐大同》的主题曲。主题曲的使用是烘托话剧气氛的重要一环,得益于主题曲的引导,话剧带给观众的情感体验更上一层楼。

6.话剧宣传的创新方式

场前包装可以使观众进入剧场时就进入到故事情境当中,让话剧进行充分预热,达到烘托气氛的效果。

除了主题曲在听觉方面的场前包装之外,视觉方面的场前包装同样是原创话剧《徐大同》着重做出尝试的地方。如何在不影响观感且不暴露舞台陈设的情况下将话剧名称投放在舞台之上成为一项难以解决的问题。为此,话剧工作组做出了许多尝试,最后决定使用话剧中用作遮罩的两片软景片作为背板用来投放话剧名称。开场前工作人员将两片软景片推至台中,使用投影仪投放话剧名称,并使用红色灯光背衬,符合主人公徐大同先生的爱国精神,开场时将台中的两片软景片分开推至台侧,充当序幕开场的幕布。

话剧《徐大同》采用电影的思维方式制作话剧,同样也将电影宣传的思维方式应用到话剧的宣传工作中。

话剧演出前夕,话剧工作组就话剧宣传工作召开会议,因为疫情原因,话剧的主要受众为天津师范大学师生,因此工作组选择在校内为话剧宣传造势。宣传方式包括在校内宣传栏中张贴话剧主题海报、在校内宣传大屏放映宣传片,以及后续的演员定妆海报张贴和话剧衍生纪念品派发等。除此之外,话剧利用校内融媒体进行大规模宣传,将天津师范大学献礼党的二十大的话剧主题展示出来,采用公众号推文宣传,抖音、微云等短视频宣传的方式在流量集中的时间段进行投放,推送到目标群体当中,形成口碑。

话剧首演结束后反响热烈,首演当天便获得了 13 家国内媒体的报道,话剧的宣传效果达到了顶峰。话剧持续在各个平台发布短视频吸引观众,在话剧排练工作的过程中，工作组有意留存了大量的视频资料。这是话剧宣传过程中的意外收获，不同于影视剧花絮，话剧舞台的后台故事同样更有卖点，例如演员换场时的抢装、换装，演员候场时的准备状态都可以作为后续宣传素材加以利用。

不仅如此，话剧《徐大同》创新宣传的衍生方式、外出巡演的大胆设想、创新拍摄话剧电影等事务，已在推进过程中；预备拍摄的《徐大同》影视版，剧本写作已在进行。

〔杨爱君，教授，天津师范大学音乐与影视学院副院长；赵维、赵强、崔杰、肖哲予，天津师范大学音乐与影视学院硕士研究生〕

实验室建设

传媒实践教学中虚拟制片技术的应用探讨

◎ 洪　强

摘要:基于虚拟制片技术的演播室已成为影视类专业与新技术接轨的重要实验场所,越来越多的高校开始着手建设此类演播室。本文将系统讨论虚拟技术及虚拟制片演播室系统的架构、功能,总结虚拟制片的意义及在传媒实践教学中的应用。

关键词:演播室;实践教学;虚拟制片;虚实融合;XR 影棚

1.虚拟制片概述

1.1　虚拟制片与演播室

绿幕技术从诞生之日起就改变了电影制作的范式,演员可以在绿幕前表演,后期把绿幕替换成为电脑合成背景,实现无限可能的画面。在电视节目制作领域,基于绿幕技术的虚拟演播厅也广泛出现。近十年来,一种新的制作范式正在出现,它以 LED 屏替代了绿幕,这就是虚拟制片。我国一般将虚拟制片称为扩展现实(XR)制作,下文会用 XR 制作来指代这一技术。

这项技术在 2019 年出品的电影《曼达洛人》中大规模运用,现场安置了巨大的环绕型 LED 屏,摄影机直接拍摄表演者与投影有背景画面的 LED 屏幕,同时通过捕捉摄像机的空间位置信息,LED 屏上画面同步运动,产生无缝拼接的画面。从此,虚拟制片开始席卷全球,越来越多的制作单位对这项技术着迷。虚拟制片提供了前所未有的机会,通过提高设计生产力、减少错误,节省了时间、金钱和资源三大成本,从而彻底改变很多领域的固有范式。演播厅作为节目生产的核心制作场所,一般分为实景演播区、绿幕演播区、对话访谈区、站播主持区和观摩区等五大功能区。加入虚拟制片后,不仅绿幕演播区可以被替代，其他演播区也可以由虚拟演播区替代，因此，演播室建设有很大的变化。

1.2 虚拟制作的优点

1.2.1 符合真实与虚拟融合技术方向

从物理原子的实体转向信息比特的虚拟化过程，一直是技术发展的主线，当前热议的仿真、数字孪生及元宇宙莫不如此。在这个大潮下，影视制作也不可避免走向虚拟化，越来越多的图像、声音将不依赖传感器捕捉现实，转而由计算机生成。

当然，目前XR影棚还不能完全进行虚拟制作，有一部分影像是真实拍摄的，如前景的表演人物，包括人物周边的必要道具，只是在背景和叠加前景两方面做到虚拟化，这正是当前比较理想的制作形式。

1.2.2 重塑影视工作流程

虚拟制片在流程上打破了稳定成熟的影片制作流程与体系，将视效制作提前到设计环节，视效费用这项巨额开支将前置。当然，正因为效果前置，这将在根本上改变特效公司“PPT接单”对于制片方的风险，也解决了制片方要求特效公司“无限修改”的影视制作顽疾。同时，传统的人员组织结构也将变化，前期拍摄人员会大幅度减少，美术置景岗位受到冲击巨大。

1.2.3 减少制作成本

虚拟制片使电影制片需要在真实地点拍摄作品的情况大大减少，这将节约大量的人力和资金预算。借助虚拟拍摄技术，大多数模块都可以在工作室中完成，并且通过在游戏引擎中处理角色和场景，预制作与制作两个环节可以合并。同时，数字资产也可采用全世界众包模式，通过网络安全传递这些资产，这样全世界创作者的智慧被数字化，实现共享。

1.2.4 创造完全不同风格的影像叙事

虚拟制作技术可以为沉浸式演唱会、年会盛典、线上招商会、在线会议、在线教育、在线直播创作带来无限可能，突破了创作技术壁垒。

1.3 系统架构

基于虚拟制片技术的演播室硬件一般包含影像控制系统、LED屏显系统、灯光控制系统三部分。典型虚拟制片系统组成拓扑图如图1所示。

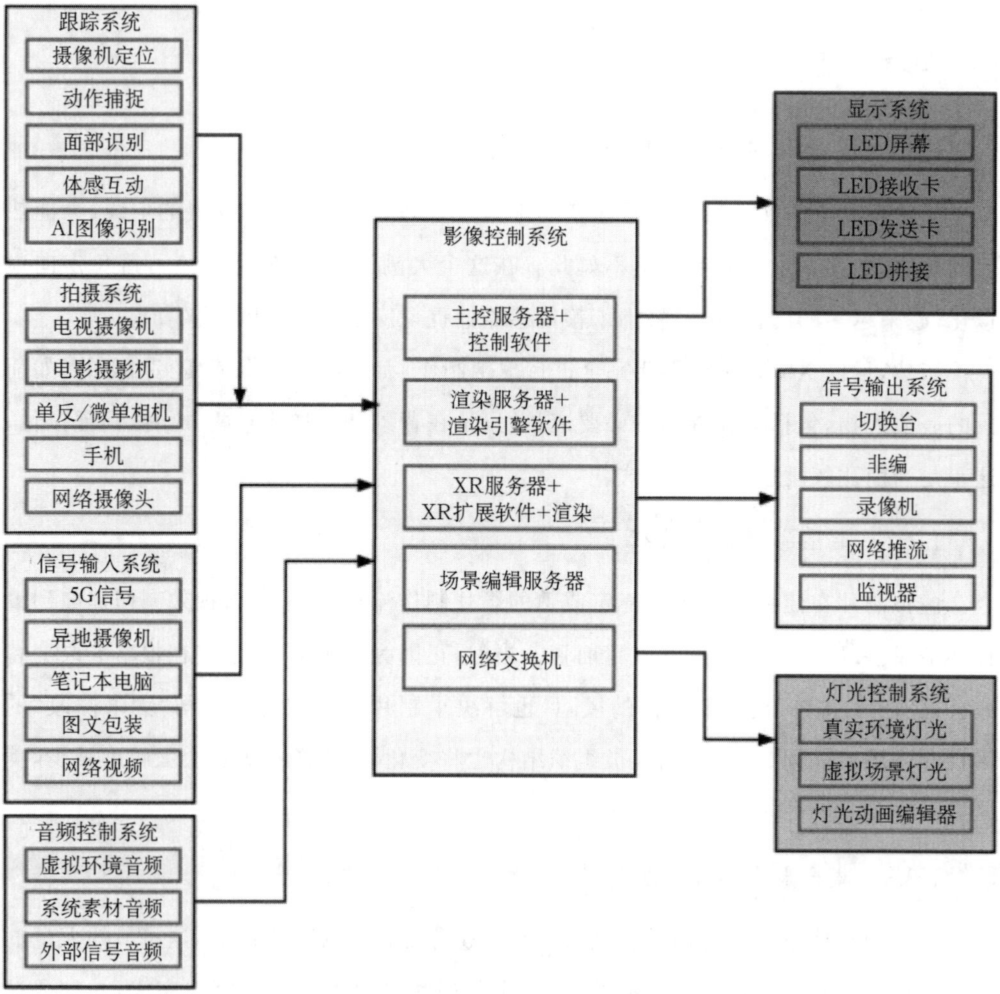

图1　典型虚拟制片系统组成拓扑图

LED屏幕是XR系统中成本最高的部分,它包括LED大屏、拼接控制器、视频信号的输入输出等部分。灯光部分主要是为虚拟制片提供光源,可以是简单的普通影视照明,也可以是极为复杂的灯阵系统。它可以产生虚拟拍摄需要的照明,特别是模拟行进车辆这类动态的光源。

1.4　画面合成

在虚拟制片中,由于画面来自拼合,前景主体和背景画面来自两台相机(背景来自计算机CG场景,通常也来自虚拟相机的视角,和物理摄影机概念相同)。这就产生画面拼接在物理上不真实、不清晰、景深不够等问题。在真实工程中，还有数不清的问题，虚拟拍摄技术也有从简单到复杂的各种类型。针对这些问题，需要系统分析画面合成过程。

1.4.1 背景画面来自普通视频或图片

这是最简单的虚拟拍摄，背景画面是不运动的，前景主体的摄影机也不能动。要前后景的画面真实，就要让两次拍摄的摄影机的六自由度(6 DoF)基本一致。这要求拍摄背景画面时详细记录当时的拍摄参数，同时演播厅内布置的光线要尽可能和背景视频一致。

1.4.2 背景画面来自 360 度全景画面

全景图片或视频是一个 360 度投影的信息，可以理解为一个“画面球”，因此前景主体摄影机可以在原地进行各种摇镜头拍摄，只要这个摇动的信息通过信息采集到“画面球”的控制部分，以同样的方式转动即可。此时摄影机不能做位置移动的拍摄，变焦、聚焦等操作也不行。

1.4.3 背景视频来自三维影像

前两种背景的共同缺点是前景摄影机不能运动，大量的推拉移跟等运动镜头都无法进行，目前主要使用虚幻引擎技术来解决这一问题。

1.4.4 在拍摄主体周边布置真实道具

在虚拟拍摄现场，会看到主体周边的桌椅、花草、石块等都是真实的道具，之所以不能放在背景中去，是因为道具离人太近，背景无法表达这种景深及透视感。离人很远的背景画面，虽然也有同样的问题，但是比较容易在算法中模拟解决。

1.4.5 背景是无限的，可以超出摄影机拍摄空间

在 3D 场景中，可以做出远远大于拍摄需要的背景画面，若不需要可以忽略。在许多影像要求中，人可以处于极大的空间内，那么用加大 LED 屏面积的方法很不经济，此时用 XR 技术就行，只要处理好实拍 LED 屏的画面与原始 3D 渲染画面之间的边界即可。

1.4.6 背景画面多样，可自由切换

如果存在多个虚拟背景画面，还可以通过切换台流畅进行切换、合成。画面合成的要求是无止境的，就算虚拟拍摄在质量层面上达到极限，也没有完全解决如同实景

拍摄一样的问题。

2.影像控制系统

影像控制系统是整个系统的核心,主要包括主控系统、渲染系统、跟踪系统、拍摄系统、信号输入系统、信号输出系统、音频控制系统等,其任务是完成视音频信号的最终合成,并把影像投射到 LED 大屏幕上。

2.1 主控系统

主控服务器是系统中的控制中心,主要用来控制渲染服务器。控制内容主要有打开、关闭、切换场景、添加外部信号、发布同步渲染指令、接受摄影机跟踪数据并发放给其他服务器、动画播放、自动色彩调整等。

2.2 渲染系统

2.2.1 渲染服务器

采用显卡高速渲染技术,将必要的画面投影到 LED 屏中形成背景。由于渲染的速度要完全匹配摄影机运动,因此,这一部分的运算量极大,在高分辨率情况下可采用多台渲染服务器协同工作。在目前的技术流派中,渲染方式有投影渲染与点对点渲染两类。

投影渲染方式以物理摄像机视角(FOV)为核心,画面只渲染摄像机拍摄到的部分,摄像机拍不到的位置不渲染,LED 屏上体现为黑色或是用静态低分辨图像填充,这样有利于节约渲染资源。这种渲染模式对于综艺实景演播有一定的局限,因为现场观众将看到无图像的区域,无法欣赏全屏画面的完整效果。从特效制作来说,无法看到将要进入的部分也会造成一定的预判损失。

点对点渲染是以 LED 每个发光点对应三维渲染画面的一个像素点。基于这一原理,理论上无论 LED 的分辨率多大,都可以用更多的服务器将其点对点匹配,只需要增加服务器数量与提升性能即可。因此,它的缺点在于需要更大规模的计算工作。

2.2.2 XR 扩展服务器

XR 扩展服务器的主要功能是运行扩展的软件系统和虚幻引擎(Unreal Engine),把摄影机拍摄的 LED 屏画面与虚拟场景中更大的范围,使用虚拟植入的方式拼接在一起。这个服务器需要摄影机拍摄信号输入、摄影机跟踪数据输入、同步渲染数据、同

步调色数据等。要保证 LED 屏幕内画面与 LED 屏幕外画面完美的匹配,需要做到以下工作:

第一,虚拟画面位置匹配,需要摄影机的移动数据与聚变焦数据。

第二,虚拟画面色彩一致性,在摄影机拍摄的画面中,LED 内的画面颜色必须与 LED 外扩展的画面颜色一致,这样才能形成一个不穿帮的天然整体。

第三,内容同步性。LED 内部画面的一些效果,如粒子特效,要能够从 LED 内的画面运动到 LED 扩展的画面内,并且内容的衔接正确、自然流畅。

完成的信号由渲染服务器处理,再送给切换台或 LED 屏。

2.2.3 场景编辑器

场景编辑器的功能分为场景制作与场景优化。场景制作是为整体渲染提供虚拟场景的制作与修改编辑。如果设备使用 UE 引擎,那么就需要与节目对应的场景库。通常在建设时,要确定通用场景库与定制场景库数量。若自行设计,需要掌握 UE 场景设计能力。

场景优化是为了使场景渲染能够达到每秒 50 帧以上,从而满足稳定的图像输出需要。

2.3 拍摄与定位系统

2.3.1 拍摄要注意的问题

在 XR 系统中,拍摄系统提供拍摄主角的图像信息,可以是专业电影机、电视摄像机,也可以是民用相机、手机、网络摄像头等,只要给拍摄系统固定好跟踪装置即可。在工作时,先标定好定位器的坐标,之后将其与虚拟世界摄影机绑定。拍摄时需要注意的问题包括以下几个方面。

第一,同步锁相。

专业拍摄设备有同步锁相功能,由系统产生一个同步信号,指挥整个系统中的设备(包括摄影机、计算机、切换台等),完全以相同的步调成像,以保证画面在长时间工作时不会出现成像漂移。普通的相机、手机等不具有同步锁相功能,因此不能采用这些设备进行同步锁相。

第二,摩尔纹。

在拍摄LED屏画面时,摩尔纹是一个最大的问题。摩尔纹是一种光学现象,来源于两个同样有规则几何重复图案之间的光学高频干扰。在LED屏为背景的XR拍摄中,摩尔纹现象目前是一个难题。解决摩尔纹的思路有两条:一是改变双方的几何图像关系,可以通过拍摄距离选择、焦距的变化来改变拍摄双方网格密度比,也可以通过旋转角度、景深虚化来解决。二是在原始端解决问题,摄影机端通过加低通滤波镜(OLPF)来减弱高频信号。在选择LED屏时,也可以选择明暗反差小的屏体,也就是通过发光区与不发光区明暗反差小的技术方案来解决摩尔纹问题。点距小的LED屏,在实战中有更小的摩尔纹概率。

第三,长焦端像素不足问题。

长焦端因为拍摄的视角小,背景的LED屏能充满拍摄区域的像素有限,很容易被看出有像素点。解决办法是用更小的点阵屏让像素增多、用更小的景深让背景虚化,在XR拍摄中少用长焦镜头或是让主角离背景远一点。

第四,摄影机的镜头信息。

虚拟拍摄系统还要求读取大量关于摄影机的参数,专业镜头能提供数据接口,有利于图像引擎的精确计算。非专业镜头或非全伺服镜头,主要通过带有数据功能的跟焦器,由咬合在相机镜头的齿轮得到聚变焦信息。

第五,多机位问题。

大多数情况下,XR系统都用于单机位工作,但依然要讨论机位数量对拍摄的影响,下面分成四种情况来说明(带有跟踪器的机位称为主机位)。

单机位+静止:这种拍摄应用场合非常简单,只要摄影机和LED屏输入画面即可,可对应简单的定机位新闻播报。

单机位+运动:此时摄影机要加装空间位置捕捉装置。这个装置把位置变化信息转给图像引擎,对LED屏画面做出同步的运动。

多机位+主机位静止+副机位静止:此时出现多机位,只要开始计算好各机位的位置关系,就可以自由切换不同机位的画面。

多机位+主机位静止+副机位运动:副机位运动时,LED屏可以直接视为原始背景,机位的任何运动都是真实的。

2.3.2 定位系统

定位系统对摄影机的运动信息进行捕捉,将摄影机的空间定位信息传输到渲染引擎,渲染引擎进行虚拟摄影机与物理摄影机的 1∶1 映射,完成物理摄影机与虚拟摄影机的同步变化,这样虚拟生成画面与物理实拍画面完美融合。定位系统的技术路线有光学定位、视觉定位、机械式定位、惯性定位四大类。每一种类型有自己在性能和应用范围上的不同。

第一,光学定位。

光学定位分为主动式光学定位与被动式光学定位。

主动式光学定位基于计算机图形学,有一个光学发生器被固定在摄像机上。拍摄现场安置大量反光贴纸。这些贴纸通常贴在天花板或照明网格上,根据拍摄方向不同,也可以贴在地面或立面上。这些贴纸在高度和位置上都可随机,数量较多为好。

被动式光学定位和主动式光学定位相反,固定在摄像机上的定位器含有光学接收器或反射器。发射光线的定位器被称为基站或是光塔,分布在四周。通过定位器收到的不同方向光源的信息,或是通过四周光塔摄像头拍摄到的反光信息,最终由计算单元计算出摄影机的位置。

第二,视觉定位。

视觉定位方式简单直接,直接利用拍摄到的图像来定位。通过对摄像机拍摄到的图像反向解码,就可以进行摄像机的三维空间追踪,包括俯仰摇移变焦以及机身上下前后左右移动。可让任意图像拍摄硬件的任意拍摄形式具备跟踪能力。这种定位法用于 LED 屏拍摄时,也可以把一些特殊的看不清的标记点隐藏在 LED 屏内,称为有标记定位。

第三,机械定位。

机械定位是通过把摄影机安置在专门的机械臂系统上,再通过机械臂的运动给渲染引擎提供位置及聚变焦数据。机械臂的运动精度非常高,很适合用于摄影机的定位。它的优势是部署快速,在任意拍摄的场合,只要安装上就能用。它的缺点是移动范围小,空间位置完全由机械臂提供,可能有积累性误差。

第四,惯性定位。

惯性定位器主要用于虚拟仿真需要的动作捕捉,通过对运动速度变化的计算,得到位置变化。惯性定位的精度比较低,还有严重的积累性误差,因此,不能直接用于虚拟拍摄的定位。惯性定位通常会与光学定位、视觉定位混合使用。

3.LED 大屏

LED 大屏一般由屏体、构架、控制、配电四个部分组成。

3.1 屏体的构成

LED屏体由立屏、地屏、天屏构成,它们都是由一块块小单元拼成的。

3.1.1 立屏

立屏通常拼接成弧形或平面。弧形屏比平面屏有更好的可视效果,比较适合面积大的屏幕。面积小的屏幕不建议拼接成弧形。平面屏可以拼成L形或是方形,由实际面积决定,还可以根据需要制成各种形式。

3.1.2 地屏

地屏也称为地砖,除了表演者要在上面站立、行走、跳跃外,还可能把汽车之类的重型拍摄对象放在屏上。地屏要求有特别好的可视角,因为大多数时间它都处于接近90度的拍摄角度。

3.1.3 天屏

天屏适合天空的表现,也有用于人物或车辆等反光面的补光,仰角机位对天屏需求明显,大多数情况下可以省去天屏,改用灯光系统以获得必要的灯位。

3.1.4 面积选择

LED面积越大,越适合更大空间的拍摄,成本也成倍上升。工作人员主要以立屏面积为研究对象,地屏、天屏配合立屏面积,按几何计算设计。

小型棚的面积一般为50平方米至100平方米,主要适合于新闻、直播、课件录制等应用,主要以单人演播为主,兼顾一些人数少的访谈节目;中型棚的面积为100平方米至300平方米,可用于多人的录制;大型棚面积可达300平方米以上,可用于中型或大型的综艺节目录制、影视剧大场景拍摄。

大型棚的硬件成本投入太大,国内外拍摄所用大型棚大多是以临时租赁的设备搭建的临时棚。

3.2 LED屏的结构

LED屏的结构重点包括三方面:一是灯珠,二是封装,三是拼装。

3.2.1 LED灯珠

从最小单元来看,每一块LED屏都是由一个个微小的LED灯珠构成的,由红绿蓝三个灯珠组成一个像素单元。高质量灯珠意味着高质量的发光性能,不同厂家的灯珠存在主档、偏档、散档、尾货等不同档次的产品，在亮度、色彩、使用寿命方面有很大的不同，只看简单参数不易区别。

3.2.2 封装技术

XR 屏厂家拿到灯珠后进行封装工艺处理。封装工艺种类非常多，目前最典型的是表面贴装技术（SMD）与板上芯片封装技术（COB）两大技术路线。

SMD 的最小工作单元比 COB 更小，可以通过封装工艺对灯珠的批次搭配，做到更好的色彩一致性控制，XR 大屏以 SMD 封装为主，未来随着灯的亮度色彩一致性加强，COB 会有更好的前景。

3.2.3 结构拼装

最终，封装单片安置在金属框架内，框架起到支持作用。框架精度需保证 LED 屏单片的平整性，高级的弧状单元拼接需保证完美的弧度。

3.3 LED 屏图像性能指标

LED 屏的主要性能指标有像素密度、亮度、刷新率、灰阶、色域、可视角等。

3.3.1 像素密度

像素密度通常以灯珠之间的间距毫米数来表达，常用于虚拟制片的 LED 屏有 P2.6、P2.0、P1.5，分别代表相邻 LED 灯的中心间距为 2.6mm、2.0mm、1.5mm。P 值越小，画面像素点越多，也越不容易看到颗粒，对于近距离拍摄和小屏十分有利。随着像素密度变高，LED 屏的成本飞速上升。

3.3.2 亮度

亮度指标的单位为 cd/m^2，常用于虚拟制片的 LED 屏亮度可超过 $1000cd/m^2$。高亮屏抗光能力强，有利于前景人物布光。高亮的 LED 灯屏，也起到光源的作用，就像真实世界中的光源照射主体。

3.3.3 刷新率

LED 刷新率指 LED 显示屏每秒更新图像的次数。常用于虚拟制片的 LED 屏刷新率高达 3840Hz。刷新率高，画面重复显示的次数也就越多，其流畅度、抗闪烁能力就越强。但如此高的刷新率并不是为人眼准备的，而是为高速摄影机的高速快门、高速机位运动的画面准备的。

3.3.4 灰阶

灰阶是从黑到白的过渡层级数。灰阶是由比特数(bit)来衡量的,8bit 能够满足人眼观看的需要,用于虚拟制片的 LED 屏所需的灰阶常常高于 14bit。

3.3.5 色域

色域是 LED 屏呈现色彩的范围,通常以达到主流的三种色域标准(REC709、DCI-P3、BT2020 的百分比)来衡量。REC709 是最小的色域,BT2020 在三者中色域最大。XR 棚 LED 屏的色域主要是 DCI-P3 这种色域标准。

3.3.6 可视角

可视角是指 LED 屏随着观看(拍摄)角度的增大,其亮度衰减到最高亮度一半时所对应的角度。

4.灯光系统

影视拍摄灯光既有真实性的一面,又有艺术性的一面。灯光的真实性就是打出来的光符合当前戏剧时空的物理逻辑,光的强度、软硬、方向、色彩、光比,都与此时此刻"原本场景"的光线一致。灯光的艺术性基于创作者的表达需求,可以进行必要的夸张和超越。XR 棚的布光也一样会遵循这两个原则,保证真实性是基础,也要留有艺术创造的可能性。

4.1 XR 棚布光方式

在 XR 摄影棚中,常见的布光方式有三种类型。

4.1.1 传统的影视灯光

在 XR 摄影棚中,传统的影视灯光和普通影视拍摄没有区别,可以依照过去的经验。需要特别考虑的是布光与 LED 屏的关系,当光线照亮 LED 屏时,会导致对比度降低或是有害的反光;同时虚拟拍摄的大面积背景屏也将在很大程度上干扰布光的自由度。

4.1.2 LED 屏的光源

这种光源来自 LED 屏本身,LED 屏本身成为一种重要光源。这点和绿幕时代有本质区别。过去绿幕的反光是一种有害光线,要用各种手段去抑制绿幕反光带来的溢色，必要时还要让演员远离绿幕以降低绿色反光。

大面积 LED 屏能够提供的光强高，这是传统灯光系统根本不能想象的。从这个意义上来说，把屏当成一种灯光，将会是未来虚拟拍摄灯光师重点研究的方向。从物理属性来说，亮度和显色指数将成为 LED 屏重要的指标。

4.1.3 全彩色灯阵

LED 屏亮度有限，特别是当演员离屏远时，LED 屏补光可能达不到电影拍摄需要，此时灯具将不可缺少。全彩色灯阵更适合虚拟拍摄，它具有以下特点：密集大量，如在天棚上或立屏高度之上，以很小的间距密布光源；所有光源为全彩色灯具，可以发出任意色彩的光线；整个灯光系统由图像引擎驱动自动控制。

4.2 灯光系统协议

灯光系统还会根据不同摄影机的颜色响应特性，将摄影机实拍光色与计算机输入光色进行匹配关联，从而达到对计算机输入光色的准确还原，实现这种联控的灯光需要支持 DMX512 协议。DMX512 协议可以最快的速度匹配背景画面，让工作效率大大提升。工作人员还可以通过编程技术实现程序控制的灯光效果。

4.3 灯光的安装与调试

当影像控制系统、LED 屏到达安装现场后，需要进行整体设备的安装与调试，一般有以下 10 个步骤：

第一，测量 LED 屏幕，制作 Mesh 文件，为三维空间定义一个虚拟 LED；

第二，布置摄像机跟踪系统（安置红外扫描点或者红外摄像头）；

第三，标定摄像机镜头，这种标定进行一次即可；

第四，由大屏幕设备提供商对大屏幕校色；

第五，布置软件与服务器，软件画面与 LED 拼接器对接，画面显示到 LED 上；

第六，灯光系统测试与构建；

第七，摄像机跟踪测试；

第八，三维场景测试，根据渲染能力调整或优化场景；

第九，XR 拍摄测试，查看 LED 的拍摄效果；

第十，将最终的视频信号给到导播台。

5.XR 演播室对传媒实践教学的挑战

5.1 数字资产的挑战

这项挑战的根本问题在于数字背景的数字资产创作。没有高质量的虚拟背景,整个系统可能沦为“静态 LED 幕布”,只投放些简单的全景画面或普通画面,那么虚拟拍摄的巨大潜力就无法被挖掘。然而,虚拟背景的制作成本肯定会让中小创作者望而却步。图像引擎生产商十分重视这一问题,正在提供更多低价的高质量模型库。

对于高校而言这个问题更严重,因为学生作品与作业不可能借鉴商业流程付费定制虚拟背景,这可以称为“数字化门槛”。免费的数字资产,以及对数字资产的组合与修改,都必须增加到实践课程中去,这将成为媒体类院校的实验课程改革动力。正如当年“非线性编辑”曾倒逼整个业界学习计算机软硬件一样,虚拟拍摄也会倒逼媒体人重新学习必要的软件技术。

目前需要学习的软硬件技术主要包括:

第一,图像引擎类:通过对 Unreal 类引擎软件的学习,掌握虚拟拍摄的基础工作。同时要深入研究世界范围内的免费资源库。

第二,360 度全景类媒体制作:掌握全景拍摄技术,通过后期编辑,为虚拟拍摄带来实拍背景。

第三,三维制作类:学习大量三维软件,为虚拟场景增加基础构件。这些软件包括 Houdini、3D Studio Max、MAYA、Blender、ZBrush、3D-Coat、C4D、Clarisse、Katana 等。此外,还包括 VRay、RenderMan、Hyperion、Arnold、Octane 在内各种渲染器等。这方面的学习成本很高,可以与其他院系横向合作。

5.2 虚拟拍摄技术面临的挑战

由于虚拟拍摄远远超出了实景拍摄的难度,有针对性开设实验教学成为非常紧迫的任务。在以往传媒实践教学相关课程的基础上,可以增加模块来补充虚拟制作内容,或另设虚拟制片技术课程,该课程主要内容如图 2 所示。将业界优质影片转化为案例库,通过系统讲解虚拟制作,探索虚拟制片实践教学路径。

通过学界的研究能力、融合能力,该课程可以进一步探索虚拟拍摄中的创作规律和前瞻性的思想,融合大数据、人工智能、数字孪生、元宇宙等前沿技术,在社会洞察、

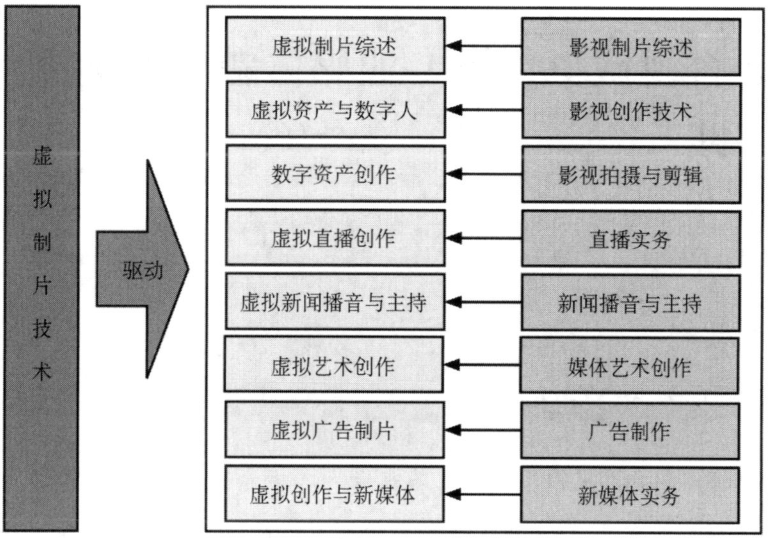

图2　虚拟制作技术课程体系

人文精神、艺术修养的指引下，推动虚拟制作实践教学。

总之，基于虚拟制片的演播室与虚拟制作技术课程体系建设，必将为师生提供更身临其境的全新制片体验，实现理论和实践、学界与业界的紧密结合，为社会培养更多与时代同频共振的技艺融合传媒人才。

参考文献

[1]曲维元.电影教学中虚拟仿真教学系统的开发及应用[J].现代电影技术，2019(4)：30-35.

[2]张诗雪.LED屏前虚拟制片流程中的声音制作：教学实践短片《异星救援》创作谈[J].北京电影学院学报，2022(7)：123-128.

〔洪强，讲师，厦门大学新闻传播学院实验中心主任〕

职业教育视域下传媒专业媒体融合实训平台建设实践

◎ 李贵孚

摘要:根据媒体融合发展对传媒专业的技能人才培养需要,结合广播影视节目制作、新媒体制作与传播、影像档案技术等专业实训实习内容,上海出版印刷高等专科学校建设了媒体融合实训平台。本文主要介绍了该平台的建设背景、基本架构和建设内容,重点阐释了利用该平台开发的学生实践课程情况,相关实践课程包括融媒体策划、生产、分发和运营等,为职业教育视域下传媒专业学生进行媒体实习实训提供了参考。

关键词:媒体融合;课程开发;建设实践

党的二十大报告指出,统筹职业教育、高等教育、继续教育协同创新,推进职普融通、产教融合、科教融汇,优化职业教育类型定位。[①] 2022 年 12 月中共中央办公厅、国务院办公厅印发的《关于深化现代职业教育体系建设改革的意见》提出,改革的指导思想包括:以提升职业学校关键能力为基础,以深化产教融合为重点,以推动职普融通为关键,以科教融汇为新方向。[②] 这些重大决策既明确了职业教育的类型教育定位,也指明了职业教育的生命力在于实践和应用。经济社会发展需求是职业教育改革的主要动力。深化现代职业教育体系建设改革,重点在于坚持以教促产、以产助教、产教融合、产学合作。产教融合是职业教育的基本办学模式,也是职业教育发展的本质要求。

网络和数字技术裂变式发展,带来媒体格局的深刻调整和舆论生态的重大变化,

① 习近平. 高举中国特色社会主义伟大旗帜 为全面建设社会主义现代化国家而团结奋斗:在中国共产党第二十次全国代表大会上的报告[EB/OL].(2022-10-25)[2022-12-18].http://www.gov.cn/xinwen/2022-10/25/content_5721685.htm.

② 中共中央办公厅 国务院办公厅印发《关于深化现代职业教育体系建设改革的意见》[EB/OL].(2022-12-21)[2023-03-31].http://www.gov.cn/zhengce/2022-12/21/content_5732986.htm.

新兴媒体发展之快、覆盖之广超乎想象，对传统媒体带来很大冲击。从媒体发展格局看，传统媒体的受众规模不断缩小，市场份额逐渐下降，越来越多的人通过新兴媒体获取信息，青年一代更是将互联网作为获取信息的主要途径。从舆论生态变化看，新兴媒体话题设置、影响舆论的能力日渐增强，大量社会热点在网上迅速生成、发酵、扩散，传统媒体的舆论引导能力面临挑战。从意识形态领域看，互联网已经成为舆论斗争的主战场，直接关系我国意识形态安全和政权安全。可见，媒体融合已成必然，新兴媒体势不可当。

1.媒体融合实训平台建设背景

媒体融合发展是传媒领域一场重大而深刻的变革。传统媒体和新兴媒体可能不是简单的此消彼长的关系，而是在一定条件下（如在融合发展的条件下）此长彼长的关系。传统媒体和新兴媒体的关系，大体经历了三个阶段，第一个阶段是传统媒体建设新兴媒体，第二个阶段是传统媒体和新兴媒体互动发展，第三个阶段是传统媒体和新兴媒体融合发展。目前，很多媒体都开始了融合发展的探索，其中有不少亮点。在近些年全国两会的宣传报道中，多家中央媒体加强互动融合，通过网站、微博、微信、客户端等，立体化、互动式、全天候传播两会信息，成为融合发展的一次大探索。中央广播电视总台的春节联欢晚会，近年推出了央视频看直播、竖屏观春晚等各种融媒体作品，以适应现今的媒体生态。然而，不得不承认，目前传统媒体做新媒体有些力不从心，新媒体制作的作品质量参差不齐。出现这些问题的原因在于真正将媒体融合理念贯彻到位、将融媒技术发挥到极致的人才不足。

面对媒体融合发展态势，如何满足行业发展对人才培养的需求，已经成为职业教育视域下传媒专业亟待解决的主要问题。媒体融合人才的培养迫在眉睫，融媒技能实训手段需要创新，传媒专业职业教育责无旁贷。上海出版印刷高等专科学校为了适应媒体融合发展的人才培养需要，结合广播影视节目制作、影像档案技术、新媒体制作与传播等专业发展，倾力建设了媒体融合实训平台、创建了智慧融媒新生态实训基地，力图解决媒体融合技能人才培养实训的痛点。

2.媒体融合实训平台建设方案

2.1 建设目标

基于上海出版印刷高等专科学校目前的媒体生产宣传情况及学校实训中心的现

状,规划建设的媒体融合实训平台的主要目标如下:

第一,理论研究。深化关于媒体融合发展的理论阐释,聚焦媒体行业,建设全程、全息、全员、全效媒体,提升传播力、引导力、影响力、公信力,壮大主流思想舆论阵地,从生产、传播、服务、管理等各方面进行研究,提出推进新时代媒体融合发展的基础理论。

第二,模式探索。积极推动报纸、广播、电视等传统媒体和互联网新兴媒体在信息内容、技术应用、平台终端、管理手段上共融共通,探索媒体融合发展的路径方法、体制机制改革等,从实践中提炼出具有推广价值的媒体融合创新发展模式。

第三,技术应用。顺应发展需要,研究新技术在全媒体融合发展中的成果转化和落地应用,丰富各类融合媒体的内容生产方式和产品形态,提升全校融合媒体传输、分发和用户服务能力。

第四,创新实践。在具备条件时,研发具有本校融媒体特色和引领性的原创技术,并转化为相应的论文、软件著作权、专利等成果。提升上海出版印刷高等专科学校在媒体融合创新领域的知名度,助力全校媒体融合发展及各类媒体创新应用实践。

2.2 建设内容

建设媒体融合实训平台,要立足于专业课程教学,以满足媒体融合专业课程实训需要为主。按照媒体融合的技能要求,从实训层面训练学生选题策划、写稿、多媒体形态编稿、多渠道稿件排版、不同渠道稿件发布及发布后的传播效果分析、新媒体运营的能力。使学生能够增强动手实操能力,成为从事新闻采编、媒介策划、宣传管理等工作的高素质、复合型、应用型人才。

建设媒体融合实训平台,要服务于学校媒体中心运行。面向融媒体业务,构建融媒体资源管理平台、融媒体内容管理发布平台、融媒体内容生产平台等相关平台,使其成为具备媒体融合特性的应用综合平台,实现媒体融合、内容统一管理发布、用户聚集、数据聚集等学校媒体中心职能。同时,相关职能可以实现传统渠道、互联网渠道(移动客户端、微信、网站)等全渠道覆盖。

2.3 功能架构

结合学校媒体中心运营和管理,按照媒体融合业态专业技能人才培养要求,构建完整融媒体生态系统。上海出版印刷高等专科学校的媒体融合实训平台包括融媒生产、内容管理、资源汇聚、融合发布、舆情服务、接口管理、运营管理和协同指挥八大模块。平台可以实现融媒体生产、运营和管理全流程系统功能，满足融媒体内容汇聚、融媒体生产加工、融媒体业务运营、融媒体内容分发等融媒体传播专业实训需要。系统结构如图 1 所示。

3.媒体融合实训平台功能实现

根据实训内容要求与课程内容要求，有针对性地进行业务的简化应用，媒体融合实训平台可以为相关专业提供独立租户系统，做到内容创作、发布等使用环境相隔离，具备媒体融合环境下完整的资讯信息策划、采访、编播、发布、运营业务流程体系，帮助学生理解并应用融媒体各个环节下的流程实训，做到一次采集、多种生成、全媒发布。实训平台采用浏览器/服务器体系架构(B/S 架构)，并合理地为学生分配账号与权限，实现学生可以摆脱教学环境的约束，随时随地地进行平台实训与业务学习。

媒体融合实训平台的建设旨在培养学生深刻理解融媒体业务的运作模式，推动本校相关专业学生在内容生产、内容管理、内容传播、内容服务、内容运营等多方面实现应用创新，并积极探索传统媒体和新兴媒体融合发展的模式，实现融媒体内容的增值利用。提升学生的业务理解能力，并增多其实战应用机会。结合上海出版印刷高等专科学校媒体融合相关专业课程，实训平台设计开发融媒体内容汇聚、融媒体生产加工、融媒体内容分发和融媒体业务运营四大类实训课程，涵盖了数据融合汇聚、媒体融合生产、多端融合发布、运营与安全、短视频基础、智能素材库、智能编辑器、智能生产工具集等 13 个知识领域 100 个学时的专业课程内容。

3.1 融媒体内容汇聚实训模块

融媒体内容汇聚实训模块由全媒体资源管理、云媒资服务、互联网数据采集、音视频实时收录剪辑等系统组成，将 PGC、UGC 内容汇聚起来，并无缝接入系统，由权限管理分离操作。实训内容包括选题策划、新闻采编、舆情应用和网络资源汇聚 4 个部分。

3.1.1 选题策划

选题策划的实训内容为：提供平台账号与身份权限，学生 4—5 人一组，选择合适线索，独立完成“线索—选题—生产”的全业务流程实训，教师可根据内容难度对制作内容数量提出要求。选题策划的实训内容包括资源采集应用、舆情数据应用、选题策划应用、移动端协同生产应用等 4 个部分。

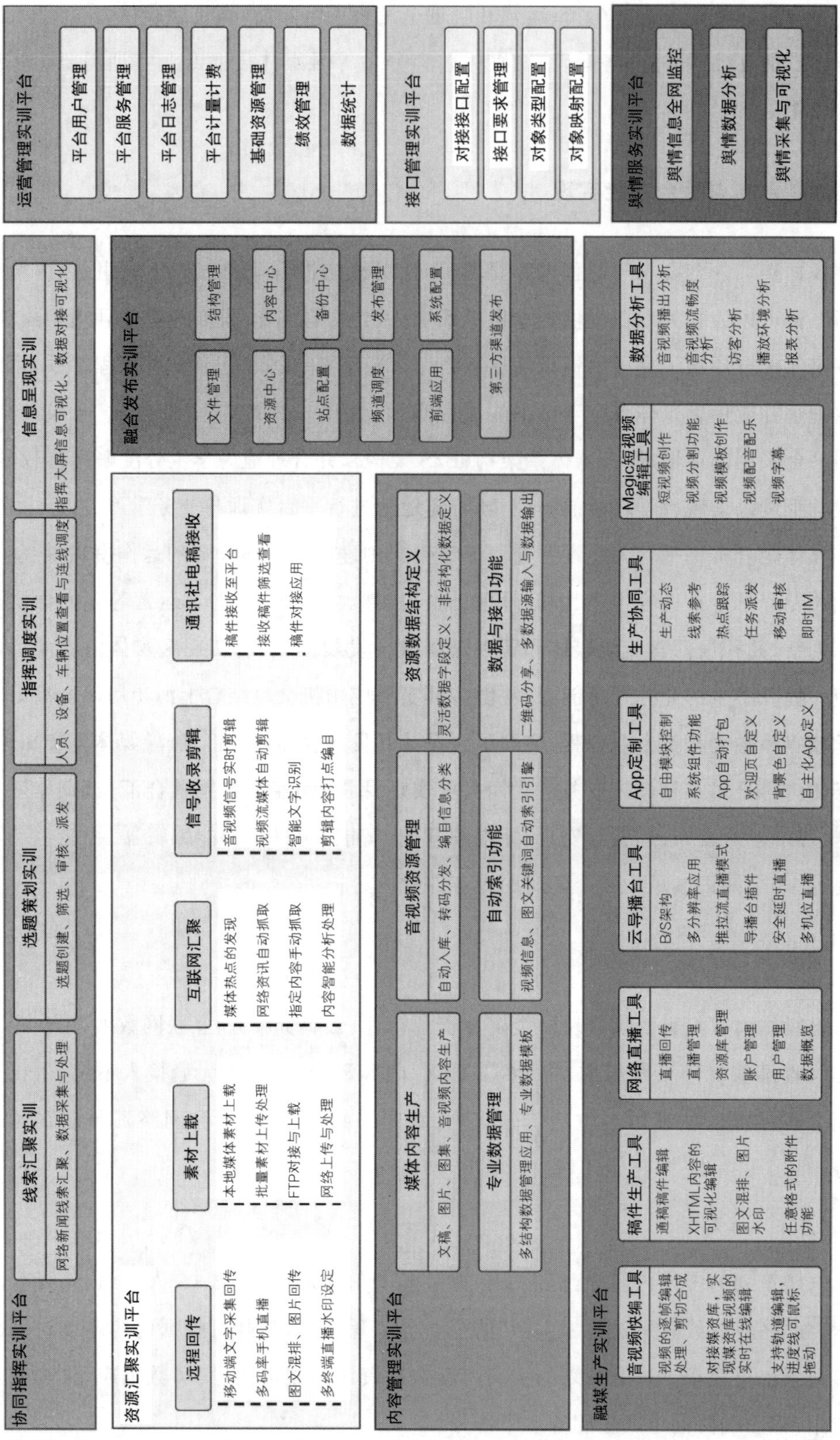

图1 校园媒体融合实训平台功能架构

资源采集应用：模拟负责不同条块的采编人员，从融媒体平台的线索信息模块中收集有新闻价值的新闻事件，了解事件发展动态，选择具有新闻价值的话题落点，根据构思的话题落点，生成记者的选题。

舆情数据应用：模拟采编人员，从融媒体平台的舆情模块中选择具有新闻价值的舆情事件，了解舆情的发展动态，根据舆情引导需要选择话题落点，生成记者的选题。

选题策划应用：模拟采编人员，基于获取的数据线索落点，生成选题并关联各相关数据，形成完整的选题策划业务流程。

移动端协同生产应用：熟识采编人员的移动端协同生产 App，并能够快速基于工具 App 开展各类移动内容创作，实现基于 5G 环境下的移动稿件生产、图文回传、音视频回传、移动直播开展、线索选题任务应用、即时通信应用等。

3.1.2 新闻采编

新闻采编的实训内容是：提供新闻采编应用工具，选择合适选题，基于选题开展不同的内容生产任务。它包括采访编辑认知、新闻稿件编写和任务系统应用三个部分。

采访编辑认知：让学生了解采访与编辑工作的内容基础和责任要求，了解采访和编辑工作所使用的工具。

新闻稿件编写：训练学生熟识自然灾害、公共卫生、社会安全、事故灾害、时事政治等条块的采编技能与知识；

任务系统应用：安排学生模拟采编人员，基于任务系统并关联选题数据进行任务编写、派发与执行，形成完整的任务派发与执行体系。

3.1.3 舆情应用

舆情应用的实训内容是：通过舆情服务系统，自主设立舆情方案，进行相关数据采集与分析。它包括舆情数据认知和舆情数据分析两个部分。

舆情数据认知：通过学生熟识舆情数据，从舆情系统中查看预警信息、负面信息，自定义主题监测，了解都有哪些负面舆情事件。

舆情数据分析：模拟采编人员，从融媒体平台的舆情模块中选择具有新闻价值的话题落点，生成记者的选题。

3.1.4 网络资源汇聚

网络资源汇聚的实训内容包括学习使用视频、图片等热点新闻素材库，基于热点内容推荐的全网相关媒资，查询百度、抖音、今日头条、微博等渠道的热点排行，根据社会、财经、科技等分类掌握热点新闻资源;学习使用微信、微博、抖音、今日头条、B站等互联网平台掌握资讯订阅技巧;学习使用各类新闻发布会的内容,并学会在线剪辑、快速生成视频,掌握内容推荐方法。

3.2 融媒体生产加工实训模块

融媒体生产加工作为融媒体策划、采访、编播、发布、运营流程的第一步,基于音视频在线编辑系统、音视频集群转码服务系统、音视频流桥管理系统、音视频智能AI应用组件和移动内容生产审核调度终端App、PGC业务管理平台、短视频编辑SDK、云导播台、H5编辑器等系统及功能,完成与新媒体内容生产的真实流程完美对接。轻量化的操作流程适用于校内学生及老师随时随地的内容采集和生产。

融媒体生产加工实训模块包括新媒体稿件采编、流媒体技术、网络直播技术、短视频制作和视频节目收录5个内容。

3.2.1 新媒体稿件采编

通过对各种新媒体传播平台进行认知,模拟采编人员,学会用稿件发布系统进行适用于网站、App端、微信等平台的稿件编写与排版,学习新媒体的传播优势与传播要点。

3.2.2 流媒体技术

通过理解流媒体的定义、了解常用流媒体内容格式与呈现端适配的流媒体类型,让学生充分了解流媒体内容的相关知识,了解流媒体的内容种类和特点。

3.2.3 网络直播技术

提供流媒体系统与实训直播流,通过直播系统实现直播流的应用,掌握流媒体直播配置的内容与参数、新直播频道的创建与播出。通过手机端生产App进行移动端实时直播,了解直播过程中需要注重的关键问题与拍摄技巧,完成单机位与多机位协同配合直播。让学生学习基于现有网络环境下开展实时活动直播,熟悉普通直播和时移直播的特点、时移直播的作用,了解时移直播的基础。

3.2.4 短视频制作

学生通过短视频制作工具进行素材剪辑,完成独立剪辑短视频的任务,对短视频制作要素与制作工具进行系统学习,了解短视频制作的要点、素材来源与应用;通过手机、专业设备进行内容拍摄,对拍摄内容进行入库和再利用,对短视频拍摄和素材回传进行学习。

3.2.5 视频节目收录

通过拆条系统将直播流媒体按照指定的收录规则自动拆条成点播视频文件，并进行入库存储。学生通过拆条系统，学习将直播流媒体手动进行片段或多片段拆条、合成、入库。

3.3 融媒体内容分发实训模块

在内容生产编辑后，要对融媒体内容进行分发，实现多终端一键式内容统一发布，发布内容到网站、微信、微博、抖音等平台。实训平台提供直播活动管理应用、媒体号管理、社区应用管理、用户互动业务组件、网络电视应用管理、微信微博应用管理、数据调度管理等系统及功能，进行全方位多渠道的发布和信息整理，致力于达到多种媒体的发布方式及流程全部打通。实训平台主要提供融合媒体内容发布系统，结合前期稿件编写课程与成果，实现稿件的后续维护应用，包括复用、排序、推荐、撤稿、删除等操作。融媒体内容分发实训模块以新闻发布与流程为主要内容，包括发稿流程与审校，一键多端发布，稿件复用、推荐与撤稿等部分。

3.3.1 发稿流程与审校

通过工作流配置、稿件编排与列表页维护实训，让学生学习不同发布频道下的多级审校要求和节目分发流程内容。

3.3.2 一键多端发布

通过准备一些稿件素材，让学生根据素材构思稿件形态及适合发布的渠道，如微博稿件、微信稿件、网页稿件、抖音稿件。成品稿件要发布到1—2个渠道或账号，让学生了解不同发布平台的特性，并将稿件发布到合适的渠道。

3.3.3 稿件复用、推荐与撤稿

按照发布渠道，让学生了解如何进行稿件复用和推荐，并了解在什么样的情况下需要对已发布的内容进行撤销发布的操作，同时了解稿件撤销发布后的效果。

3.4 融媒体业务运营实训模块

实训平台通过用户数据中心、数据统计分析系统、数据展示大屏、指挥协同系统、AI智能识别安全监控系统等系统，以及线索选题任务管理、绩效统计管理、统一平台

管理、大数据舆情分析服务等功能,实现对于校园融媒体运营信息的展示,提升学生融媒内容的宣传与创作能力。该模块包括文稿安全认知、文稿校对、敏感词识别、稿件安全分发、运营数据认知、数据统计与分析、绩效应用与分析等内容。

3.4.1 文稿安全认知

通过文稿识别、校对、审核,敏感字、敏感词策略方案设置,让学生学习稿件创作与发布审核中,文稿安全涉及的检查内容与工具使用。

3.4.2 文稿校对

模拟采编人员,在写稿、编稿过程中学会使用校对工具,将文字内容中的政治错误、错别字、英文拼写错误等错误识别出来并做修改。

3.4.3 敏感词识别

模拟采编人员,在写稿、编稿过程中学会使用敏感词识别工具,了解敏感词都包含哪些分类、哪些文字属于敏感词范畴。

3.4.4 稿件安全分发

通过文稿安全相关应用或服务,对问题稿件内容进行分析与修正,进行稿件内容的审核提交。

3.4.5 运营数据认知

通过访问数据分析,学习在融媒体平台运营中涉及的各类运营与绩效数据,以及数据来源、分析方式、结果分析。

3.4.6 数据统计与分析

通过对传播效果的数据分析,对媒体和渠道的传播效果进行分析,找到问题,并提出改进措施。

3.4.7 绩效应用与分析

通过对一定范围内平台各用户生产稿件的数据,对部门、频道与个人进行生产绩效统计。

4.媒体融合实训平台建设特色

上海出版印刷高等专科学校按照“总体规划、分期实施、架构合理、标准规范、开放共享、资源共享、智能运维、自主可控、安全可靠”的原则，依托云计算、大数据、人工智能技术和服务，整合学校宣传部现有媒体资源，构建“云、网、端”为基础的新型网络架构，对接传统业务，实现用户跨屏、跨域、跨网、跨终端无缝衔接。学校打造传统媒体与新媒体深度融合发展的新型校园媒体，即上海出版印刷高等专科学校智慧融媒体中心，形成“服务学校宣传工作大局，践行传媒实践育人使命”的媒体融合新格局。

4.1 开发课程，建设职业教育媒体实践基地

上海出版印刷高等专科学校媒体融合实训平台具备媒体融合环境下完整的资讯信息策划、采访、编播、发布、运营业务流程体系，包含内容汇聚、内容生产、应用发布、运营支撑四大模块，实现从内容资讯的采集开始，到内容输出、运营的整个闭环流程下，数据的流转、配置、应用与管理。实训平台实现了传媒专业职业教育“一次采集、多种生成、全媒发布”的媒体操作实训功能，保证学生理解并实现媒体融合各个环节下的流程实践。

4.2 聚合资源，打造“上海版专”传播平台

通过平台建设，打造“上海版专”形象资源全库，建设“上海版专”故事传播新平台。通过聚合征集、全民上载、共享传播、孵化创新等多方面，构建一个凸显“上海版专”特色的学校形象资源全库，全方位讲好“上海版专”故事，逐步形成城市 IP 内容生态系统。

4.3 凝魂聚气，搭建校园文化服务供给体系

通过平台建设，挖掘“上海版专”传统文化，打造“上海版专”文化数据中台，梳理“版专”文脉，凝练“版专”精神，建设有学校特色的数字文化服务平台，创新数字文化新消费场景服务，集成全息呈现、数字孪生、多语言交互等新型体验技术，展现学校专业特色。

5.结语

上海出版印刷高等专科学校基于媒体融合发展对传媒专业的技能人才培养需要，结合广播影视节目制作、新媒体制作与传播、影像档案技术等专业实训实习内容，建设了媒体融合实训平台，满足了学生实习实训基地和学校宣传中心制作需要。媒体实训

平台作为宣传中心的独立用户系统,做到内容创作、发布完全与宣传中心的使用环境相隔离,但具备媒体融合环境下完整的资讯信息策划、采访、编播、发布、运营业务流程体系,帮助学生理解并应用融媒体各个环节下的流程实训,实现一次采集、多种生成、全媒发布。实训平台同宣传中心均采用B/S架构,严格地为学生分配账号与权限,学生可以摆脱教学环境的约束,实现随时随地进行平台实训与业务学习。这样的设计能够帮助学生深刻理解融媒体业务运作模式,推动相关专业学生在内容生产、内容管理、内容传播、内容服务、内容运营等多方面实现应用实践,并帮助他们积极探索传统媒体和新兴媒体融合发展的实战应用。

〔李贵孚,教授级高级工程师,上海出版印刷高等专科学校媒体融合发展研究中心主任〕

数字新技术下的影视传播实验教学智慧平台建设

——以上海大学音视频协同创新应用平台建设为例

◎张建荣　王　丹

摘要：上海大学上海电影学院面向国家双万计划，按照国家“四新”实验室建设的要求和学校实验大平台建设规划，积极建设数字新技术下的影视传播实验教学智慧平台。本文介绍了影视传播实验教学智慧平台的体系构建情况、系统集成解决方案、基本功能，以及学校自主开发的音视频协同创新应用 App 特点，为各高校相关实验平台建设提供参考方案。

关键词：实验教学；智慧平台；专业音频矩阵；音视频协同

1.引言

电影产业是国家文化创意产业的重要组成部分，上海市一直积极发展电影产业。为了顺应电影产业发展需要，上海大学成立了上海电影学院，设立了导演系、表演系、摄影系、电影制作系、美术系、动画系、影视艺术系、影视工程系等 8 个系以及上海电影特效工程技术研究中心、影视制作部和影视实验中心，涵盖戏剧影视导演、表演、影视摄影与制作、戏剧影视美术设计、电影制作、戏剧影视文学、动画、广播电视编导、数字媒体技术等 9 个本科专业，逐渐建成覆盖电影全产业链的专业建制。

上海电影学院的成立得到上海市人民政府的大力支持，作为环上大国际影视产业园区建设的重要组成部分，上海电影学院承载着促进上海电影产业发展及建设全国电影高峰的重要使命。

上海电影学院建设了完善的实验教学环境，拥有上海市影视实验教学示范中心，下设灯光摄影棚、虚拟数字摄影棚、数字放映厅、声音合成实验室、后期剪辑实验室、数字调色实验室、黑匣子排演厅和演播厅、录音棚等 30 多个各类专业实验室。上海电影学院还与德国电影摄影器材厂商阿莱(ARRI)签署战略合作协议,建立了上海电影学院ARRI中心,为培养理论基础深厚、艺术技术融合、创作能力突出、富有国际视野和创新精神的新时代德艺双馨卓越电影人才奠定了良好的实践教学基础。

2.实验室建设目的

云计算、大数据、5G、人工智能、虚拟现实、机器学习、深度学习、区块链、数字孪生、虚拟制作等信息技术的不断发展,深刻影响了电影产业的发展。云端化、智能化、虚拟化等将是中国电影的发展方向。面对新技术发展迭代和实验教学内涵建设不断深入,云端化、智能化、虚拟化电影实践教学实验平台体系建设是当代电影创新人才培养必须具备的核心要素。这将会影响实践教学的方方面面,关系到实验教学模式改进、实践实训环节的价值凸显以及融合创新能力培养。诚然,任何一个与时代同频共振的实验平台建设都不是一蹴而就的,只有通过不断研究探索、锐意创新、大胆开拓,才能体现教育工作者的价值。

如何开展电影实验教学是上海电影学院亟须解决的课题。据了解,部分肩负影视人才培养任务的院校在实践教学体系构建上尚存在一些缺陷:专业教学内容与实验实践条件不匹配;专业化实验教学管理配套系统等保障条件不具备;软硬件条件还比较落后,在数字技术赋能方面表现较差。从专业实验实践教学角度来说,这些关键问题会大大影响人才培养质量,进而会影响到人才培养目标的实现。面对这些问题,高校需要适时调整、深挖潜力,这对于加快推进教育新基建、构建高质量教育支撑体系,具有积极意义。

上海电影学院拥有全国首个电影制作专业和国家一流本科专业建设点数字媒体技术专业,体现了技术与艺术兼备的专业建制。目前"联合作业小组"教育教学改革已经启动,全国首个电影制作专业国际化实验班整体引进了北美顶级电影学院人才培养模式和课程设置,由资深外籍教师直接授课,多元化课堂和一线片场实践教学也在顺利进行之中。这势必对影视传媒人才培养的教学条件与基础环境提出更高要求。

上海电影学院的学科建设也同样存在这些问题。在"十四五"期间,上海电影学院确立了数字新技术环境下的实验教学智慧平台建设目标,将平台建设与音视频协同创新应用作为学院实验教学中心建设的基本内容,逐步构建完善的云端化、智能化、虚拟化电影实验教学体系。

实验教学智慧平台采用云计算、5G、人工智能、大数据、音视频领域远程多讯道实时无损传输等技术作为基础支撑技术，结合学院新大楼建设工作前期智慧平台设计相关内容，在新型基础设施建设基础上，探讨系统架构和解决方案。

由于系统设计方面涉及的技术专业性强，音视频路由的复杂性与传输性能技术指标要求的多样性尤为突出，因此，切实构建一个具有教学、科研、实训、共享等完整功能的，以集约化专业音视频矩阵为核心理念的实验教学智慧平台架构，具有一定的探究价值，对于电影高等教育领域也具有普适性与参考意义，有利于进一步完善以人为本、面向服务的产学研大平台建设。

3.建设内容和工作方案

3.1 建设内容

聚焦数字新技术条件下实验教学智慧平台的建设，本次实验室建设内容包括两个方面：一是面对影视行业音频领域向着规模化、产业化、专业化发展的需要，面向集群化、大体量、多功能的教学实训基地建设目标，设计专业级数字音频矩阵系统集成解决方案；二是以学院新大楼教学实训中心建设为契机，探索研发出一个满足线上线下融合教学的音视频协同创新应用。

系统集成解决方案是影视前/后期音频工业制作系统设计及教学实训中心建设的重要环节，相关系统主要有杜比全景声电影终混棚、拟音录音棚、ADR对白语言录音棚、动效/音乐录音棚、电影声音设计教室、数字音频处理实验室、演艺剧场及多功能放映厅、MIDI制作教室和电影拉片室及开放实训空间等组成单元。面对国际一流的高端处理设备、不同的物理位置空间布局以及教学实训＋直播远程教学的功能需求，必须通过最先进的行业技术方案进行优化整合和系统集成，使所有的元素集约为一个完整的“产、学、研、训、创”的实验教学智慧平台。实验教学智慧平台不仅要安全可靠、处理功能强大、操作管理友好，而且要能够完成专业音频数据岛全局化控制的重要任务。

3.2 具体建设思路和方法

实验教学智慧平台建设以上海电影学院新大楼建设为契机，以学院专业教师团队为课题组，联合具有强大技术团队、丰富研发资源的行业公司，明确分工，分步展开具体方案。

通过基础调研、现场测量、理论研讨设计、方案预选、研究设备及环境选型、模拟仿真实验、系统模型(硬件)搭建、音频矩阵信号路由模拟测试、实验数据分析研判等环节不断完善建设方案。实验教学智慧平台建设完成后,再通过技术指标实测和平台优化达到平台建设目标。

3.3 技术路线

3.3.1 系统建设遵循的原则

一是先进性。采用当今世界先进技术、成熟产品。操作直观简易、信号调配灵活、维护管理方便,达到广播级高质量标准,符合专业广播规范。

二是可靠性。系统配备的主要设备均为近年来经多次实践使用被证明性能优良、稳定性强的产品,并且系统采用的技术也是成熟的、经过验证的,在操作上能够做到安全可靠。

三是灵活性。系统可满足不同的使用要求,在充分发挥各设备功能的基础上,通过优化设计保证系统能满足人声录音、乐队录音、后期制作、音乐缩混、母带处理以及杜比全景声混音、审片教学的需求,并且界面友好、操作方便。

四是合理性。在设备选型方面,充分合理应用数字化技术、设备,提供优化的设计,使系统功能有一定的技术前瞻性,以适应未来节目制作技术及制作的拓展需求,并在主客观两个层面确保系统的质量。

3.3.2 实验教学智慧平台组成

实验教学智慧平台由IT基础设施、公共支撑平台、中央控制室以及相关专业实验室组成,平台网络总体架构示意图如图1所示。

第一,系统架构。

信号链路架构设计采取“分—总—通”主系统、环子系统和多节点的交叉网络架构,这样节点布局不受物理空间限制,实现了快速任意的信号路由分配方式和巨量无限制的音频流通道设置。

第二,音视频接口。

采用基于Dante音频接口或配备以太网视频桥接技术(AVB)接口,从而实现音视频远距离传输的低延时特性。

第三,系统设计技术指标。

各环子系统可以通过USB 3.0来传输最大128通道的音频信号,也可以通过多通道音频数字接口(MADI)传输64通道音频信号。音频IP传输协议可使用现有的路

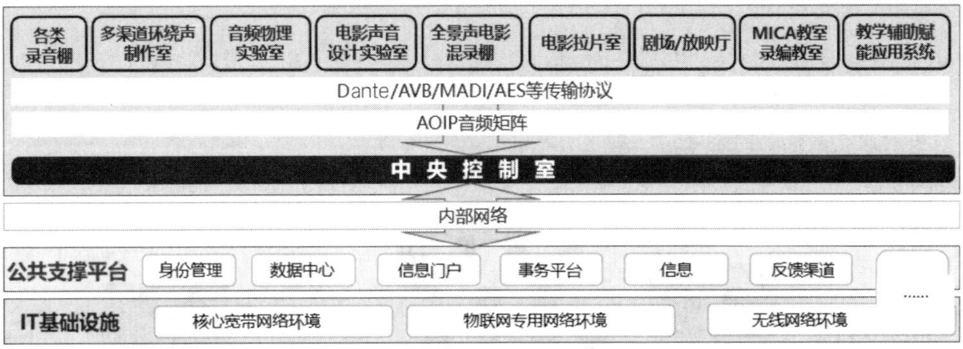

图 1　实验教学智慧平台网络总体架构示意图

由器和网络交换机，不需要特别配置，兼容 AES67 音频标准，可长距离低延迟传输无压缩的数字音频信号。

系统需要支持 AES67、ST 2110-30、ST2110-31 等音频标准，同时支持冗余音频数据的 ST2022-7 和 NMOS IS-04/IS-05 等音频标准。系统应能够通过用户浏览器和局域网控制，具有通过网页控制台界面访问专业音频接口的所有控制选项。

在网络接口方面，各环子系统有 4 个可自由设置的网络接口，可配置输入和输出各种功能，也可以作为网络交换机或安全的冗余设计来使用。

多种字时钟可通过基本网络卡（BNC）输入和输出接口实现，也可以通过 MADI 输入输出接口实现。

系统通过外部电源或 USB 总线供电。

4.建设内容

实验教学智慧平台以数字音频矩阵为核心，在平台 IT 基础设施层上结合数字声音教学特点的“应用支撑层”（音、视、网、教、密）五位一站整体方案正在逐步完善中。电影声音设计制作教学系统需要一套成熟的解决方案，它集音乐制作、混音、全景声声音设计、影视录配等功能为一体，因此，实验教学智慧平台可以包含多个全景声混音、制作棚，拟音、对白录音棚及编辑室，总计逾 40 个录音与混音空间。各空间除本地文件外，也可访问内网存储阵列进行文件交换。网络机房与各制作空间相连，除本地内网连接之外，还可以提供音频网络。在系统建设中，将黑匣子剧场、放映厅、电影拉片室、摄影棚等专业教学实训空间通过远距离低延迟的高质量无损传输网络进行连接，让各教学实训空间得以联动，满足了更大规模节目录制、制作及教学实训使用要求。

4.1 主录音棚系统

主录音棚系统架构示意图如图 2 所示。

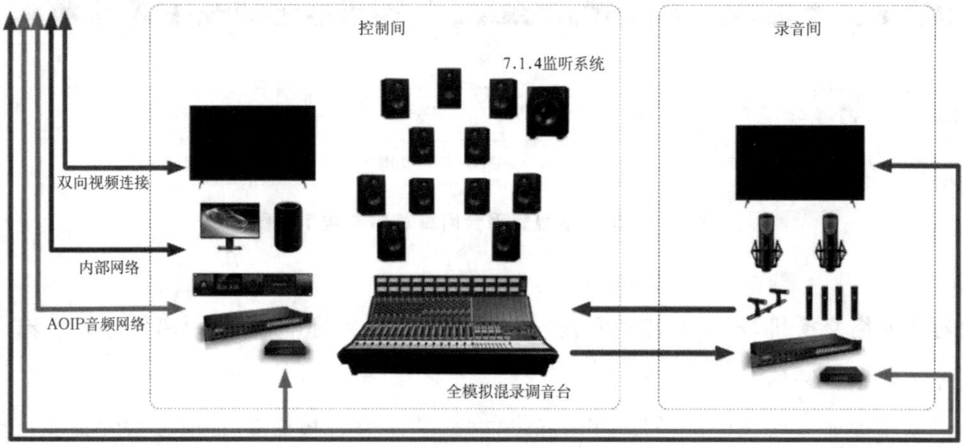

图 2 主录音棚系统架构示意图

主调音台选用 Rupert Neve Designs 5088 大型模拟调音台,该调音台采用全离散电路与高工作电压设计,能够提供极高的动态范围和极低的底噪。

该调音台采用模块化设计,可为不同的混/录系统需求提供不同规模的方案,同时也为未来调音台扩增提供可能。此次主录音棚系统选择 32 通道/5052 话放的配置方案,可满足复杂情况下的录音需求,其优异的话放品质也会在后期各制作环节中展现出其优势与便利性。

主工作站系统采用高性能 Mac Pro 作为工作站主机,能够提供出色的性能表现及噪声表现。苹果桌面操作系统下的 Avid Pro Tools 是录音、混音及全景声工作的必要软件系统,实时混合和处理引擎 HDX 搭载的数字信号处理功能在减轻中央处理器负担的同时,也会带来更低延迟与较快的系统响应速度。主录音棚系统也配备 Avid 控制器作为工作站的辅助工具,加速工作流程,EUCON 系统还可整合 MTRX 系列接口的硬件控制功能,使监听系统控制更加便利。

4.2 音频教学系统

音频教学系统架构示意图如图 3 所示。

音频教学系统包含编曲/混音教室、电子音乐教室、电钢教室、形体教室等多个教

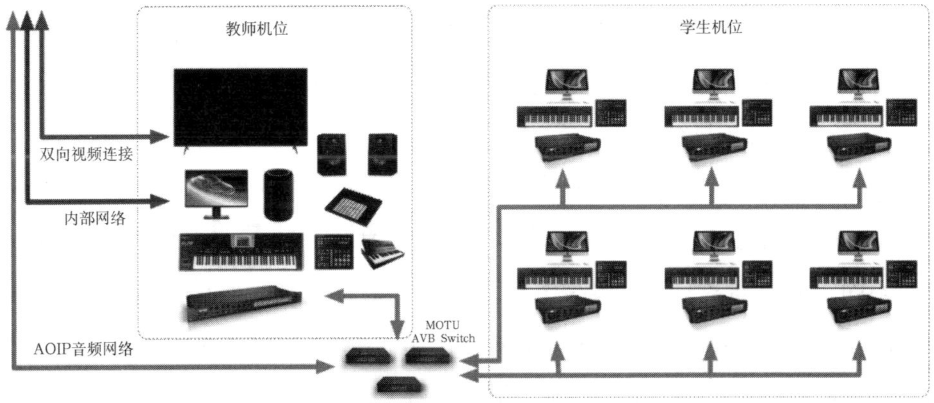

图 3　音频教学系统架构示意图

学空间，这些教学空间均采用 MOTU AVB 系列接口进行配置，依附于先进的 AVB 网络协议。教师可在教学中执行授课模式、回课模式，根据授课需求自由控制学生耳机内的信号内容；教师在教学中也可执行独立模式，允许学生自由在机位上进行编辑制作或完成作业。同时，各教室通过内部网络，也可访问到其他教室内相关设备并进行管理控制。

音频教学系统结合线上线下融合教学的需求，开发了一款音视频协同创新应用 App。该 App 主要由网络互动教学系统、课程动态录制系统、JoyChord 音乐教学演示系统等组成，它结合了视频、音频、MIDI、网络 IP 等融媒体技术优势，专门针对艺术教学特色设计了实景化临场感教学演示系统。包括多机位同步录制、个性化音频处理、实时内容发布、后台同步监看、课件资产管理等功能模块的课程动态录制系统，解决了线上直播课、互动课、视频课和线下大班课、小组课、一对一教学的痛点，满足了智慧校园建设要求。

网络互动教学系统使教师能够在多个场地对现场实施监看，教师可以对所有正在进行的网络教学过程进行多画面的现场监控，以掌握整体的教学效果。网络互动教学系统可以与学校的视频监控系统进行联动操作，实现共用一些视频设备和共享一些画面资源。此外，网络互动教学系统与课程动态录制系统联动，可以将互动教学过程录制下来，形成最终的教学资源。

课程动态录制系统能够实现在多机同步录制的同时，支持多台摄像机同步录制编目、归档，对于某些特定的画面，还可以指定采用多机主备同时录制的方式，从而确保了系统安全。课程动态录制系统具备个性化音频处理功能，可以针对不同教师的发声特色实现音频的个性化处理,从而获得更加清晰的声音呈现。课程动态录制系统与学校校务管理系统联动,能够实现实时发布录制的内容,并且通过权限控制实现个性化的课程接收。课程动态录制系统还可以让教师通过网络监看每个教室的录课状态,包括每一路的画面以及观众的反馈等细节。

JoyChord 音乐教学演示系统由 JoyChord J7、Atem Mini ISO、JoyGo 摄像机、轻量级吊装支架、调音台+监听耳机+话筒、Roland VP-42H+VR-1HD 等组成,适合多媒体 MIDI 编曲教室等场景。系统基础功能是让演奏创意实时生成视觉 GUI 界面,使教师对演奏细节一目了然,与手部演奏画面实时融合,近乎零延迟推送至本地大屏幕,达到最优的呈现效果。系统进阶需求为一键直播与录制,即音频信号进入播出工作流,音视频同步与合成,一键直播至自定义 RTMP 流,实现一键 H.264 标准录制超清源文件。

5.结语

上海大学上海电影学院实验教学智慧平台建设采取专业院校与行业龙头公司合作开展研究共同实施的形式,保证了实验教学智慧平台的专业化运行,同时采取申报研究课题的形式争取到研究经费的支持。

实验教学智慧平台建设方案的研究,对下一步新大楼大规模的专项建设实施有一定的指导意义。上海电影学院以实验教学智慧平台建设为抓手,使之成为支撑和保障学科建设、聚集和培养优秀科技人才、开展高水平学术交流、促进科技成果转化的重要基地,助力行业高质量创新发展。上海电影学院着力将教学实训中心建设成为具有示范效应的、可复制推广的标志性工程。

〔张建荣,高级实验师,上海大学上海电影学院实验教学示范中心常务副主任;王丹,讲师,上海南湖职业技术学院教师〕

研讨会综述

影视传媒系列公开课暨慕课西行活动综述

◎ 胡一梁

摘要:2022 年,浙江传媒学院电视编辑与导播国家级实验教学示范中心、中国高校影视学会实验教学专业委员会、浙江省影视摄制技术与艺术创研虚拟教研室、超星集团联合举办了影视传媒系列公开课暨慕课西行活动,本文综述了该活动的情况。该活动以推进优质影视传媒教学资源特别是国家一流课程云端共建共享为核心,通过多校多课多师多生云端共上一堂影视传媒前沿课程,构建了面向全国的影视传媒系列公开课模式,初步形成了优质影视传媒教学资源面向全国特别是中西部相关高校辐射的共建共享机制与模式,进一步提升了优质影视传媒教学资源的对外辐射能力和品牌效应。

关键词:影视传媒;一流课程;公开课;慕课西行;云端共享

1.引言

2019 年 10 月,《教育部关于一流本科课程建设的实施意见》发布。《意见》指出,建设适应新时代要求的一流本科课程,让课程优起来、教师强起来、学生忙起来、管理严起来、效果实起来,形成中国特色、世界水平的一流本科课程体系,构建更高水平人才培养体系。[①] "慕课西行"活动是教育部高教司为推动教育资源共享、支持中西部地区高等教育发展倡导的一项公益性教育行动,旨在通过共享课程、智慧教学平台、智慧实验室、智慧图书馆、虚拟仿真等"智能+"技术平台提升中西部地区的教学水平,破解中西部地区高等教育优质教学资源短缺的难题。[②] 两年来,各地高校通过异地云端融

① 教育部.教育部关于一流本科课程建设的实施意见[EB/OL].(2019-10-30)[2022-11-25].http://www.moe.gov.cn/srcsite/A08/s7056/201910/t20191031_406269.html.

② "慕课西行",云端越千里共享好课堂[EB/OL].(2022-04-12)[2023-01-20].https://www.sohu.com/a/537383409_121321033.

合共享课堂和虚拟教研室建设，系统性、专业化地提高了教师的教学水平和信息化素养。

浙江传媒学院顺应媒体融合、教育数字化发展趋势和卓越影视传媒人才培养需要，通过不断加强产教合作，持续进行与媒体融合环境匹配的专业课程体系、教学模式、教学机制等建设，构建了影视传媒类专业多场景融合教学体系。中国高校影视学会实验教学专业委员会是我国传媒实践教学领域的公益性组织，现有理事 90 人，联系高校 500 多所，近年来持续开展了传媒实践教学创新研讨会、新技术新业务新平台云端系列讲座、传媒实践师资公益培训等活动，推动了我国传媒实践教学共建共享，为面向全国影视传媒类专业的教学资源共建共享提供了资源基础和组织支撑平台。中国高校影视学会实验教学专业委员会秘书处设置在浙江传媒学院电视编辑与导播国家级实验教学示范中心。

2.影视传媒教学资源共享现状及公开课示范效应

目前，我国开办传媒类专业的院校大致包括综合性大学、多科性院校、行业性院校 3 类。受传统传媒人才培养观念影响，不少高校影视传媒类专业的课程内容、教学模式还是基于传统传媒专业的理念，无论是影视传媒类专业核心能力构建还是达成路径，都不适应媒体融合纵深发展趋势和不符合传媒人才培养需要。

2.1 影视传媒教学资源共享现状

2.1.1 教学资源辐射有待强化

各高校影视传媒优质教学资源向校外的推广应用主要靠国家级一流本科课程建设网、国家实验教学示范中心联席会、虚拟教研室联盟以及智慧树、超星平台、爱课程等平台。从使用数据统计看，中部和东部地区高校使用较为积极，西部高校使用相对较少，这阻碍了西部高校影视传媒类专业的建设。

2.1.2 教学资源整合有待深化

优质影视传媒教学资源分布在各个高校，高校之间与高校内部横向和纵向的联系、互动不充分，很难形成优质教学资源的整体效应和对外辐射作用。

2.1.3 教学场景融合有待优化

优质影视传媒教学资源的对外共享，需要优化原有的单一场景教学模式，在课程资源共享过程中需要强化艺术与技术、内容与手段、业务与创作、线上与线下的高度有机融合,消除理论与实践的鸿沟,从而实现影视传媒教学资源的多场景融合共享。

2.2 影视传媒系列公开课的示范作用

鉴于以上影视传媒教学资源共享现状,浙江传媒学院电视编辑与导播国家级实验教学示范中心、中国高校影视学会实验教学专业委员会、浙江省影视摄制技术与艺术创研虚拟教研室、超星集团联合举办了影视传媒系列公开课暨慕课西行活动。每堂公开课由高校传媒院系、媒体、技术公司等合作举办,涉及省级及省级以上一流本科课程相关内容或影视传媒新技术新业务,采用云端融合形式进行,通过超星直播平台全网开放,建立起跨时空、跨专业、跨平台的影视传媒课程共建共享教学新形态,形成面向全国特别是中西部相关高校辐射的共建共享机制与模式,对影视传媒教学资源建设与共享起到示范作用。

第一,促进我国影视传媒类专业发展。任何一次影视媒体技术的重大突破都引发了影视艺术革命,在社会媒介化背景下影视传媒类专业必须摈弃用过去的技术、业务为明天培养人才的观念,通过影视传媒优质教学资源的共建共享,促进我国影视传媒类专业发展。

第二,促进教师掌握智慧教育技术。随着当代信息技术的普及,教师必须掌握信息技术并与影视传媒教学结合,才能满足数字环境成长起来的学生对随时随地泛在教学的需要。通过跨时空、多点多地、云端融合的影视传媒系列公开课,促进教师掌握智慧教育技术。

第三,促进影视传媒教育的区域均衡发展。以影视传媒系列公开课暨慕课西行活动为载体,集合我国影视传媒类专业名师、名课,实现优质教学资源跨时空、云端融合的共建共享,促进影视传媒教育的区域均衡发展。

3.系列公共课主要内容

2022 年 4 月 20 日下午,活动启动仪式在四地云端举行,浙江传媒学院、新疆艺术学院、青海民族大学、西藏民族大学共同参与。浙江传媒学院副校长姚争、新疆艺术学院副校长全立新、超星集团课程内容部总经理李阳阳分别致辞。2022 年相关高校、媒体、技术公司共联合举办了 6 场影视传媒类专业公开课,除了在联办高校设置线下课堂之外,其他高校师生可以通过超星平台听课与互动,6 场公开课体现了深刻的学术内涵、教育内涵与人文内涵。

3.1 影视剪辑中的素材选择

2022 年 4 月 20 日，浙江传媒学院李琳教授和北京星驰文化传媒有限公司高级剪辑师尚涛联袂开讲第一讲“影视剪辑中的素材选择”，课程在浙江传媒学院、新疆艺术学院、青海民族大学、西藏民族大学设置线下课堂。

本次课程选取了李琳教授负责的浙江省一流在线课程“综艺影视剪辑”教学内容，围绕不同类型综艺节目如何选择剪辑素材、有限时长中如何选择剪辑素材、如何选择同一对象不同镜头表现形式的素材、如何合理利用存在瑕疵的视频素材 4 个部分展开。

在一个半小时的授课过程中，尚涛通过《婆婆和妈妈》《奔跑吧》《奇葩说》等综艺节目剪辑案例，细致入微地讲解了素材选择的原则、要点与注意事项等，李琳从理论层面进行了总结。李琳的理论总结能力、课程讲授能力突出，尚涛拥有丰富的综艺实践项目经验。在授课过程中，二人理论与实践紧密结合，课程精彩纷呈，受到了线上线下师生的一致好评。

尚涛还结合案例回答了 6 位学生的在线提问，解答了学生们关于素材选择方面的诸多疑问，使学生们加深了对综艺后期剪辑的理解。新疆艺术学院传媒学院院长姬彬教授对教学内容做了点评。

3.2 大型体育赛事转播漫谈

2022 年 4 月 28 日，浙江传媒学院胡一梁教授与中国传媒大学王博高级工程师、体育转播专家张大勇、媒体技术专家董全武联袂主讲第二讲“大型体育赛事转播漫谈”，课程在浙江传媒学院、云南民族大学、兰州文理学院设置线下课堂。

本次课程选取了胡一梁教授负责的国家一流虚拟仿真实验课程“多讯道导播虚拟仿真实验”教学内容，围绕多讯道导播虚拟仿真实验、云转播技术在体育赛事中的应用、北京冬季奥运会转播组织与运行、体育转播新模式与案例分析等四个部分展开。

胡一梁首先总结了传媒的新趋势、新场景、新生态，指出传媒迎来了社会全域发展态势，传媒专业学子的天地已经从媒体领域走向消费互联网、产业互联网和可持续社会价值创新领域。其次，他系统介绍了多讯道导播虚拟仿真实验的系统架构、功能、使用和导播创作流程。最后，他讲解了 2021 年东京奥运会云转播、制作情况，以此说明媒体云上生产运营成为常态。

董全武结合北京冬奥会新闻发布会在线视频服务、基于云的集中式远程视频制作方式,深入浅出地讲解了云转播、云制作技术。媒体云技术使传统的重转播、重制作变成当前的轻转播、轻制作,董全武用“相约北京”系列测试赛作为案例,与主持嘉宾和学生进行了互动,展示了科技奥运、人文奥运、低碳奥运的魅力。

王博作为北京冬奥组委文化活动部项目专家、冬奥会张家口颁奖广场转播协调经理,参加了北京冬奥会的转播组织与运行。他以翔实的案例分享了北京冬奥会转播基础设施以及转播服务业务组织运行情况,并结合颁奖仪式转播详细解析了颁奖仪式的运行、组织等业务。

作为赛事转播专家,张大勇介绍了体育赛事信号制作理念与体育赛事转播技术的创新。张大勇以北京冬奥会在多个平台的数据服务或交互式数据产品的开发服务为案例,解析了冬奥会电视转播,同时还分享了2020年欧洲杯和2019年女足世界杯的大屏可视化展示、可视化包装、主持人评论员数据分析服务、节目制作团队数据报告服务等案例。

在授课过程中,老师们与学生进行了课堂互动,以转播案例解答了学生的提问。云南民族大学文学与传媒学院实验中心主任赵绮娣副教授、兰州文理学院新闻传播学院副院长周宁教授对教学内容做了点评。

3.3 影视全流程实时可视化:虚拟制片的发展与创新

2022年5月11日,浙江传媒学院管熠老师和浙江博采传媒有限公司沈辰奇老师联袂主讲第三讲“影视全流程实时可视化:虚拟制片的发展与创新”,课程在浙江传媒学院、南京晓庄学院、贵州师范学院、广东白云学院设置线下课堂。

本次课程选取了管熠负责的浙江传媒学院一流课程“影视特效摄影”教学内容。管熠结合LED大屏虚拟制片的创作实践案例,分享了LED虚拟制片原理、虚拟制作实时渲染、虚拟制作流程以及虚拟制作发展方面的内容。

沈辰奇结合浙江博采传媒有限公司在2022年美国国际广播电视展上发布的虚拟制作技术与作品,介绍了虚拟制片全流程。沈辰奇通过案例阐释了虚拟场景制作、数字角色制作、实时预演、数据机械继承、虚实融合置景、LED虚实环境置景、LED虚实光源交互等技术应用。

在授课过程中,老师们与学生进行了课堂互动,并解答了学生的提问。南京晓庄学院陈一雷副教授、贵州师范学院文学与传媒学院院长杨波教授对教学内容进行了点评。

3.4 电子竞技:从游戏到节目新形态

2022 年 6 月 16 日,浙江传媒学院张忠仁、李铉鑫、张帆、姜燕冰 4 位老师联袂讲授第四讲“电子竞技:从游戏到节目新形态”,课程在浙江传媒学院、安徽师范大学、四川电影电视学院设置线下课堂。本次课程选取了浙江传媒学院姚争教授负责的省一流课程“电视与网络视频节目形态解析”教学内容。

张忠仁追根溯源,解读了电竞游戏逐渐成为新型节目内容的过程,梳理并解析了电子游戏向电子竞技转型中形成的 4 个主流电竞节目形态及其构成特点。

李铉鑫以电子游戏机设计为主题,回顾了 40 多年以来的各类典型电子游戏机,生动有趣地详解了电子游戏产品的演变进程,从游戏机的更新换代透析电子游戏向电竞发展演变的进程,并多维度阐释电子游戏机的未来图景。

张帆梳理了人工智能与游戏的发展历史,解读了从电子游戏到电竞设计技术观念的转变,介绍了游戏美术、游戏人物建模、游戏动画、游戏语音中的人工智能技术,解析了人工智能与游戏设计新场景的关系。

姜燕冰介绍了虚拟演播区、电竞解说间、4K 电竞综合演播厅、超高清电竞综合导播室等的主要功能。

张忠仁、李铉鑫、张帆 3 位老师与学生进行了课堂互动,并解答了学生的提问。上海体育学院传媒与艺术学院院长杜友军教授、安徽师范大学新闻与传播学院副院长马梅教授、四川电影电视学院新媒体学院院长彭颖教授对教学内容进行了点评。

3.5 从经典电影照明到混合现实电影虚拟制作技术

2022 年 6 月 20 日,浙江传媒学院张兴老师、资深影视灯光师亢晓天、阿莱(ARRI)中国区副总裁康清虎、数字灯光师孙文 4 位老师联袂讲授第五讲“从经典电影照明到混合现实电影虚拟制作技术”,课程在浙江传媒学院、宝鸡文理学院、四川文理学院设置线下课堂。本次课程选取了浙江传媒学院张兴负责的国家一流虚拟仿真实验课程“电影摄影照明设计虚拟仿真实验”教学内容。

张兴介绍了电影摄影照明设计虚拟仿真实验的基本原理,师生可以以第一人称视角在虚拟环境中漫游和进行虚拟电影照明设计,用虚拟电影摄影机进行 UI 预览和拍摄,熟悉摄影机和照明器材操作,掌握应对各种故事类型的照明手段。

亢晓天以电影《一个都不能少》的布光案例进行讲解。电影《一个都不能少》要求以纪录片形式表现画面、光效自然,相关教学内容让学生受益匪浅。除此之外,亢晓天还结合《我的父亲母亲》《唐山大地震》《梅兰芳》等经典影视作品中的布光技巧进行了分享。

康清虎介绍了电影照明设备制造商 ARRI 的灯光发展史,从项目工作流程与效率、发挥数字资产作用、实现可持续发展等方面分享数字混合现实技术解决方案,用视频展示了欧洲最新虚拟制作摄影棚现状。

孙文介绍了数字灯光系统在影视行业的应用以及从传统灯光系统到数字灯光系统的发展过程,分享了数字灯光系统应用于《流浪地球》《八佰》《悬崖之上》等影视作品拍摄的案例。

在授课过程中,老师与学生进行了课堂互动,并解答了学生的提问。宝鸡文理学院文学与新闻传播学院副院长孟改正教授、四川文理学院文学与传播学院副院长何斌副教授对教学内容进行了点评。

3.6 虚实融合背景下主持人的话语样态与实践

2022 年 11 月 29 日,浙江传媒学院王一婷教授、杭州师范大学朱丹副教授、著名主持人李霞老师联袂讲授第六讲“虚实融合背景下主持人的话语样态与实践”,课程在浙江传媒学院、东北师范大学、四川理工大学设置线下课堂。本次课程选取了浙江传媒学院王一婷教授负责的国家级一流本科课程“播音主持创作基础”的教学内容。

王一婷结合具体案例区分了话语样式与话语体式,指出话语样式是话语的基本态势和主要形式;话语体式是指语言传播主体运用声音表现手段在有声语言上呈现出来的格调和氛围。针对新媒体时代话语传播的特殊性,王一婷甄选了不同主体在不同平台、不同语境下的丰富实例进行比较分析,由表及里引导学生在案例中体悟话语样式与体式的边界与融合,总结了新时期播音主持的话语样态与表达规律,指出话语样式和体式的穿插融汇是新时期对主持人的更高要求。

朱丹从媒体融合由“窄融合”逐渐走向“宽融合”的整体态势、听众的结构与身份转变,提纲挈领讲述了广播音频概况、广播音频节目创作变革,重点指出广播节目创作要以用户需求为导向,围绕内容为重、服务为要、形式为辅等方面进行融媒体内容制作。

李霞围绕媒体融合环境下数字经济与实体经济深度融合、5G 带来文创产业新格局等背景,分享了传媒在产业升级、发展远景、实践教学等方面的新技术和新业务,通过翔实的案例展示了虚实融合主持实践的可行性和无限潜力。李霞指出播音主持践行共创全要素、全场景、全产业、全学科等“新四全”的重要性,懂技术、懂内容、懂创意、懂市场、懂传播、懂沟通是专业基本素养,要做“德在心、意在脑、技在手”的新时代全媒体复合型主持人。

在授课过程中，老师与学生进行了课堂互动，解答了学生的提问。中国传媒大学播音主持艺术学院党委书记李洪岩教授、东北师范大学传媒科学学院（新闻学院）播音与主持艺术系主任孟翀老师做了点评。

4.结语

影视传媒系列公开课暨慕课西行活动2022年共举办6场公开课，每场都由一流课程负责人和业界资深专家联袂主讲。课程内容涉及业界前沿理论与实践，以案例结合影视传媒前沿技术、业务进行讲授。我们对影视传媒系列公开课视频素材进行剪辑，在超星线上课程平台建设了“媒体新技术新业务概论”课程，让公开课内容继续惠及更多高校师生。

每堂公开课我们都在全国多地设置线下课堂，采用现场转播与腾讯会议结合的技术实现多点多地多师线上线下交互课堂，通过超星直播平台进行全网公益直播。6场公开课累计学习师生超过6万人次，获得广泛关注和师生好评，形成了慕课西行和影视传媒高等教育对外展示的浙传模式。

今后我们将按照教育部慕课西部行计划2.0要求，继续面向中西部高校开展影视传媒系列公开课暨慕课活动，同时在“智能＋”上下功夫，通过智慧教学平台、智慧实验室、虚拟仿真等“智能＋”技术平台提升中西部地区的影视传媒专业教学水平。

〔胡一梁，教授级高级工程师，浙江传媒学院电视编辑与导播国家级实验教学示范中心副主任〕

实践有境,云智无边:传媒实践教学新场景构建研讨会综述

◎徐　畅　王诗雨

摘要:2022 年 12 月 15 日晚,中国高校影视学会实验教学专业委员会、浙江传媒学院国家级实验教学示范中心、浙江传媒学院全媒体实验创新中心、浙江传媒学院电视艺术学院和浙江省影视摄制技术与艺术创研虚拟教研室等联合主办的传媒实践教学新场景构建研讨会顺利召开。本次研讨会以"实践有境,云智无边"为主题,来自清华大学、浙江大学、南京大学、浙江传媒学院、腾讯云、成都华栖云、北京中科大洋、强氧科技、优讯时代、超星集团等高校和企业的 11 位专家学者参与研讨。本次会议就传媒技术、传媒业务、传媒生态新发展以及传媒课程建设、教学系统迭代、实践场景融合新进展等方面进行了探讨,勾勒了 2022 年传媒实践教学新场景。基于此,本文结合传媒实践教学新发展做进一步的深入思考。

关键词:人才培养;实践教学;新闻传播

传媒高等教育应用性很强,与传媒行业发展密不可分,传媒实践教学更是与传媒行业息息相关,实践教学与行业同向同行非常重要。传媒实践教学是传媒实践创新人才培养的核心环节,是连接专业与业务、学校与行业、学科与行业、学业与就业必不可少的桥梁。2012 年 1 月,《教育部等部门关于进一步加强高校实践育人工作的若干意见》发布。该《意见》强调,应充分认识高校实践育人工作的重要性,要注重因材施教,强化实践教学,创新实践育人方法途径,加强实践育人基地建设,积极调动整合社会各方面资源,形成实践育人合力,推动高校实践育人工作取得新成效、开创新局面。① 2017 年 12 月,《国务院办公厅关于深化产教融合的若干意见》发布,意在推进职业学

① 教育部等部门关于进一步加强高校实践育人工作的若干意见[EB/OL].(2012-01-10)[2022-09-15].http://www.moe.gov.cn/srcsite/A12/moe_1407/s6870/201201/t20120110_142870.html.

校、高等学校与企业、行业和园区之间对于人才的联合培养。该《意见》提出，实践性教学课时不少于总课时的50％，深化产教融合。实践教学发展至今，已然成为新时代我国教育方针的重要价值导向，培养具有创新精神和实践能力的高素质人才成为我国教育改革和发展的目标。对于传媒专业而言，其应用性学科本位、传媒行业一专多能的人才需求、新文科的复合型人才培养理念以及新媒体技术的现实挑战，皆使得实践教学在传媒人才培养中意义重大。①

随着云计算、虚拟现实、人工智能、5G、数字孪生、区块链等媒体信息技术的发展，传媒行业内部的壁垒正在逐渐消除，媒介融合日益深入，传媒业态正在发生巨大变化。传媒业态的不断迭代与重塑对传媒从业者提出了更高的职业能力要求，传统的传媒人才培养模式已经难以适应传媒产业快速发展。传媒人才不仅需要掌握理论知识和传统媒体的业务技能，还应具备多媒体语言表达、社交媒体整合运用、数据挖掘分析等媒体融合业务能力。然而，目前既具有技术素养又具备传媒新业务实践创新能力的人才依旧不足，这让传媒高等教育尤其是传媒新文科建设机遇与挑战并存。

正如本次研讨会点评嘉宾浙江传媒学院副校长姚争教授所言，在传媒技术、业务和业态颠覆性改变的当下，新一代媒体信息技术实践应用在高校的推广面临着学界与业界脱节、理论与实践断裂等问题。如何进行传媒产学研创各界的深入交流与合作，如何将传媒新技术、新业务、新生态应用到传媒实践创新人才培养中是传媒高等教育必须直面的问题。此次研讨会为传媒高等教育与产学研创各界搭建了传媒实践教学新场景构建与交流平台，研讨会结合传媒实践教学新场景构建的具体案例，从传媒实践教学新形态、传媒教学体系构建、实践教学模式创新、实验系统建设等方面阐释了传媒实践教学的新场景。

1.传媒实践教学新形态

“元宇宙”一词在2021年成为热门词。它不仅是一个实时在线的世界，而且是一个由线上、线下多种平台组成的新型经济、社会和文明系统，激发了人们对未来的无限想象。互联网在不断迭代，其终极形态只能是全真3D物联网。②

腾讯云传媒物联与新文创行业总经理舒文琦在其主题发言《产业互联 融合共振：全真互联网环境下的传媒新业态探索》中指出，互联网的发展促进了包括传媒行业在

① 张晓凤.论传媒专业实践教学体系的构建[J].中国编辑，2021(4)：86-89.

② 刘建明.“元宇宙”臆造的新式乌托邦：展望下一代互联网的终极形态[J].新闻爱好者，2022(2)：4-9.

内的诸多行业之间的融合,也将进一步推动开放协作的商业模式和经济形态,使得服务场景互融互通。元宇宙与全真互联网的发展赋予传媒业态更多的可能性。舒文琦分享了传媒元宇宙虚拟空间与会展结合下的腾讯数字生态大会、传媒元宇宙云渲染下的南头古城与三星堆、传媒元宇宙数字人 IP 打造下的腾讯新闻梅涩甜等腾讯元宇宙生态构建案例,这些案例皆为元宇宙赋能传媒业态的成功尝试,为传媒实践教学开拓提供了参考。

北京中科大洋科技发展股份有限公司教育事业部总经理家魏哲在《元宇宙环境下的传媒教学实践设计与实践》主题发言中,分享了中科大洋在元宇宙场景创作、虚拟数字人创作与实践教学方面的相关案例。元宇宙场景制作实践旨在让学生学习如何制作与修改场景,通常利用 PS、AE 等工具制作二维场景,利用 3DMAX、MAYA、UE 等制作三维场景。基于此类实践教学,学生可以完成诸如新闻报道、快讯解读等新闻传播常用的元宇宙场景的制作。魏哲还分享了基于大数据实验室、采编互动实验室、融媒式演播技术实验室等实验室平台以及数字媒体教学综合实训系统平台搭建的数字化传媒教学与实训平台,相关实践教学系统已应用于武汉大学、清华大学、北京大学等高校,为传媒实践教学提供了系统化的元宇宙实践创作学习空间。

虚拟数码人作为元宇宙的中心组成部分,是一个科技聚合体,也是"基础个体"数字孪生世界的一部分。杭州优链时代科技有限公司首席执行官蒋亚洪详细展示了 3D 数字人的创作过程与应用场景。新型数字分身利用 3D 云阵相机,一秒时间即可完成拍摄与采集真人信息,一小时内便可快速生成照片并激活数字人分身。当下,数字分身已广泛应用于线下体验馆、文化旅游、品牌宣传游戏等生活的多元方面。低成本、高效率、高质量的人体 3D 模型还可应用于元宇宙数字人教学与研究的传媒实践教育场景中,为数字人方面的实践教学提供更好的教学体验。

虚拟制片技术在影视制作中得到越来越多的应用。南京大学新闻传播学院与南京万生华态科技有限公司的跨界合作,为学生提供了一门全新的"数字人与虚拟制片"课程,这标志着元宇宙核心产业和技术进入高等教育的应用领域。该课程内容包括数字人与虚拟制片行业现状与前景分析、数字人制作软件与制作流程、虚拟制片的策划与制作等。南京大学新闻传播学院教授、国家级传媒实验教学示范中心主任白净在主题发言中详细介绍了其虚拟制片工作坊的实践教学思路与成果,同时介绍了数字孪生、VR、AR 等技术在实践教学中的应用。通过虚拟制片工作坊,学生们可以学习和掌握相关前沿技能,将创意发展制作成虚拟视频作品,《汽车革命》和《常春藤爬满北大楼》皆是学生创作的优秀数字人作品。这种实践教学不仅给学生提供了亲自揭开元宇宙神秘面纱的实践机会，而且通过以赛促学的方式，全面提升了学生新技术新业务实践创新能力。

浙江传媒学院电视艺术学院制作系系主任李琳教授在主题发言《虚拟互动双向奔赴——新技术促进影视摄影与制作专业发展的探索》中对虚拟拍摄与制片进行了解读，她通过对比分析传统摄制模式与虚拟摄制模式的差别，总结了虚拟摄制下摄影、灯光、剪辑、特效等方向的核心特点。李琳结合浙江传媒学院在影视摄影与制作专业建设中最新教学实践，介绍了学院目前正在搭建的 LED 虚拟电影拍摄技术系统以及基于新技术条件下的虚拟短片创作的实验成果。项目实践化教学组织体系与行业新技术新业务交叉融合，通过充分整合校内外实践教学资源，重构了模块化、项目化的影视摄制专业实践教学体系。"浙传电艺作业簿"这一成果记录平台也为学生搭建了课内与课外、单向教评与双向交流、学校与行业等的桥梁，将实践教学中的"学生本位"思想体现得淋漓尽致。

2.传媒实践教学新模式

清华大学是一所较早开展传媒实践教学的高校，自 2002 年《清新时报》创刊以来，便通过"清新传播"这一全媒体实践教研平台，形成了一种以学生自主学习、自主实践为导向的教育模式。清华大学建立了一个学生媒介实践平台，鼓励学生自主学习、自主实践，设置作品坊项目，以学习者的实际情况为核心，开展全流程伴随式授课。同时，老师与学生一起实践，以提升学生的实践能力，培育学生的创新性思想和业务能力，提升学生的综合素质。清华大学新闻与传播学院党委副书记梁君健副教授在其主题发言《零零后的纪录片学习与创作》中介绍了影像创作实践平台"清影工作室"的实践教学成果。梁君健比较了本科生与研究生的纪录片教育，以清影工作室为例分析了纪录片学习与创作问题。清华大学本科生的纪录片教育主要基于"镜头中的国家与社会""影视制作"等课程展开，研究生的纪录片教育则主要基于"影视人类工作坊""视觉人类学：理论与方法"等课程进行。清影工作室注重纪录片创作中理论与实践的转换，以影视人类学跨学科理论为实践指导，通过影像创作发掘文化内核、关注当代社会。工作室纪录片制作通常需要 5 周，第一周为学生的观摩和策划阶段，以确立目标、风格和呈现方式为主要任务；第二周到第四周为现场制作环节，主要进行叙事逻辑的探查与验证、试听素材的采集整合；第五周为剪辑成片阶段，以叙事为中心，从叙事结构、叙事逻辑等多方面进行剪辑。清影工作室作为学生创作和成果转化的重要平台，在一定程度上使新闻传播教育回应了社会需求与期待,也为其他高校实践教学平台的搭建提供了思路。

北京强氧新科信息技术有限公司运营总监钱晓勇在主题发言中,从影视传播的创作出发,分享了强氧公司在部分高校中影视传播实践教学的尝试。影视传播贵在有效表达,首先是信息表达要准确、及时、有效,打破受众的地域和时间限制;其次是效果表达要有视觉的冲击力与体验感。这便需要在信息创作中采用数据新闻、纪录片、短视频等表达方式,以增加信息密度,在表达形式上采用AR、MR、XR等沉浸式技术,在传播渠道上使用户外大屏、VR、全息等新型呈现场景。目前,南京传媒学院、华南理工大学等高校已尝试开展短视频内容策划方法探讨,海南师范大学等高校相继开展了AR、VR节目研发制作相关实践性课程培训,上海大学搭建了基于"4K/8K+AI"技术为核心的智能媒体沉浸体验平台等。以上探索,都体现了将课程实践环节视为传媒行业人才培养的内生性动力和引领性力量。除此之外,诸多高校传媒相关专业在为学生提供影视传播创作的实践条件之余,也非常重视创作理论的探索。

3.多场景融合传媒教学体系构建探索

在传媒日益赋能社会的当下,如何结合传媒发展进行传媒实践教学体系的变革是亟待探索的问题。浙江传媒学院全媒体实验创新中心副主任胡一梁教授作了题为《传媒多场景融合教学体系创新与实践》的主题发言,从传媒赋能社会、传媒教学创新实践、传媒实践教学变革等方面进行了分享。在传媒赋能各领域的大背景下,媒体生产全流程可云端协同,实时交互技术可重塑视音频的应用价值,5G等技术使得远程控制得以实现,媒体云端一体系统日益成熟。面对这样的传媒业态,传媒高等教育也需要从面向传媒领域培养人才转向面向社会全领域培养大传媒人才。胡一梁以浙江传媒学院多场景融合传媒教学体系构建过程为例,分享了"云端一体"教学平台、"三类三化"专业课程体系、"时空融合"泛在教学模式、"融跨协同"育人合作机制的内涵与外延。浙江传媒学院构建了影视传媒类专业多场景融合教学体系,打破了学科专业之间、高校之间、高校与产业之间的时空壁垒,实现了多教学场景融合、一二三课堂贯通以及教育教学数字化建设与媒体融合同向同步,推动了影视传媒类专业媒体融合环境下的转型和新文科建设。

成都华栖云科技有限公司高级副总裁张亚敏从业界的角度分析了开放、链接、协同的新型传媒教学系统生态的建构,从教学理念、教学平台、教学空间和服务外延等方面绘制了高校未来教学业务开展的蓝图，探讨了新型传媒教学生态，分析了高校数字化教学的演进趋势和新技术新平台，分享了智能化数字技术助力个性化教学方法回归、线上线下结合的沉浸式教学空间建设等方面的成果，指出"云＋教育"线上线下教育融合成为教学新常态。

4.新文科传媒实践基地建设构想

2016年4月29日，教育部、中央政法委、科学技术部等13个主管部门联合发布"六卓越一拔尖"行动计划2.0，以推进高校在文、理、工、农、医、教等领域提高人才培养质量。新文科建设需要超越传统文科建设思维方式，重视学科专业间的交叉与融合、资源共享。

当今，智能媒体和数字内容已经成为传媒、人文、历史、信息、工程等多学科交叉融合的重要组成部分，其创新实践是培养学生多学科交叉实践创新能力的重要依托。新文科建设离不开数字化的传媒手段，依托传媒学科构建新文科创新实验实训基地具有可行性。针对高校目前缺少以项目为导向、多学科融通的新文科综合创新训练平台这一情况，根据浙江大学新文科建设通盘考虑，浙江大学传媒实验教学中心主任卢小雁教授提出了"依托传媒学科，将现有实验教学中心升级建设成以'智能媒体创新与数字内容生产'为主题的综合创新训练基地"这一构想。综合创新训练基地旨在鼓励自主创新和学科交叉融合的新文科学生实践创新能力培养新模式，使新形势下大学生创新实践更具先进性与引领性，服务浙江大学新文科建设。基地将围绕"智能媒体创新""数字内容生产"两大板块，引入前沿的传媒技术与先进的设备，为学生提供新媒体环境下的数字媒体创作生产综合实践创新场地和技术支持，支撑学科融合与互鉴背景下智能数字艺术创作、智能三维建模、智能视音频创作、智能文学作品创作等前沿性实验实践，涵盖浙江大学多学科门类的相关实验实训。

5.社会实践类一流本科课程建设中的实践教学

根据《教育部关于一流本科课程建设的实施意见》提出的总体目标，经过三年时间，建成万门左右国家级和万门左右省级一流本科课程，包括线上一流课程、线下一流课程、线上线下混合式一流课程、虚拟仿真实验教育一流课程、社会实践一流课程等。[①] 超星集团课程运营总监孔鑫凯结合自身开设社会实践类国家一流本科课程的诸多成功实践,从课程教学管理团队能力建设、学生实习报告库系统建设、实践和实训示范基地能力建设、课程团队思政素质建设体系等各方面详细探讨了社会实践类全国一流本科课程的建设特色要素和实践经验,对开展传媒实践教学具有触类旁通、举一反三的意义。其所言"再好的实践工具只有用起来才能使课堂活起来、学生忙起来"也点明了着手于实践而非拘泥于工具才是实践教学能更好运行的法则。

6.结语

传媒实践教学的教学体系重构离不开学界与业界的深度合作,只有将传媒专业与传媒产业匹配、教学内容与职业标准匹配、实践教学与传媒发展匹配,才能够回应社会对媒体融合实践创新人才培养的需求,真正回应社会对传媒高等教育的关切。2022年以来,传媒高等教育不断加强与优化传媒实践教学。与此同时,传媒高等教育与传媒行业的联系和实践教学资源共建共享也取得了不少成绩,促进了实践教学赋能传媒教育、传媒赋能社会发展。

〔徐畅,实验师,浙江传媒学院全媒体实验创新中心;王诗雨,浙江传媒学院2022级新闻与传播专业硕士研究生〕

① 教育部.教育部关于一流本科课程建设的实施意见[EB/OL].(2019-10-30)[2022-11-25].http://www.moe.gov.cn/srcsite/A08/s7056/201910/t20191031_406269.html.

教学系统开发

技术赋能 内容聚合 社交融入

——广电转型发展之路探析

◎董 莉 游舒宁

摘要:传统广电生产运营模式越来越不适应媒体融合纵深发展的新形势,广电行业必须从技术、内容、社交三个维度进行转型,一是通过当代信息新技术赋能构建以媒体云为核心的生产运营平台,促进媒体生产关系的转型;二是通过各种媒体内容的聚合,发挥广电生产运营平台的聚合效应,有机联动内外主体,打造广电传播生态体系,进行媒体生态精细化运营,实现媒体生产“聚合+联动”;三是通过媒介化的社交融入,打造多样态媒体融合内容产品,助力各种媒体信息的广泛、有效传播。基于此,广电转型发展之路才有可能越走越顺。

关键词:广电;媒体融合;技术赋能;内容聚合;社交融入

随着云计算、5G、人工智能、大数据、区块链、物联网、数字孪生等媒体信息新技术蓬勃发展,媒体融合日益成为媒体的运营常态,广播电台与电视台整合为广播电视台(以下简称广电)。新媒体传播途径和传播形式也全面渗透于广电的生产、运营全流程中。传统广电的制作、生产、传播、消费、互动等环节发生深刻转变,广电已从“人力—智慧”型向“技术—智能”型转型,内容由单一型向融合型发展,传播方式也由“模糊—线性”型向社交融入的“精准智能”型转型,广电需要构建基于媒体云的生产运营系统,其架构示意图如图 1 所示。

基于媒体云的生产运营系统包括基础层、服务层、应用层三层架构,利用媒体云资源池化、工具化、租户化的特性,可以采用业务组装的方式,快速搭建所需的业务环境。在媒体云上,可以快速搭建演播室、制作系统、播出系统、媒资管理系统、运营系统等传统采编播存管业务子系统,也可以搭建基于媒体云的云制作、融合新闻、云媒资、云分发、云演播、云运营等云端融合业务子系统。

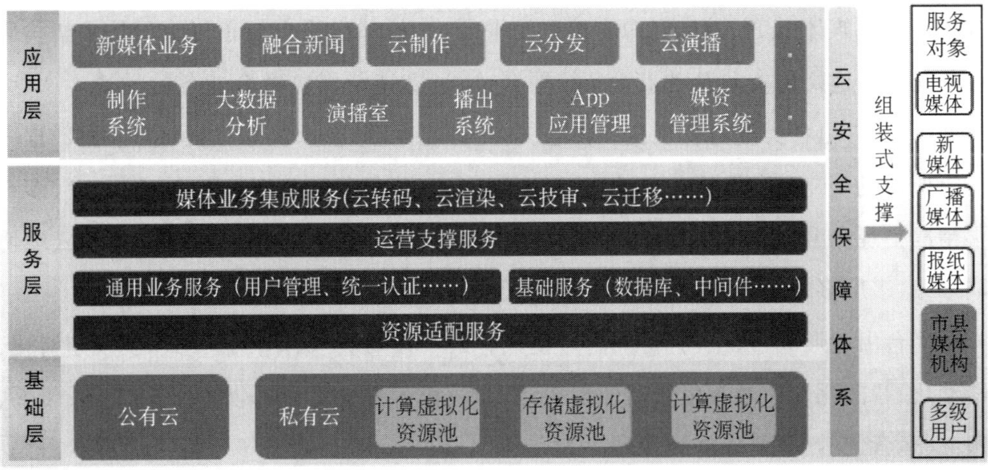

图1　基于媒体云的生产运营系统架构示意图

因此,各级广电需要掌握媒体融合规则、强化科技引导、精耕互动宣传,逐步建立基于媒体云的生产运营系统,并推进系统随着科技、媒体发展而持续迭代。

1.技术赋能,促进广电生产关系转型

科技赋能是新兴传媒时代的利器,新科技带来新内容、推动新未来。新科技为广电行业带来传播新动力和新生产力,推动广电对制作方式、报道方法和报道形式进行革新,以优质文化内容引发观众情感共鸣,有效地履行了传播主旋律、汇聚正能量的社会使命。

1.1　新技术赋能新平台、新业务

媒体技术、业务融合的不断深入,对支撑广电应用的生产运营平台提出了严峻的挑战,利用媒体信息新技术打造媒体云平台,能够更好实现生产资源共享和云端协同生产,满足节目生产系统、运营系统敏捷响应的需求。

1.1.1　构建媒体云平台,实现云端协同生产运营

媒体云服务通过“私有云+公有云+边缘云”的混合多云架构对广电“采、编、播、存、用”的过程进行了整合,从而形成可以进行新闻宣传、媒体生产、内容运营的广电生产运营体系。

通过能力建设、开放接口、流程再造等转型步骤,对已有支撑传统电视节目制播的

基础资源池进行转型升级,将其纳入统一的云资源管理之中,以构建支撑媒体融合业务的新一代媒体云 IT 基础资源支撑系统平台。① 媒体云平台基于以上的技术架构和业务流程构建媒体资源基础支撑系统平台;通过支持新媒体融合业务的敏捷生产、弹性部署,为广电各类业务发展提供内容支撑、智能生产、技术服务、运营管理、大数据分析等所需的 IT 基础资源支撑;以云端协同制作、节目集成发布、内容协同分发、多终端精准呈现和融合媒体内容库的"媒体融合生产"为核心,构建资源统一调度、云端协同采编、多屏多端融媒体生产、智能运营管理等核心能力技术体系。

平台由此形成"云+网"协同生产模式、"云+移动端"媒体传播模式,实现超清化、移动化、智能化媒体融合生产运营形态,从而支撑媒体内容的采集、生产、管理、传播、服务、运营、交互等业务持续发展。

1.1.2 打造媒体智慧中台,实现媒体全业务赋能

建设媒体智慧中台是省级广电的优先选择。媒体智慧中台一般由用户与租户管理、运营管理、工作协同、音视频处理、媒体 AI、媒体大数据、媒体内容、音视频流、区块链、知识服务等模块组成,对媒体全业务进行赋能。随着媒体融合深入,媒体业务越来越灵活,新业务上线周期也越来越短,媒体智慧中台的价值必然越来越凸显,其在内容生产、节目制播、媒体融合、版权保护等方面的作用也将越来越重要。

1.2 新技术赋能新业务

在媒体信息新技术、媒体云、媒体智慧中台赋能下,广电在大数据、直播转播、媒体制作、媒体资产管理等方面基础业务不断创新。

1.2.1 媒体大数据业务

当前,媒体大数据业务贯穿于媒体内容"采、编、播、存、用"的全过程,特别是在节目选题策划、内容推荐、效果评价、传播互动等环节发挥着至关重要的作用,线索汇聚更加注重时效与个性,传播分析更加聚焦主题传播效果,短视频大数据相关需求日益增长。

1.2.2 演播直播业务

演播室节目制作技术与网络直播技术不断融合,同时虚拟场景、造型技术以及全息、VR、AR、XR 等媒体信息技术日渐成熟,直播制作云端协同,IP 化、轻量化的直播

① 邵悦.广播电视媒体云 IT 基础资源支撑平台关键技术探索[J].现代电视技术,2022(5):91-96.

与节目制作虚实融合,将成为今后直播业务的常态。

1.2.3 制作业务

智能化、模板化、云端化的生产模式,多种终端融合的生产工具,基于语音的文字处理,文字的视频剪辑以及智能化视频处理特效技术在日常节目制作中的应用越来越广泛。

1.2.4 云制播业务

采用混合多云架构对媒体云平台进行迭代越来越常见,混合多云架构能够实现基于5G网络超低延时远程直播制作、远程视频连线制作、公有云导播切换及包装、前后期一体化的云端融合报道,从而提高广电节目在全渠道的整体传播力。

1.2.5 媒体资产管理业务

基于媒体云的智能媒体资产管理系统日益成熟,可以实现媒体资产管理智慧化、应用便捷化、交换高效化,极大推进了广电与广电、广电与新媒体之间实现内容、业务、用户等资源共享。

1.3 新技术赋能新业务

各级广电应该积极有效发挥媒体云平台的社会价值和宣传优势,不断在新闻报道手段、报道形态、传播路径上创新,不断推出有内涵、有“颜值”、有效益的媒体融合业务与产品。

1.3.1 真人和AI同屏播新闻

技术赋能的最终目的是为宣传与用户服务,而媒体信息新技术的应用,不仅能够创造新的新闻报道方法,而且能够增加新闻资讯的价值。央视频利用超仿真虚拟主播“AI王冠”生成AI真人与数智人问答视频及AI播报视频,实现了真人和虚拟人同屏播报的AI新闻。[①] 上海文化广播影视集团推出三维超写实虚拟数字人新闻主播“申苂雅”。[②] 新一代的AI新闻主播语态传神、造型传神、形态传神、全年无休,构成了新闻直播的全新形态。

---

① 田小波,马战英.科技赋能 内容聚合 社交融入:央视频在2022年全国两会报道的创新实践[J].电视研究,2022(4):23-25.

② 曾祥敏,董泽萱,况一凡.对话、合作、液态化融合:2022全国两会融媒体产品创新研究[J].新闻与写作,2022(5):94-106.

1.3.2 云端协同采编

浙江广电、上海广电、湖南广电等利用媒体云平台和AI等技术，实现了素材双重加工和新闻生产全链路“上云”，既能由云平台回传后方编辑端实现AI剪辑，也能在前方移动端现场编辑。云访谈、云对话、云剪辑、云演播成为媒体节目的常态化手段。湖南广电、海南广电、广东广电使用虚拟演播室、XR等新技术手段，推出以现实环境为主要场景的“天地融屏”式采访，形成了媒体宣传工作的新形态。

1.3.3 云转播制作

东京奥运会、北京冬奥会OBS云直播平台实现了比赛视频、持权直播商在公共云空间上进行创作和传播，能够随时形成用户在其他位置浏览比赛视频的直播信息，大幅缩短播放比赛集锦的操作过程、减少创作成本。中央广播电视总台在“5G＋4K/8K＋AI”新媒体平台上部署“天地混编”系统，实现了“天地混编”无缝切换。未来所有转播、制作工作流都会逐渐转移到云端，媒体云服务将极大降低制作成本，有效提升制作效率。

1.3.4 虚实结合制作节目

虚拟植入技术在新闻、综艺节目、体育节目等领域有着广阔的应用前景。2021年，《唐宫夜宴》节目采用了“5G＋VR”传播方式，成功实现了中国古代文物与人共舞，现实舞台与唐朝场景的虚实转换，打造出美轮美奂的视觉效果。[①] 2022年，北京台春晚通过虚拟现实植入手段，打破常规舞台实景元素设定与空间运用，将虚拟世界和真实世界映射互动，达到了春晚节目亦真亦幻的效果。

2.内容聚合，进行媒体生产“聚合＋联动”

基于媒体云的云端整合功能突破了区域局限，通过移动媒体手段有效推动了新媒介的深入整合，通过创新手段形成了“媒体联动＋技术赋能＋内容创新＋全网传播”报道路径，实现了媒体内容生产、交互的随时随地“聚合＋联动”格局。

2.1 发挥平台聚合效应

在新闻报道中必须充分发挥媒体云平台优势，打造一站式媒体信息服务，将新闻

---

① 马松林.技术更新下的媒介融合探讨[J].中国传媒科技，2021(9)：74-76.

报道内容通过音频、短视频、H5、直播等形式进行实时展现，重点直播进行重点呈现，随时优化多屏多端观看体验。

中央广播电视总台已经建立了“2＋6＋N”媒体传播矩阵，“2”是“央视新闻”和“央视频”两个客户端，“6”是“央视体育”“央视财经”“央视少儿”“央视文艺”“央视影音”“云听”6个垂直客户端，“N”是在微信、微博、头条等新兴传媒渠道上的全媒体号。[①] 中央广播电视总台通过不断优化媒体制播流程，推动了持续的转型升级。

不少省级广电在建设自主可控的移动传播平台基础上，纷纷建立“两微一端一抖(快)”媒体传播矩阵，着力打造省级新闻客户端；同时也“借船出海”，利用第三方互联网平台，扩大传播力、影响力；不断尝试新的商业模式和盈利模式，探索工作室、MCN、直播带货等内容生产体制和工作机制，实现精细化运营。

2.2 有机联动内外主体

目前，省市县三级广电融合打通、集约高效的媒体融合格局还需进一步深化，技术平台还需从传统技术赋能向“技术＋业务”双重赋能转变。通过有机连接内外主体资源，在电视、手机客户端形成由大型事件或突发性重大新闻专题报告、跨屏大型融媒专题视频、系列专题评论等所构成的重大专题新闻体系，并产出信息密度较大的新媒介产品；在手机客户端提炼题材、压缩信息、优化传播渠道，突出新闻轻量、移动、云化的特点，并形成大小幕刷屏内容，以达到大幕和小幕的融通联动、相互赋能。

同时，积极推进全国各地、各行业媒体生产运营平台与媒体云平台深度融合，注重平台间的协同发力，进一步发挥全媒体传播矩阵优势，共同打造全社会“主流舆论”与“正能量”宣传阵地，形成优势互补、彼此呼应的传播共振关系，在提升裂变式传播影响力的同时实现社会服务创收。

不断突破媒体信息生产技术的障碍，在提高新闻移动化、智能化、一体化报道水平的同时，积极探索融合报道方式，发展“新闻＋政务”“新闻＋服务”“新闻＋商务”等增值服务，有机连接内外主体，进一步增强新闻宣传的传递力、带动力、影响力、创造力。

3.社交融入，打造多样态媒体融合产品

在社会化媒体环境下，优质媒体产品在用户的广泛关注、点赞、评论、转发下成为

---

① 刘娜，郝周成.电视节目文化IP的构建与传播探究：以《典籍里的中国》第一季为例[J].新闻研究导刊，2022，13(16)：180-182.

爆款是普遍现象,媒体作品生产应该主动契合移动化、视频化、社交化需要,社交互动模式成为媒体产品传播的主要模式之一。

3.1 打造社交融入技术平台

在依托媒体云平台打造“两微一端一抖(快)”媒体传播矩阵的同时,用 AI、大数据、协同制作等技术对新闻相关业务的组织方式、工艺流程进行再造,形成云连线、云通话、云直播、云制作、云发布、云互动能力,实现多形态内容生产审核发布一体化,不断深化新闻作品融合,解决新旧媒体“两张皮”问题,实现媒体内容“全方位线索汇聚、共平台内容生产、多渠道内容分发”,最大限度释放新闻信息生产能力。

建设媒体大数据中台。媒体大数据中台的建设有两种方式,一种是以本机构新闻资源素材、资料库等为主体的自有数据中心建设,另一种是以新闻+政务+服务+商务等多来源为主体的大数据中心建设。目前广电行业借助政务信息,采用大数据分析平台的方式进行城市规划、大众生活、自然灾害、社区管理等问题的数字信息研究,服务地方政府、舆情导向,努力形成“新闻+政务+服务+商务”运作方式,促进媒体信息有效传递。

3.2 强化媒体产品的社交属性

一是采用灵活、轻便的移动终端进行现场直播报道,通过实景拍摄直播、云采访、云互动结合方式,实现“云上对话”、社交互动。社交形式方面除了传统的文字表达、语音畅聊、游戏陪玩、直播等形式外,还需开发众多服务于用户社交功能的嵌入程序。① 二是将连线、拍摄、整理、剪辑,甚至新闻场景台前幕后以第一视角的形式进行短视频展示,让受众进行身临其境的体验。三是通过漫画、动画、人物访谈、情景剧等方式,打造百花齐放、百家争鸣的媒体环境。

3.3 内容引领主流价值

一是进一步增强媒介社会服务功能、发掘多元渠道的传播价值、拓展媒介传播空间,重构社会活动空间,以满足群众随时随地、多场合的传播需要,实现多渠道、多终端协调结合,进一步扩大媒介信息源,实现媒介内容的规模化传输。

二是以创新思维为内容制作基础,以市场适配的创新技术开发为重点,不断推进

---

① 田小波,马战英.科技赋能 内容聚合 社交融入:央视频在 2022 年全国两会报道的创新实践[J].电视研究,2022(4):23-25.

新媒介内容技术创新，通过积累的IP资源形成品牌效应，积极建设新型媒介内容矩阵，生产出一大批立意鲜明、生动活泼、富有正能量的新闻报道系列“爆款”作品。

三是创新年轻化语态，以快节奏、精简化、社交化的新闻报道方式和有趣、接地气的语言，形成全新语态的新闻生态圈。多样化精品内容以H5、短视频、动画、虚拟场景等形式直观清晰呈现，符合社交用户使用习惯。

4.结语

广电行业在变革中以创新科技赋能信息媒介，革新信息形式、表达方式，满足观众信息的需要；以“全媒体思维”提升信息策划、运用、交互水平，进一步增强媒介平台社会属性，建立媒体的宣传优势。

今后各级广播电视台需要抓住媒体融合发展契机，持续构建智慧媒体云平台，推动中央、省、市三级广电完善媒体云平台，面向社会全领域提供采编、制作、审核、分发、版权交易等云服务。此外，还需要进一步利用智能数据标签、智能结构化技术实现媒体内容管理智慧化、应用便捷化、交换高效化，从而推进广电、网络视听在内容、业务、用户等资源的共享共建。

〔董莉，馆员，浙江传媒学院图书馆；游舒宁，浙江传媒学院2022级新闻与传播专业硕士研究生〕

全媒体人才培养的数字化向新之路

◎ 张亚敏　张　苑　刘宏伟

摘要:近年来,随着一系列围绕媒体融合政策文件的发布以及传媒行业的快速发展,传媒行业对全媒体人才的培养提出了更高的要求。本文从人才培养的角度出发,针对全媒体人才培养面临的教学与实践割裂、实践资源管理、新技术缺乏等问题,提出基于多样化实践教学模式、智能技术应用、校企协同的全媒体人才培养向新之路,为全媒体人才培养提供了可行性参考。

关键词:全媒体;新文科;人才培养;实践教学;智能技术

随着"数字中国"建设向纵深发展,媒体智能化融合转型之路进入快车道,党中央、国务院和各级主管部门围绕深化媒体融合先后出台了一系列政策文件,提出相关建设方向和人才培养要求。媒体竞争的关键是人才竞争,媒体的核心优势是人才优势。传媒高等教育应深刻研究与把握新时代全媒体人才培养规律,加强人才培养统筹规划,整合传媒产学研用教学资源,推动新时代全媒体人才的培养。

在全媒体时代,全媒体人才培养面临的需求和环境都在发生巨大变化,传媒高等教育必须顺应传媒的革新与转型。在此背景下,相当一部分院校传媒类专业从云计算、大数据、移动互联网、人工智能等技术入手,打破平台、管道、终端等各种因素限制,通过自主学习、合作研发、实践验证和对比运营,构建依托新技术支撑的开放式全媒体人才培养教学平台,获取与当前和未来社会发展趋势相匹配的教学方式,实现传媒教育的产学研用融会贯通、最大化利用与共享产学研资源,形成应用型、复合型、创新型传媒专业人才培养的向新之路。

成都华栖云科技有限公司 2016 年以来,面向全媒体生产运营系统构建和传媒新文科建设,开发了基于专业媒体云的媒体融合智能生产运营系统及其全媒体实践教学系统,为媒体融合、传媒实践教学创新赋能。

1.全媒体人才培养需求与实践教学平台建设

全媒体时代,各院校传媒类专业应结合自身优势以及行业发展趋势,改革人才培养的教学目标和培训方式。提供技术服务的相关企业应结合传媒人才培养方案,有针对性地建设全媒体实践教学平台,积极与学校合作,优化全媒体实验教学内容,开发全媒体实验课程,探索校企合作新场景,最终促进全媒体人才校企协同培养。

1.1 全媒体人才能力需求

全媒体实践教学平台建设必须与全媒体人才能力需求匹配,主要体现在以下方面。

掌握文字生产技能,为此,全媒体实践教学平台需要配备稿件创作器。稿件创作器是一个多媒体组稿工具,所生成的稿件可以发布到 PC 端网站、App 客户端、小程序、微信、微博等全媒体渠道,从而培养学生的文字生产能力。

掌握长视频生产技能,为此,全媒体实践教学平台需要配备专业化长视频生产工具。视频生产工具基于全媒体实践平台进行精品节目制作加工,从而培养学生长视频生产能力。

掌握短视频生产技能,为此,全媒体实践教学平台需要配备模板化短视频加工工具。学生可通过模板化短视频加工工具自制模板,从而培养短视频生产能力。

掌握内容策划、内容发布、数据化运营能力,为此,全媒体实践教学平台需要构建融媒体传播矩阵和融媒体内容传播分析系统。学生通过融媒体传播矩阵和融媒体内容传播分析系统进行实践,培养全媒体内容策划、内容发布、数据化运营能力。

掌握智能媒体业务能力,为此,全媒体实践教学平台需要引入人工智能技术及大数据系统。学生通过人工智能技术及大数据系统,培养自身在内容策划、生产、发布、分析等方面的智能媒体业务能力。

1.2 基于媒体云的教学平台建设

实践教学和理论教学是支撑高校教学体系的两块重要基石,二者相辅相成、密不可分。截至目前,华栖云在上百所高校建设了全媒体实践平台和混合式教学平台,包含多种智能应用工具,如写稿机器人、采访助手、语音自动播放、AI 虚拟主播、视频自动集锦、视频模板生成、视频自动字幕,并将其渗透到内容采集、生产、管理、发布等环节,改变了媒体内容生产及传媒实践教学模式。

1.2.1 开放混合式教学平台

利用开放混合式教学平台,教师能够在理论教学环节中穿插各类实践活动、有效监控实践教学过程、检测理论教学和实践教学效果。开放混合式教学平台实现了将传统模式下分开进行的“学”“练”“考”等环节进行融合,从而达到了理论与实践相结合的教学目的,提升了学生的动手实践能力。

基于媒体混合云的开放混合式教学平台实现了在线课堂及教学数据分析,同时建立上层业务实验室的统一资源调度及管理。该平台包含课程学习中心、资源中心、考试中心、工具实验室以及各类第三方实验室在内的教学实训业务模块,将理论教学课程的各类云端实验室按照课程流程串联起来并进行管理,从而形成课程与实验室的联动。同时,实现教室教学、在线教学、实验教学的一体化服务,即教室教学与在线教学融合的混合式课堂、在线教学与实验教学融合的双在线课堂、教室教学与实验教学融合的实训型课堂,这几个课堂之间相互融合且数据互通,共同组成对学生的多维度评价依据,最终促进精准评价和个性化教学的发展。

1.2.2 北京工商大学数字未来中心

华栖云承建北京工商大学数字未来中心,融合 5G、人工智能、大数据、云计算、AR、VR 等新技术,打造了数字化转型创新试验区。该中心搭建了“在线学习、互联互通、资源共享”的智慧环境,实现教学资源数字化;搭建智慧教学一体化平台,实现管理流程数字化;构建新维教学空间,实现教学社群数字化;创新人才培养模式,实现人才培养数字化;推动过程数据治理,实现教学管评数字化。同时,智慧化的未来教室、虚拟仿真教室、泛在化学习的空间设计,融合低延时流媒体技术、在线流媒体渲染技术,融入 5G 高带宽环境带来的线下线上混合教学体感,打造了场景式、体验式、沉浸式学习体验平台。

1.2.3 浙江传媒学院全媒体实验教学平台

浙江传媒学院在原有浙传云生态的基础上继续深化建设全媒体实验教学平台,迭代升级现有相关媒体实践教学资源,在智慧校园的基础上构建包含 App、小程序、HTML/H5、SDK 等在内的实践教学客户端群,从而组成提供软件开发、集成、运营、运维服务的媒体生产运营平台,探索云端融合实践教学系统建设路径和媒体化实践教学模式，满足媒体生产、实践教学、业务创新、社会服务的“共享、聚合、移动”需要。通过浙传云和公有云资源的调用，建设包括内容运营、客户运营和活动运营等方面在内的媒体运营服务子系统 App，实现浙江传媒学院全媒体实验创新中心媒体运营的矩阵化和媒体运营实践教学的媒体化。依托媒体生产运营实验室，建设与之对应的实践课程体系，实行“课程＋栏目＋社团”媒体工作坊教学形态，构建“一二三课堂”协同、云端一体生产与实践教学融合的媒体化实践教学模式。

1.2.4 四川传媒学院川传云

四川传媒学院“川传云”以媒体混合云架构为核心，构建教学、实践、科研、实训、社会服务一体化的媒体平台教学生态系统，为使用者建设以校园媒体云为基础的融媒体实践教学中心，兼顾日常教学使用并契合实际生产流程。同时，四川传媒学院作为 4K 编辑实践教学的先行者，完成了第一个校园 4K 制作平台的打造。

川传云通过统一建设，满足多校区集约使用设备资源，实现平台间跨地域访问，具备融合媒体业务要求的所有功能，同步行业趋势的教学、实践、科研，规划包括媒体工具、融媒体发布与运营、融媒体直播、传媒大数据、融媒体中央厨房等功能的教学实践系统。同时，川传云平台引入阿里大文娱、人民日报融媒体学院等业界领先内容运营商，利用实训课程、实际生产任务等打通内容价值变现渠道，满足真实媒体运营业务的实训要求。仅 2022 年，川传云平台就产生了 72 万条师生使用记录，发稿近 2,300 篇，全平台累计发稿 1.4 万篇。

2.教学资源管理与共享系统建设

教育资源建设是高校的基本工作，是学校教学健康和长远发展的关键。然而，受传统思想的影响，现在很多高校对教育资源的管理认识不足，没有管理的观念和意识，导致一些资源受到侵害或流失，亟须建设教学资源管理与共享系统，进而收集、分析、管理、再利用这些宝贵的教学资源。

2.1 教学资源管理方面存在的问题

随着实验室建设的数量越来越多，高校不断产生各类教学资源、实验资源、教育资源、活动资源等，但部分缺乏有效留存手段，导致资源无法有效沉淀积累、资源再利用难。

2.1.1 资源存储和管理分散

传媒实验教学方面缺少高效的资源管理平台，导致大量实验教学资源无法有效留存，无法做到资源的智慧化管理。随着实验室的分批次独立建设，资源的分布和呈现非常分散，资源的保管随意，用大容量硬盘保存，硬盘坏了或丢了，资料会永久性丢失。有些资源存储在录播设备中，设备随着存储空间的不足会自动删除之前保存的有效内容，导致内容的大量丢失。另外，资源管理与教学大纲、教务平台之间无关联，更是形成了资源管理上的逻辑分散。

2.1.2 无效资源比例大、质量差

教学过程中产生的大量资源，没有经过有效的识别、分析，导致大量无效内容、低质量内容存在，这些内容占用着宝贵的存储空间，而未经整理的内容更是像未经清洗的数据一样，逐步变成了垃圾资源。

2.1.3 教学资源数据价值挖掘困难且利用率低

如果不将非结构化的教学资源进行结构化的处理转化，便很难深入应用资源，不能向师生提供优质的素材检索、加工和应用体验，更无法将这些实验教学资源有效转化成学校教师提升实验教学能力和实验教学效果的手段。这种情况不仅限制了传媒实验教学水平的发展，也造成严重的资源隐形流失，更让从“收集”资源变成“用好”资源的期待变成奢望。

2.2 教学资源管理与共享系统架构

栖智智慧教育资源管理平台基于学校目前的实验教学资源管理与应用现状，以开放融合为基础，将非结构化教学资源进行结构化处理转化，打造了教学资源管理与共享系统，系统架构示意图如图 1 所示。

该系统在教学资源的汇聚、识别、重建、管理等业务基础上，借助云资源管理、AI、语音识别、翻译、光学字符识别等技术，桥接课堂教学、线上教学、资源制作、资源展示等模块，实现了线下教室教学资源监管与收录，线上教学资源管理、制作、发布，同时支持个人、群组、实验室、学院、学校的共建共享。该系统的主要特色如下：

第一，实现信息技术与教育教学的融合创新。该系统将现代信息技术与教育教学核心业务深度融合，拓展了课堂教学时空，课堂教学延伸至线上、课后，教学场景从课堂向课前、课中、课后教学闭环转变，通过线上线下混合式教学，实现了教学模式、服务

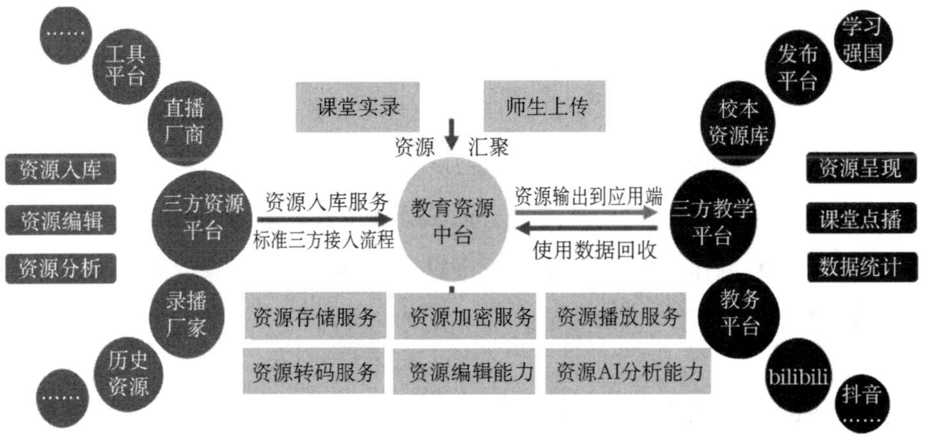

图 1　教学资源管理与共享系统架构示意图

方式变革与创新。

第二，形成自由开放的现代化教学模式。该系统构建以学习者为中心的智慧教学平台，建立了以“学生”为主体的教学模式，改变传统“灌输”“被动”的教学理念，进行自主、探究、协作学习，强调持续性学习，注重教育自主性、个体性和适配性，形成现代化的教学模式。

第三，建立开放共享的教学资源体系。该系统基于资源共建、开放共享的理念，不断积累教学资源，不断完善公共教学资源服务，同时建设规范资源管理制度，拓宽教学资源渠道和覆盖范围，深度挖掘教学资源价值，建立开放共享的教学资源体系。

2.3　基于云原生技术的教学资源平台

随着云原生技术和智能媒体处理技术在教学资源管理与共享平台广泛应用，采集、存储、编辑、管理等业务云端协同，智能分析，个性推荐成为常态。

2.3.1　浙江大学智云课堂

浙江大学智云课堂以智能媒体与传统媒体的融合为基础，创新智能媒体技术在课堂教学中的应用，解决了以学生成长为中心的全校资源管理与再利用的问题。智云课堂采用云端一体系统架构，学生可不受时间、地点限制，随时随地自主选择实践训练，教师能够在实践中及时发现课堂教学的不足之处，完善教学培养方案，培养学生“一专多能”的就业优势。

2.3.2 北京大学教学资源管理中台

北京大学教学资源管理中台通过以资源为驱动力、以服务为核心能力、以数据为抓手的应用逻辑,整合内部分散平台,梳理各类教学业务,汇集了北京大学优质课程与学术讲座资源,拓展资源多样化路径,对接社会化同类资源平台,形成资源管理中台、数据管理中台、业务管理中台组成的教学资源管理中台。目前,该中台为教师提供备课素材与在线课程制作服务,探索了一条资源整合、资源服务、资源共享的发展路径,在推进教学改革、提升教学质量方面发挥了显著作用。

3.全媒体实验教学课程建设

华栖云在全媒体实践平台和教学资源管理与共享系统建设基础上,与相关高校合作开发全媒体实验教学课程,取得了一系列成果。

3.1 虚拟仿真实验教学项目

虚拟仿真实验依托虚拟现实、多媒体、人机交互、数据库和网络通信等技术,构建高度仿真的虚拟实验场景和实验对象,从而实现难以完成的教学功能。

3.1.1 多讯道导播虚拟仿真实验

浙江传媒学院"多讯道导播虚拟仿真实验"项目对导播实验教学进行系统设计,通过三维动画虚拟仿真演播室、软件定义导播台虚拟实体导播系统、实拍高品质多机位素材虚拟多机位信号,模拟了在重装备、高复杂、低并发演播环境中进行业务学习、操作训练、导播作品创作的实践过程,师生在任何一台安装了导播 App 的多媒体终端都能进行虚实结合的导播实验教学,满足了高并发、重技能、多场景导播实验的教学要求,达到知识传授、技能训练、艺术熏陶、能力培养的教学目的。多讯道导播泛指利用多个讯道(节目源)信号进行调度、选择、切换、特技处理、录制等业务活动,它广泛应用在传媒、教育、商贸等场景之中。

3.1.2 重大时政新闻智能生产虚拟仿真实验

浙江大学"重大时政新闻智能生产虚拟仿真实验"项目以二十国集团(G20)领导人杭州峰会这一代表性重大时政活动为案例,通过仿真场景认知、虚拟机位布局、智媒虚拟漫游、智能工具操作和新闻作品创作,使学生突破重大时政活动特殊场景的新闻实践壁垒,熟悉重大时政新闻智能生产的全流程,掌握新闻智能制作工具的使用技巧,提升重大时政新闻的智能生产能力，为进行重大时政新闻的媒体融合报道打下坚实的实践基础。一般情况下，大部分学生较难有机会进入此类重大时政活动现场进行采访，现实中难以具备实验条件，而通过虚拟仿真实验则可以较好地解决该问题。

3.2 全媒体实验课程建设

华栖云以多年的媒体行业和教育行业经验，与相关高校合作，积极进行全媒体实验课程建设。

3.2.1 《全媒体环境下的媒体融合运营》教材建设

华栖云推出了《全媒体环境下的媒体融合运营》教材，该书以理论结合实践，以提升实际操作能力为目标，深入浅出地阐述了融媒体运营的发展背景、发展历程以及内容运营、互动运营、用户运营三大运营体系。该书不仅面向狭义的融媒体业务，同时放眼融媒体向泛媒体延伸的应用场景，既有一以贯之的运营思维也有拿来即用的运营执行细节，更有基于融媒体业务平台的实操指引。书中收录了近年大量的行业真实案例，包含大量的实际运营技巧、运营思维和运营方法，涵盖融媒体运营的全部环节，能帮助读者从 0 到 1 全面构建融媒体运营体系，掌握全套实操技能。同时，本书属于全媒体运营实战系列教材之一，推出“纸质教材＋配套数字资源＋配套实验云平台”的融媒体教材模式，是一本用户可以边读边动手实操的“沉浸式、交互式”新型全媒体融合运营教材。

3.2.2 媒体大数据处理课程建设

华栖云与中国传媒大学合作建设媒体大数据处理课程，该课程基于中国传媒大学已建的全媒体实训平台，使学生对数据分析的基本方法有所了解，了解媒体数据处理技术的实际应用情况和未来发展方向，为后续媒体计算相关内容的学习以及解决实际问题打下良好的基础。在实验内容设计中，华栖云结合课程目标提供了大数据采集模块、数据分析模块、数据可视化模块、数据新闻模块等功能，使得实验课程能够真正培养学生对数据的驾驭和利用能力，以多元化媒介新生态来承担信息传播的职能，多层次多角度地分析、解读和挖掘数据。

3.2.3 融合媒体操作实务课程建设

华栖云与四川传媒学院融合媒体学院联合开发融合媒体操作实务课程。融合媒体操作实务课程的主要任务是通过融合媒体平台的整合教学，使同学们具备在融合媒体平台统一制作发布新闻信息产品、处理大数据、开展融媒体互动运营等工作的综合能力。四川传媒学院融合媒体学院分别与成都市青羊区、成都市郫都区、广元市苍溪县等十多家融媒体中心以及企业联合建设人才培养暨教学实习基地,以期实现资源互补、优势共享、促进融媒体传播教育与实践的深度融合,共同推进融媒体事业发展。

4.结语

纵观新闻传播教育发展,新闻人才需求、教育理念变革与当时的媒介生态环境息息相关。随着智媒时代的来临,各种新技术的冲击让我们不得不重新审视新时代传媒行业的人才需求。自 2016 年以来,高校陆续探索实践教学的落地应用,但在教学过程中一些问题也逐步凸显出来。在这种背景下,华栖云提出全媒体人才培养的向新之路,从多样化实践教学模式、智能技术应用、校企协同角度提出可行性解决方案,助力全媒体人才培养。

〔张亚敏,成都华栖云科技有限公司高级副总裁;张苑,成都华栖云科技有限公司云教事业部总经理;刘宏伟,成都华栖云科技有限公司解决方案总监〕

基于大数据的可视化融媒体采编教学实践

◎ 魏漫江

摘要：随着我国媒体融合纵深推进，新闻传播行业的人才需求发生了变化，给高校新闻传播教育带来了诸多挑战。目前中国的新闻传播教育面临着教学技能与实践脱节、交叉学科资源紧缺等现实问题。武汉镝次元数据科技有限公司构建了可视化融媒体编辑实践教学系统，该系统以数据表达为核心，打通融合媒体编辑教学的“学习—实训—实践”教学路径，助力新文科实践落地，赋能高校新闻传播创新人才培养，有效回应了传媒教学与时俱进、共建共享的现实需求。

关键词：融媒体；可视化；数据新闻；实践教学

党的十八大以来，以习近平同志为核心的党中央高度重视宣传思想工作，媒介融合发展已经上升成为中国的国家战略。[①]《关于加强县级融媒体中心建设的意见》《关于加快推进媒体深度融合发展的意见》等重要文件出台，明确了推进媒体融合发展的重要性和紧迫性，要推动传统媒体和新兴媒体在体制机制、政策措施、流程管理、人才技术等方面加快融合步伐，尽快建成一批具有强大影响力和竞争力的新型主流媒体，逐步构建网上网下一体、内宣外宣联动的主流舆论格局，建立以内容建设为根本、先进技术为支撑、创新管理为保障的全媒体传播体系。[②] 中国媒体融合纵深推进，带来了信息传播模式的变革，使新闻信息的生产由传统的单一形态向多元互动的融合媒体信息生产形态转变，对新闻传播行业产生了巨大影响，行业的新闻传播人才需求发生了剧烈变化。新闻传播教育面临新的挑战。面向媒体融合培养综合性技术型传媒人才，

① 刘国良，孔繁丽，杨娟，等.守正创新深度融合，打造新型主流媒体[EB/OL].(2022-11-14)[2022-12-22].https://baijiahao.baidu.com/s?id=1749444367849957742&wfr=spider&for=pc.

② 新华社.中共中央办公厅 国务院办公厅印发《关于加快推进媒体深度融合发展的意见》[EB/OL].(2020-09-26)[2022-10-22].http://www.gov.cn/zhengce/2020-09/26/content_5547310.htm.

成为高校新闻传播新文科人才培养的趋势和核心。

在数据无处不在的今天,运用数据新闻的方法论,正确解读数据、挖掘数据、表达数据已成为融媒体时代新闻素养的重要组成部分。计算机辅助新闻、数据新闻等新兴融合新闻形态不断兴起,新闻行业愈发强调"通过数据讲故事"的能力,强调挖掘数据富矿,加强内容生产,并借助可视化技术提升读者对故事的接收效果,以呼应融媒体守好舆论宣传阵地的时代要求。具备专业数据素养的新闻传播人才成为媒体新闻传播领域的刚需。

目前中国的融合媒体新闻实践教育存在一些困境。一是现有融合媒体实践教育在数据板块有所欠缺,缺少数据分析、数据挖掘等领域的实践教学。二是新闻传播专业作为文科学科,缺少交叉学科教学资源支持及数据技术背景的学科教师。三是课程成果的展现和沉淀存在一定难度,难以突出融合媒体视域下的新文科优势。

因此,为了有效解决新闻传播教育中存在的这些现实困境,武汉镝次元数据科技有限公司(以下简称"镝数科技")立足数据可视化技术为媒体融合实践提供支点,提出了集数据分析、数据可视化、融媒体作品制作为一体的综合解决方案,形成了数据驱动下的可视化融媒体编辑实践教学系统。镝数科技深耕媒体融合领域,拥有数据聚合、数据挖掘与分析、可视化等技术,以及丰富的数据资源和媒体资源。镝数科技通过产学研结合的方式,让数据为行业赋能,并在其中积极参与和推动相关技术创新、行业成长、人才培养和理论发展。

1.融媒体时代下媒体融合实践教学转型

当前媒体融合已进入深水区,在媒介融合不断深化的过程中,传媒行业对于新闻传播人才的培养提出了更高的要求,这给新闻传播教育带来了冲击和挑战。为培养新一批高素质专业化的融媒体新闻传播人才,新闻传播教育领域在课程设置、教学策略、内容安排、人才培养以及教学模式上均发生了一定转变。

1.1 课程设置:兼顾传统媒体采编与融合媒体采编技能

由于传统媒体采编技能与融合媒体采编技能之间存在一定差异,为适应中国媒介融合的纵深发展,中国新闻传播教育在课程上往往兼顾二者。首先,传统媒体的采编往往通过实地考察、电话采访的形式展开,而融媒体时代新闻来源更加丰富,如借助网络爬虫等技术爬取到的数据也是可靠的消息来源。其次,在传播途径上,以往报刊、广播等传统媒体的传播渠道较为单一，而融媒体时代的传播渠道更为丰富，能兼容多元媒介形式。为了顺应媒体融合的时代环境，近年来，国内高校加强了融合媒体采编相关课程建设，兼顾传统媒体采编与融合媒体采编技能。

1.2 教学策略：理论教学和实践教学深度融合，相辅相成

目前，新闻传播实践教育存在滞后的问题。新闻传播教育在教学策略上，需要加强新闻理论教学和实践教学深度贴合，以培养实践技能过硬的行业人才。① 在融媒体时代，数据表达、数据新闻相关理论层出不穷，数据挖掘、数据可视化成为融媒体时代新闻传播实践教育的重要组成部分。一方面，实践是新闻传播行业人才培养的内驱动力，是新闻传播教育形成闭环的落脚点，最终实践结果反过来指导媒体融合理论，两者相辅相成；另一方面，学生提前跑通媒体内容生产全流程，产出新闻作品，在实践中把握融媒体新闻在网络空间的传播逻辑，这同样也满足了加强学生就业竞争力的现实需求。

1.3 学科趋势：从单一学科到学科交叉视野

呼应目前融媒体时代下的新闻传播行业的发展变化，单一的学科知识已经不能满足新闻传播人才培养需求，在媒体融合的时代背景下高校应将学生培养成具有学科交叉思维的“多面手”。② “新文科”概念的提出，正是旨在跳出传统新闻传播教育的思维模式，以求打破专业壁垒，培育复合型技术型人才。数据分析、数据挖掘、数据表达都是融媒体时代新闻传播人才需要掌握的重要技能，有助于学生对数据展开分析挖掘，以便获取信息，产出融媒体作品。在融媒体实践教育方面，需要着重培育学生学科交叉的视野，以及跨领域知识融合能力，尤其要注重数据素养、数据思维方面的培养。

1.4 教学模式：“基于结果导向”，助力人才培养

以新闻作品、项目为引领，开展“基于结果导向”的教学，创新实践教学模式。过往的新闻传播教学模式注重过程，而“基于结果导向”的教学模式则指以产出为中心，通过项目倒推课程任务，并驱动学生围绕达成目标展开自主学习。参与项目的实践能够有效提升学生的合作和创新能力，并且最终有所产出。结项的新闻作品可以参与相关

---

① 高晓虹，赵希婧. 守正创新：我国新闻传播教育理念探索与实践转型[J]. 中国出版，2020(14)：3-9.

② 岳芹芹. 论媒介融合背景下我国新闻传播教育改革[D].石家庄：河北经贸大学，2015.

比赛,充分展现课程结果。此外,学生创作的新闻作品同样可以在学院平台发布,这可以打造学科品牌特色,并可以作为课程资源沉淀下来。在融媒体时代,为培育实干型复合型融媒体新闻传播人才,高校需要优化课程体系、创新实践教学模式。

2.可视化融媒体编辑实践教学系统

鉴于融媒体时代下新闻传播教学实践发生了诸多变化,为了进一步适应高校融媒体新闻传播人才培养机制,助力媒体融合创新深化,镝数科技搭建了可视化融媒体编辑实践教学系统,对上述问题提出了一套可操作、可执行的综合解决方案。

2.1 可视化融媒体编辑实践教学系统特点

首先,该系统以数据可视化技术为落脚点,填补媒体融合在数据内容实践上的空白。现有的媒体融合实践教育已经相对成熟,但在数据内容方面存在一定欠缺。数据可视化作为一种编辑技术,能助力于数据新闻等融合新闻的制作,从小切口助推媒体融合教学实践。此外,从数据、素材到形成可发布的作品,整个流程与媒体生产场景基本一致,保证新闻传播教学实践与业界接轨。

其次,该系统助力学校优化教学体系,实现线上线下融媒体教学联动。可视化融媒体编辑系统打通教、学、练全过程链路。该教学系统包含丰富的教学资源,既能作为网络与新媒体、数据可视化、数据新闻等课程的知识库提供给学生,又能作为课堂融媒体编辑的实践平台,协助老师展开教学,最后同样便于学生在课下自主练习。该系统为培养高素质、应用型专业人才提供实践平台支持。

再次,搭建共享数据空间,助力资源沉淀复用。现有的新闻传播教育有丰富的传统采编教学资源。在融媒体时代,新闻传播教育更加强调技术引领下的新文科建设,强调不同专业知识间的融合交流,而此类数据资源在现有的教学资源中往往相对匮乏。而该可视化融媒体编辑系统提供数据储存云空间,方便教师将此前获取的所有数据上传至云空间,积累与沉淀数据资源,协同共享,便于以后课程复用。

最后,强调课程成果导向,强化新文科学科建设。该系统充分满足教学模式的转变,为学生日常练习和项目实践提供平台,提供融媒新闻内容创作的空间。更重要的是,该系统能有效支撑学科竞赛融入实践教学体系,最终产出的优秀融媒体新闻作品可以支持学生参加多种新闻传播领域的赛事,如中国数据新闻大赛、中国大学生新媒体创意大赛等,实现专业知识和学科竞赛的有效融合,不仅有效检验课程成果,提升学生就业竞争力，更在无形中强化新文科学科建设。

2.2 可视化融媒体编辑实践教学一体化方案

基于可视化技术的融媒体编辑实践系统为新闻传播实践课程拓展提供一体化方案支撑，充分回应了新闻传播教育中的现实关切，融媒体实践教学一体化方案示意图如图1所示。

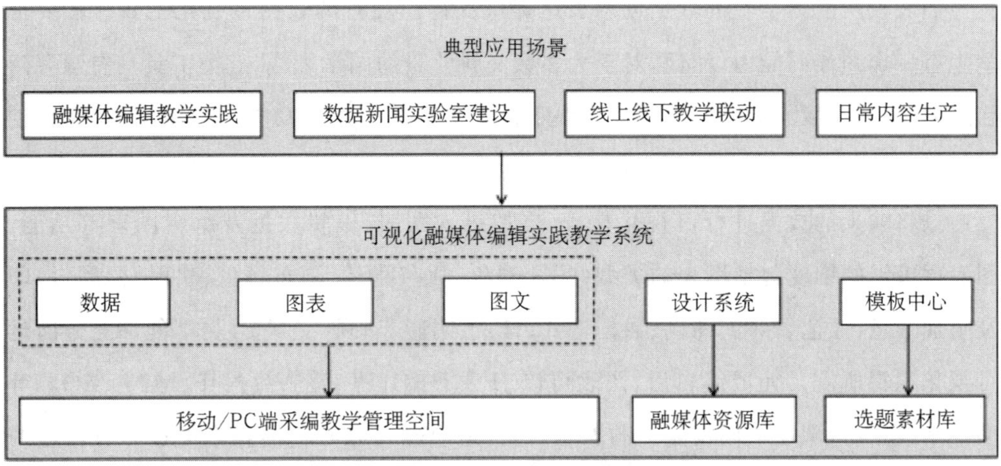

图1 融媒体实践教学一体化方案示意图

该系统主要包括数据、图表、图文、设计系统、模板中心等板块，适用于融媒体新闻传播类专业的编辑教学实践、数据新闻实验室建设、线上线下教育联动以及日常内容生产等多个典型场景，能在教学中充当融媒体资源库、共享云空间、采编教学系统以及数据服务中心多种角色，服务于融合媒体教学实践。

2.3 可视化融媒体编辑实践教学系统功能

可视化融媒体编辑实践教学系统支持以课程、项目为单位进行使用，并能管理对应课程或项目下的参与人员，便于教学管理。

2.3.1 数据

数据模块聚焦学生数据思维、数据素养，能为学生数据分析与可视化实践提供平台。师生用户可以在数据模块进行数据导入、数据探索。数据导入包括直接上传清洗好的本地数据文件，以及在数据空间新建在线数据文档。此外，数据模块支持数据探索功能,即可以预览数据在不同图表下的呈现形式,不仅能将数据转换成易于理解的图表,帮助学生从数据中获得有效信息,而且能在多种图表的转换尝试中,帮助学生学习不同的数据适配的图表类型。数据模块以数据为中心,在有效培养学生数据思维的同时,沉淀教学过程中积累的数据资源,为融媒体时代下的融合媒体实践教学提供数据支撑。

2.3.2 图表

图表模块能为学生的数据创意表达提供支持。现有的数据可视化工具往往要求学生有一定的代码能力,然而,对于大多数文科背景的同学来说,此类工具具有学习门槛过高、实践难度大等问题。图表模块不仅满足数据可视化功能的简单实现,而且创意编辑和美化无须代码。图表模块是可视化融媒体编辑实践教学系统的核心板块,主要通过将输入的数据进行可视化呈现,支持插入图表、编辑数据及编辑图表等功能。图表可编辑的维度包括图表的类型、主题颜色、画布宽高、画布颜色、映射、标题、水印及附加信息、颜色、标签、图例、数据格式、样式、阴影、动画、交互提示框,能够充分满足可视化编辑所需。完成编辑后,图表可以 JPG、PNG、PDF、SVG、GIF、MP4、MOV 等多种格式导出,满足不同场景下的展示需要,适应融媒体时代内容多渠道分发传播的需求。图表模块支持零代码的可视化表达,协助学生进行融媒体作品创作,展开融媒体实践。

2.3.3 图文

图文模块在数据表达的基础上,支持插入多种媒体形式,能有效填补媒体融合实践中数据表达板块的空白。图文模块包含的常规可视化功能,支持插入文字、形状、图片、视频、音乐等多媒体元素,支持调用模板中心的各类模板。文字元素包括一级标题、二级标题和正文。可插入形状包括直线、矩形、圆形、圆角矩形、三角形和五边形。可插入图片包括调用个人文件夹中的过往图片和上传本地图片。音乐中支持背景音乐,同时也支持以音乐模块的形式插入。此外,图文模块支持在模板的基础上进行编辑修改。图文模块作为可视化融媒体编辑实践教学系统的核心板块,能为媒体编辑的教学和练习提供实践平台。

2.3.4 设计系统

设计系统为相关素材以及学校、学院品牌标志等物料提供公共存储空间,主要包括图片素材整理和品牌管理功能。在图片素材整理功能中,过往使用过的图片素材可以被整理至个人文件夹里，以便后续使用。此外，可以建立多个文件夹分门别类进行存储。而品牌管理功能可以储存学校校徽、课堂标识等相关物料，便于统一格式并推出课堂系列作品，强化学科优势，打造精品课程。

2.3.5 模板中心

在师生进行日常的融媒体作品创作时，模板中心能够作为选题库，为师生的作品实践提供创意来源。模板中心包括图表模板和数据图文模板两部分。图表模板包括多种数据图表模板以及地图、桑基图等特殊图表，部分图表支持动态效果和交互。所有图表均具备自主知识产权，拥有更高的安全性和稳定性，此外，每一个图表下鼠标悬停时会有一个小词典，对相应图表进行解释并给出了示例使用场景。而数据图文模块提供上千种图文模板，集合了多种主题，帮助师生用户简化制作流程，优化作品设计。

3. 融媒体实践教学中的典型应用

可视化融媒体编辑实践教学系统集数据分析、可视化、内容创作与发布训练、作品创作于一体，能在选题策划、编辑制作、发布分享等方面助力教学实践。该系统具有较为丰富的教学和学习资料以及教学功能，支持新媒体数据分析与应用、数据新闻、融合新闻学、调查统计、数字媒体技术应用、新闻采访与写作以及新闻编辑等课程教学，支持学生开展线上线下相结合的学习。

3.1 选题策划

选题策划是整个融媒体作品创作的起始阶段，学生需要明确选题方向，确定作品选题。模板中心包含时事、政治、经济、娱乐等多个领域的热点话题，可供师生在前期选题策划时进行参考。模板中心作为学生用户丰富的选题素材库和灵感来源，能够有效在选题方面协助学生把握前沿热点，开展头脑风暴。

3.2 编辑制作

在编辑制作环节，该系统能够为师生的教学实践提供可靠平台。在教学管理上，老师在图表、图文等系统中，能够对学生进行分组及人员权限管理。在教学内容上，支持数据/素材采集、数据可视化全流程教学。从数据的输入，到数据分析，再到选择合适图表进行数据呈现，最后到形成成品，均能在融媒体编辑实践教学系统上完成，帮助学生夯实理论和实践基础，延伸课堂教学内容维度。

此外,编辑制作方面除了能满足课程教学需要,该系统的科研图表专区还可以为教师科研课题和科研论文的完成提供支持。

3.3 发布与分享

在完成融媒体新闻作品制作后,学生可以通过链接或者二维码的形式将项目分享到教学群中,老师可以获取项目编辑权限,对学生作品进行点评和优化。最终的项目成果支持一键导出,发布到微博、微信、抖音、小红书等社交平台,还可以 iframe 的代码格式导出,适配微信公众号文章插入格式,同时保留图表的动态交互效果。

除了发布与分享之外,项目成果同样能在云空间储存。该系统可以作为一体化全媒体教学资源库,协助教师对数据、课程资源等提供科学管理。

3.4 典型案例

镝数科技以卓越的数据挖掘、表达和传播能力,丰富的融媒体作品制作经验,为国务院新闻客户端、《人民日报》、中央电视台、新华社、光明网、《湖南日报》、湖南红网、《湖北日报》、荆楚网、腾讯新闻等客户提供专业的数据传播服务,同时为高校提供人才培养支持与合作,在新文科建设方面贡献力量。

镝数科技携手武汉大学、湖南师范大学、三峡大学、琼台师范学院等高校建立融合媒体实践教学系统,深度参与网络与新媒体专业实训,为融媒体时代的融合媒体实践提供支持。该系统为学生建构了适应数据新媒体时代工作环境的基本数据素养和相关知识体系,并让学生掌握理解和表达数据的基本能力。在系统中,学生除了在理论上了解数据新闻的基本概念、制作方法和评价标准外,同样掌握基本的数据处理和分析的工具、算法、逻辑,掌握数据可视化的科学原则、常用工具和常见误区,掌握数据多媒体叙事的思维框架和实现办法。

4.结语

当前,随着我国媒体融合进程不断深化,各大高校持续优化新闻传播教学体系,革新媒介融合课程的设置,调整专业教学内容,这对媒体融合实践教学提出了更高的要求。镝数科技将继续致力于深耕媒体融合实践领域,以大数据为基础支撑,以可视化技术、数据表达为支点,推进产教融合、产学联动,充分遵循产学研共建共享的原则,调动企业参与产教融合的积极性和主动性,促进供需对接和流程再造,构建校企合作长效机制，助力高校融合媒体实践教学，赋能国内新文科建设与人才培养。

〔魏漫江，武汉镝数科技镝数研究院院长，武汉大学新闻与传播学院博士〕

面向全媒体的实验教学环境设计与实践

◎ 崔开勇

摘要:全媒体时代,传媒实践教学不仅要完成对现实社会的叙事、对话、感知和融合,还要完成对技术叠加后场景的叙事、对话、感知和融合,这就要求全媒体实验教学环境建设必须坚持多专业多场景共享的原则。本文介绍了杭州瑞普视听工程有限公司在全媒体演播室、多媒体教室等教学环境的置景设计与施工实践,详细描述了全媒体实验教学环境建设过程中存在的问题和解决办法。

关键词:全媒体;实验教学;环境设计;杂音

1.引言

随着云计算、5G、物联网、人工智能等技术在传媒领域的普及应用,全媒体演播室建设方兴未艾,全媒体演播室环境建设及其实用性、可扩展性的需求越来越受到高校的重视。全媒体实验教学环境既要保证能满足全媒体教学需要,也要考虑到学校宣传工作的需要。无论全媒体实验环境如何演化,都需要遵循以人为本的原则,既要保障教学互动,又要保障教学安全。教学场所的安全与否重点体现在教学环境的装修、场景布置、应急措施安排等方面。

杭州瑞普视听工程有限公司(以下简称"杭州瑞普视听")是专业从事数字视频产品开发及系统集成的高新技术企业,主要业务有系统集成设计与运维、专业场所设计与施工、历史资料抢救与节目制作等。杭州瑞普视听在全媒体演播室、多媒体教室等环境的置景设计与施工实践方面具有丰富经验,承接了多个大型全媒体实验室、演播室、多媒体教室等教学环境设计与施工,在小型录播教室、全媒体演播室、融媒体中心等场所均有成熟的整体环境建设与系统集成解决方案。

2.全媒体演播室教学环境设计

一个完整的全媒体演播室包括基础设施与教学设施两部分。全媒体演播室的基础设施包含消防设施、安全设施、空调系统、灯光系统、声学设施、电路系统以及新风系统。教学设施包含实验室教学平台、教学中控系统等。本文聚焦全媒体实验教学环境设计及相关问题的解决方案描述。

2.1 建设原则

全媒体教学环境建设方案本着技术先进性、可扩充性、高可靠性、高可用性、成熟性、可管理性的设计原则和总体设计思想，通过了解高校全媒体实验室建设需求，结合全媒体实践教学特点，在满足全媒体实践教学和学校宣传工作需要基础上，打造既切实可行又先进高效、多专业共享的全媒体教学环境。

2.2 环境建设的主要内容

全媒体教学环境建设主要包括声学装修、舞美置景、灯光设计、选址与施工等方面因素。

2.2.1 声学装修

全媒体演播室的声学装修需要保证具备良好的语言清晰度、没有声染色效应和颤动回声等方面明显声学缺陷以及无外界环境噪声干扰。杭州瑞普视听承接了浙江大学、浙江传媒学院、西南师范大学等多个高校的全媒体演播室与融媒体中心建设，满足了这些高校多专业、多业务、多场景共享环境需要。

第一，声学设计要求。

全媒体教学空间不同频率的混响时间特性应符合《广播电视录(播)音室、演播室声学设计规范》(GY/T5086—2012)中表4.1.3的规定，背景噪声NR值不大于35dB。

第二，设备与材料要求。

设备和材料所涉及的设计标准和规范必须完全符合国家相关标准及规范，国家规定有强制性规范或认证要求的设备或材料，需要提供设备或材料符合该类要求的资质文件。

吸声材料的布置宜采用均匀分布方式，这样有利于声场的扩散，使声场不均匀度保持在合适的范围。为了确保工程竣工后能达到设计指标要求，避免因材料差异性带来设计与施工的不良影响,所有选用的吸声材料必须采用推荐品牌的永久性阻燃材料。

第三,主要技术要求。

墙面声学层要求厚度≥10—15cm,低频空腔要求 8—10cm,防火涂料需要刷两遍,基本材料应耐火。环保标准符合国家相关标准,地面铺设 2mm 厚度 PVC 地胶。内墙面声学装饰在大方美观、造型新颖的基础上,要兼顾高中低各频段的声学处理方式,特别是低频段的声学处理方式方法。声学建声装饰所选用的材料符合国家相应的强制消防要求,要求采用达到 B1 级、B2 级标准的材料。墙面装饰层内填充的吸声材料使用石油纤维棉或超细玻璃纤维棉,且容重为≥48kg/m³,厚度为 50mm,禁止使用海绵和岩棉等不安全和危害性较高的材料。装饰踢脚线兼做视音频线槽并做适当屏蔽处理。

2.2.2 舞美置景

第一,舞美置景设计要求。

舞美置景设计必须符合相关设计规范和标准,根据场地特征合理布置各景区,充分采用全景式、开放性和前瞻性设计理念。杭州瑞普视听在浙江省海宁市职业高级中学、内蒙古自治区赤峰广播电视台、西南师范大学、浙江省衢州市中小学素质教育实践学校等全媒体演播室建设项目中运用先进技术手段,建成后的演播室具有简洁、大气的设计特色。

第二,设备与材料要求。

舞美置景需要达到视觉冲击力强的效果,以不等距、不规则、尺寸各异、色彩丰富的条形物体为主,辅助配置进口高亮 PC 扩散膜为景片面层材料、亚克力板等立面舞美装饰,整体体现景深层次和光晕效果。景片采用框架拼接结构,全部采用全 LED 发光体,发光柔和均匀,色温与演播室灯光相符,同时可进行亮暗调光处理,以保证全媒体演播室正常光比的相协调。

第三,主要技术要求。

全媒体演播室整个景区色调应根据实践教学需要和宣传栏目需求随时调整,景区之间的舞美设计和色彩变化要有连续性。同时,能够根据实践教学、节目录制需要调节景区和环境灯光的色彩及色温,以满足各个专业实践教学、不同类型节目对色彩的不同要求。

地台与主播桌等的搭配应该不影响景区使用,同时合理规划全媒体演播室的专业视音频综合布线和接口。景片上方配有LED条形RGB染色灯箱，在实践教学、不同档节目中可通过无线控制标准DMX512数字控制台进行颜色调节。全媒体演播室整体环境美观大气、造型衔接自然。

2.2.3　灯光设计

节目制作是艺术和技术的有机结合体，全媒体演播室灯光照明系统在环境建设中十分重要，需要充分利用光、色的千变万化，为节目录制营造各种气氛和环境，这为节目艺术、画面质量奠定了重要的基础。全媒体演播室作为实践教学的重要场所，也作为学校对外宣传的重要窗口，承担着各类节目的录制任务。在全媒体演播室整体环境设计中，既要考虑全媒体实验教学和节目录制要求，又要考虑工作环境舒适、安全及装饰效果，从而确保实践教学、节目制作的最佳效果。

灯光系统应能达到全媒体节目录制对照明的基本要求，达不到全媒体节目录制照明的基本要求就谈不上“适用”。

第一，灯光设计要求。

根据使用要求，全媒体演播室的背景、拍摄角度皆有不同。因此，灯光设备要根据具体情况及使用功能选择不同的吊挂方式、灯光设备。

第二，设备与材料要求。

全媒体演播室以静态人物布光为主，要合理地配置好主光、辅助光、逆光的灯具，加上适当的修饰光灯具，使布光人员很容易地调整到适当的光比，达到良好的图像质量。

演播区是整个演播室的视觉中心，用以满足各种形式节目的录制需求，灯光起到画面造型、渲染气氛、表达情感和强调的效果。灯光效果达到“人物清晰，层次分明，光线均匀柔和，有良好的色还原”。

在选择灯具方面，有两个技术参数需要分别考虑：一是灯具的品种挑选，二是灯具数量与功率的配置。

冷光源与热光源的合理搭配使用是演播室较为流行的布光方式。演播室灯具一般为螺纹透镜聚光灯和电视专用冷光灯两种。前者光学性能好、安全可靠性大，但耗电量大，节目主持人会感觉灼热难耐；后者光线柔和、电耗小，主持人感觉舒适，但造型效果不明显。当前流行采用热灯、冷灯搭配方式，既能保证优秀的画面效果，又能降低电耗，同时也为节目主创人员构建舒适的工作环境。

第三，主要技术要求。

演播室照明设备必须满足《广播电视中心技术用房室内环境要求》的相关技术要求。

2.4 选址与施工

2.4.1 演播室选址

演播室工程选址要求明确,一是周边有可规划附属机房和导播间的空间;二是尽量选择远离环境噪音的场所,不贴近繁华街道,远离人员频繁出入的楼层;三是尽量选择低楼层,方便大型设备和材料进出;四是机房靠近强弱电井,方便综合布缆。[①]

2.4.2 施工布置与进度

第一,工程准备期。

对演播室进行规划设计,初步拟定建设方案,根据甲方要求负责修改和完善方案,建设方案确定后进行施工图设计。施工图设计主要内容包括平面设计图、天花吊顶图、铺地图、室内立面图、家具式样图、室内效果图等。整体方案确定后,购置建设所需材料及设备,同时进行原有设施拆除工程施工。

第二,工程施工期。

材料及设备到达工程所在地,施工人员正式进场,依据国家标准对声学、灯光、舞美置景等部分进行装修与安装。装修完成后,由专业工程师队伍进行设备配置及安装。所有智能化设备将根据设计在实验室里进行模拟环境配置及调试,模拟调试无误后,现场安装智能化设备,严格按照对场地和环境的要求来进行系统集成,保证各个环节衔接良好。在对全媒体演播室整体功能检测无误后,相关部门可对工程进行验收。

3.全媒体演播室常见问题及解决方法

全媒体演播室的常见问题主要有杂音与回音问题、可扩展性问题、灯光问题等。

3.1 杂音与回音问题

在全媒体演播室拍摄活动中,工作人员经常会遇到录制现场有杂音、回音等问题,往往是由于在做声学装修时,施工方未能根据实际情况进行相关设计,在施工时有误差。

---

① 吴刚.县级台融媒体演播室建设实践[J].广播与电视技术,2021,48(6):61-66.

在全媒体演播室声学设计时，施工方需严格执行《广播电视录(播)音室、演播室声学设计规范》(GY/T5086—2012)与《广播电视中心技术用房容许噪声标准》(GYJ42—89)，根据高、中、低音频的传导性和反射性特点，采用合理吸声结构和吸声材料，对各频段音频进行专业吸声处理，保证达到0.5—0.6s的混响时间和录制声音的清晰、保真以及不受外界的干扰。施工方在设计时，需综合造价因数，确定合适的噪声限值，避免出现颤动回声等声学缺陷。室内采用的吸声材料混响时间较短，有一定的早期反射声，声场分布要均匀，没有建筑声学缺陷。施工方可以通过增加空间吸声体增加吸声量的手段，实现短混响时间的要求。

在整个声学装修过程中，施工方必须严格把控选材和施工质量这两道关口，在施工各个阶段进行专业声学效果测试，根据现场实际情况进行相应的调控，确保师生在实践教学活动中能有更好的体验。

3.2 可扩展性问题

全媒体演播室所搭载的设备与软件较为固定，这样导致其难与后期先进设备与软件兼容。演播室升级设备或软件往往需要投入大量的经费，耗时、耗力还会影响实践教学和节目录制。

因此，演播室在选取中控系统时，可选择非闭环类中控系统。非闭环类中控系统是开放自己的协议给其他设备与软件，为各个硬件设备、软件提供对应的控制接口，所有软硬件系统均可通过该类软件进行操作。各个设备与软件互为独立个体，又是整个系统的一部分。当有新的设备或软件需要进入现有系统，只需按规则接入相应接口即可。使用该类非闭环中控系统，在更换、升级软硬件时如同插拔电源一般简单。

3.3 灯光问题

在全媒体演播室进行实践教学活动时，经常会遇到由灯光引起的如人物发暗、拍摄效果不如现场裸眼效果等问题。

在全媒体演播室灯光方案设计时必须全部使用高质量、低噪音LED数字影视灯具，综合光照度不小于1,500Lux，显色指数大于等于95。灯光设计需要充分考虑拍摄对空间景深和照度的要求，全部LED灯具要求具备5,600K色温功能，每个景区有自己独立的光源，不能多个景区共用一组灯光。

演播室光区必须覆盖均匀，主要灯具的空间位置应该能够按需调整。目前演播室灯光控制系统采用全数字化控制，最好能够预存10路以上调好的灯光效果，信号采用标准 DMX512 数字信号,灯具采用单灯单回路方式配接。LED 灯具通过电脑数字调光台经过信号隔离分配放大器直接输出控制,可实现灯具调光控制;设计预留足够的电源、信号接口箱,满足现有全媒体演播室景区需要并预留未来节目形态的变化和景区的调整时接口需要。

灯光系统吊挂一般应采用全景式布局和葡萄架吊挂方式,这样既满足当前景区专业灯光灯具、舞美布景设施的吊挂需要,又满足未来实践教学、节目形态变化和景区调整需要,以适应多专业实践教学、节目录制快速转换的需求。吊杆要求无滑落现象,灯具在吊杆伸缩范围内能随时停止在任何位置上,无上缩下伸现象。

4.结语

全媒体演播室已经成为传媒实践教学的必备基础教学设施,其教学环境的设计、置景应该充分考虑到全校各个专业实践教学的需求。杭州瑞普视听经过十年的发展,能够为越来越多的高校提供高质量的教学环境建设与系统集成解决方案,实现面向全媒体教学环境的多专业多场景共建共享。

〔崔开勇,杭州瑞普视听工程有限公司创始人〕

XR 技术在影视传媒实践教学中的应用

◎常　凡　吴华星

摘要：以 XR 技术为代表的元宇宙技术与影视传媒行业有着密切关系。新技术越来越多地被赋能到影视传媒类专业人才培养上，推动了影视传媒人才培养的数字化进程。本文描述了以 XR 技术为核心开发的实验教学系统、虚拟展厅、展示系统等系统的功能及应用案例，探索了元宇宙背景下影视传媒应用型人才培养的路径。

关键词：元宇宙；XR 技术；影视传媒；实践教学

随着影视传媒行业日新月异的发展、元宇宙技术的逐渐应用，影视传媒人才培养越来越需要与时代同频共振。为适应社会需要和传媒变化，诸多高校的影视传媒类专业在原有传统影视传媒教育基础上，都在积极探索媒体融合背景下的影视传媒人才培养的新形态新模式，纷纷开设 XR 相关实践教学课程。

影视传媒类专业对实践创新能力培养的要求一直很高，除了理论教学以外，实践教学是影视传媒人才培养不可或缺的部分。影视传媒实践教学必须融入真实的媒介生态，这就需要构建一个开放透明的实践教学系统，这个实践教学系统就是媒体生产运营系统。然而，影视传媒实践教学往往跟不上影视传媒行业的发展，存在这样那样的现实困境。

图萌（上海）科技有限公司（以下简称图萌科技）本着“科技融合、服务之心”的理念，致力于新媒体＋XR 相关领域数字技术和内容的研发，相继开发和推出传媒实训虚拟仿真平台、VR 中控教学系统、AR 秀展示系统、MR 互动教学系统、虚拟展厅数字编辑工具系统，助力元宇宙新媒体人才培养、思政教育高效开展、政企智慧党建建设。

1.MR 虚拟影视摄像实训辅助教学系统

1.1 MR 技术

利用混合现实(MR)技术可以合并现实和虚拟世界而产生新的可视化环境。MR 技术作为一种新型信息技术,充分结合了 VR 和 AR 技术优势,能够实现最接近人类直觉的沉浸式体验,打破时空束缚,实现多人协同互动,降低实践教学安全风险,提升实践教学效果。

图萌科技与上海东海职业技术学院合作,布局影视传媒行业未来人才需求,开发了 MR 互动型教学环境——MR 虚拟影视摄像实训辅助教学系统,为影视传媒实践教学带来了新的系统。

1.2 系统功能

MR 虚拟影视摄像实训辅助教学系统使用虚拟仿真技术,以人机交互模拟的形式实现摄影机、灯光照明虚拟仿真教学,可以同时满足不同拍摄场景、不同拍摄灯位的实践要求。该系统突破了传统拍摄实训高成本、高消耗、受时空限制等难题,为影视传媒类专业教学提供了现实、简便、节约又可实施的有效途径。该系统采用 HOLOLENS2 作为实训设备,具有如下特点:

第一,支持实时眼动跟踪、虹膜识别、手势识别、语音控制。

第二,通过第三方视角进行实时直播,将使用者所见所得投放大屏,让观众在同一场景内观看、学习。

第三,通过第三方视角,将使用者所见所得进行直播录制,教师可用于制作教学课件、实验成果展示等。

1.3 系统特色

影视传媒类专业学生可以通过该系统在各种环境、光线下进行摄像实训操作练习,提高影视拍摄能力,增强自身对摄像机镜头光圈、速度、感光度、曝光补偿等方面的综合运用能力。该系统有效解决了在现实摄影棚中学生训练时间不足、训练面不够广、设备安全等问题。

2.VR 虚拟展厅数字编辑工具系统

图萌科技与上海交通大学党建新媒体研究中心联合研发了一套 VR 虚拟展厅数字编辑工具系统:在 VR 技术基础上,通过对视频、声音、动画等媒体加以组合应用和数字编辑工具综合利用,提供多类自由编辑模板以及场景创建、展示内容编辑、背景音乐选择等编辑工具,具有运行载体门槛低、建设成本低、建设周期短、个性化内容更新等优势。上海交通大学党建新媒体研究中心 VR 虚拟展厅由党史展厅、毕设作品展厅、书画展厅三部分组成,为数字创意复合型人才培养打造了数字编辑工具。

2.1 VR 党史展厅

VR 党史展厅支持大屏或 VR 端展示,在展陈设计时参考了中国共产党历史展览馆,主要展示中国共产党一百年的光辉历史,分为序厅、1 号展厅、2 号展厅、3 号展厅、4 号展厅和尾厅。展厅紧紧围绕“四史”主题,依照党史发展脉络,依次展示“夺取新民主主义革命伟大胜利”“完成社会主义革命和推进社会主义建设”“进行改革开放和社会主义现代化建设”“开创中国特色社会主义新时代”四个主题部分。

VR 党史展厅具备分区语音、导览讲解、展览区域一键切换等功能。漫游者手柄操控,自行导览路径,可以实现交互运行、自由漫游、观赏展览和观览过程录制短视频等功能。

2.2 VR 毕设作品展厅

学生的日常作品、毕业作品、竞赛作品等作品都可以进行虚拟展陈。可以通过线上的全景图与视频和线下虚拟全景漫游方式相结合,既做到 VR 毕设作品展厅符合互联网时代的易于传播、便于宣传的作用,又可以很好地满足沉浸式与实施交互性需求,校外人员也可由此窗口更加深入地了解学校日常教学情况及实际的教学成果。

学生作品的虚拟展示是一种可以跨越时间与空间的精妙展示形态,通过不断传承积累,学生作品以数字化形式得到永久保存,并且可以实时更换展厅的布局及展示的作品。VR 毕设作品展厅提供了一个交流合作的平台,营造了浓厚的艺术创作、交流的氛围,为师生艺术创新、创作提供灵感,开拓了学生眼界,丰富学生的课余生活。

2.3 VR 书画展厅

VR 书画展厅目前共建有王羲之书法馆、颜真卿书法馆、米芾书法馆、赵孟頫书法馆、王铎书法馆、于右任书法馆、三希堂书法展馆、传世国画展馆等 8 个虚拟体验展馆。通过纪录片与作品相结合的方式,可以将视频资源与书画作品相结合进行专项主题展厅的制作,并通过展厅生成全景视频类课件,方便在教学中的灵活使用或者以视频成果的形式参加金课大赛。这些 VR 书画展厅突破了时空限制,节约了建设成本和物理空间,具有极高的书画艺术展示效果,师生通过网络可以身临其境地观看书画展览,这些历代名家书画也能作为数字资产永久保存。

2.4 整体系统特色

图萌科技开发的 VR 虚拟展厅数字编辑工具系统具有虚拟性、沉浸性、逼真性、编辑性、数字化、构想性、交互性、趣味性等特性。

虚拟性:不占土地面积,展陈具有无限想象空间,可以随时拓展虚拟展示空间,增加展示内容。

沉浸性:身临其境体验,如同实地观展,实现沉浸式体验,还可以通过授权进行数字藏品再创作。

逼真性:展陈的作品生动逼真,展陈高度还原,在视觉上感觉如同在真实世界一样。

编辑性:自带图萌数字展厅编辑器,展陈内容可自行修改替换,相比实体展厅建设周期更快。

数字化:通过展陈内容的数字化,这些内容可以作为信息化档案,永久保存和再利用。

构想性:可以展示海量的多媒体信息,随着技术的发展,表现形式会越来越丰富。

交互性:通过云端操作,可以实现自由漫游和线下参展不能完成的功能,还可以自由控制暂停、继续、停止,定制自动浏览路线。

趣味性:系统内嵌数字导览机器人,通过数据获取、处理和适配,具备播报语音讲解和个性化语音定制功能。

3.VR 中控教学系统

为落实《关于深化新时代学校思想政治理论课改革创新的若干意见》精神,图萌科技与安徽艺术学院联合开发了 VR 中控教学系统,教学资源丰富,具有沉浸式、交互式、立体感知的特点,将党建内容和学院的专业教育相结合,营造身临其境的逼真教学环境效果，把略显枯燥的党史教育和理论学习变得更加生动和有趣，实现多人对党史教育全景视频的实时同步学习。

3.1 系统构成情况

VR 中控教学系统将全国 40 多家红色纪念馆和博物馆“上线”，从中共一大会址纪念馆到平型关战役遗址、从台儿庄大战纪念馆到瑞金革命旧址，师生“足不出户”就能畅游这些红色景点，了解党的历史，传承党的基因。红色纪念馆和博物馆的数量仍在持续更新中。

VR 中控教学系统包括 14 个主题 VR 红色景点学习影片以及答题系统，实现了党课学习、测评环节的交互。学生不仅可以通过视频、音频等方式了解中国共产党的光辉历程和党的指导思想发展脉络，而且可以利用 VR 身体交互设备，通过多人互动体验，化身“红军战士”，亲身体验七亘村伏击战、飞夺泸定桥的枪林弹雨，充分感受革命先辈抛头颅洒热血的无畏和担当。所有内容都用专有格式进行加密，并且兼容 MP4 格式，在很好地保护知识产权的同时又做到了系统的开放性。

3.2 系统主要功能

系统可以同时控制 100 台以内的多台学员端（VR 头盔），步调统一，满足令行禁止的中控教学要求，能够做到中控模式与单机自由模式的一键切换。同时，VR 中控教学系统还可以通过中央控制检测每台 VR 头盔的状态，实现统一控制 VR 党史资源播放进程、矫正主视角等功能。

为满足“教学—评测”闭环，系统配套了相应的测评考核答题库，师生可以在 VR 资源观看体验结束后进行答题，进而巩固所学知识点。除 VR 多设备中控教学方式外，还可支持大屏裸眼 VR 教学。

通过“现实与虚拟的互补”——VR 思政带来身临其境的体验，创新了思政课堂教学的组织形式，拓宽了学生的学习空间，激发了学生的学习兴趣，提升了党史教学的实效性。该系统还可以为党政机关、企事业单位、大中小学校的党建等相关活动提供丰富的课程资源和活动载体。

安徽艺术学院新闻播音系是省属高校首届 50 家党建“双创”标杆院系培育点之一，在该系的党建新媒体展示区，学生不仅可以对一些红色电影进行配音，还可进行编辑和播放展示。此外，该系将根据专业特点组织师生团队，前往革命老区，全景拍摄一些红色景点和红色革命故事，在中心进行展示和播放。

4.VR 全景拍摄培训

随着 VR 全景影像技术发展,全新的观赏和记录模式在旅游、新闻、教育等领域得到了广泛的应用,专业摄影摄像人才需求随之上升,要求学生具备一专多能素养,学生在除专业摄影技能外,还需掌握或了解 VR 全景摄像摄影技能。

4.1 《影视元宇宙拍摄与虚拟编辑》教材建设

为了解决 VR 全景拍摄专业教学师资源匮乏的难题,图萌科技联合上海出版印刷高等专科学校围绕全景图、全景视频、全景直播和虚拟展厅,开发了《影视元宇宙拍摄与虚拟编辑》教材,为 VR 全景影像人才教学培养提供了教学资源支撑,赋能影视拍摄人才培养。

4.2 VR 全景影像未来人才培训

为了能够快速向社会输送一批有竞争力的特殊影像人才、落实学院特殊影像人才培养计划,帮助学生实现"成栋梁材、就人生业"的目标,上海出版印刷高等专科学校立足院校自身特色,针对 VR 全景拍摄这一特殊影像行业市场对高职院校毕业生的新要求、新标准,同时结合市场实际需求情况,立足产教融合,与图萌科技在该校图书馆三楼动作捕捉室开设了 VR 全景拍摄培训班,训练学生 VR 全景拍摄制作能力。

VR 全景拍摄培训班采取专题讲座的方式开展,从学生的职业技能、创意创新专业人才培养方式、VR 全景拍摄与制作、专题联动实训项目等方面进行培训,提升了 VR 全景拍摄人才培养质量,适应了社会需求。

5.结语

当下,影视传媒行业正发生着深刻变化,影视传媒类专业的实验教学内容体系必须转型升级。图萌科技将继续深耕 XR 技术,聚焦影视传媒教育,最大限度扩充传媒教学内容、时间和空间,最大化使用与共享相关教学资源,助力应用型、复合型、创新型影视传媒实践创新人才培养。

〔常凡,图萌(上海)科技有限公司联合创始人;吴华星,图萌(上海)科技有限公司研发总监〕

图书在版编目(CIP)数据

中国传媒实践教学研究.第三辑/胡一梁主编.--北京:中国传媒大学出版社，2023.8
ISBN 978-7-5657-3447-2

Ⅰ.①中… Ⅱ.①胡… Ⅲ.①传播媒介—教学研究—高等学校—中国—文集
Ⅳ.①G206.2-53

中国国家版本馆 CIP 数据核字(2023)第 130453 号

中国传媒实践教学研究(第三辑)

ZHONGGUO CHUANMEI SHIJIAN JIAOXUE YANJIU(DI-SAN JI)

主　　编 胡一梁
策划编辑 李水仙
责任编辑 李水仙
特约编辑 李明远
封面设计 拓美设计
责任印制 李志鹏

出版发行 中国传媒大学出版社
社　　址 北京市朝阳区定福庄东街 1 号　**邮　　编** 100024
电　　话 86-10-65450528　65450532　**传　　真** 65779405
网　　址 http://cucp.cuc.edu.cn
经　　销 全国新华书店

印　　刷 唐山玺诚印务有限公司
开　　本 787mm×1092mm　1/16
印　　张 17.25
字　　数 346 千字
版　　次 2023 年 8 月第 1 版
印　　次 2023 年 8 月第 1 次印刷

书　　号 ISBN 978-7-5657-3447-2/G·3447　**定　　价** 79.80 元

本社法律顾问:北京嘉润律师事务所　郭建平